聖徳太子

【古墳《こふん》時代】

古墳《こふん》が作られた時代です。奈良県の大和《やまと》地方を中心とするヤマト政権《せいけん》が九州から東北地方南部まで勢力を伸ばしたと考えられています。

【飛鳥《あすか》時代】

７世紀初めには聖徳太子《しょうとくたいし》、７世紀半ばには天智《てんじ》・天武《てんむ》天皇などが、隋《ずい》や唐《とう》（中国）にならいながら天皇中心の中央集権国家を目指しました。

古墳時代　飛鳥時代

300　400　500　600　700　**710**

平城京遷都《へいじょうきょうせんと》

源頼朝

藤原道長

【奈良《なら》時代】

奈良の平城京《へいじょうきょう》に都が置かれました。遣唐使《けんとうし》が唐《とう》(中国)に派遣《はけん》され、また仏教がさかんになり、聖武天皇《しょうむてんのう》の命で東大寺《とうだいじ》の大仏が完成します。

【平安《へいあん》時代】

京都の平安京《へいあんきょう》で、藤原氏《ふじわらし》の摂関政治《せっかんせいじ》が展開され、藤原道長《ふじわらのみちなが》が栄華《えいが》を誇《ほこ》ります。11世紀末に院政《いんせい》が始まり、その後平清盛《たいらのきよもり》が権力を握《にぎ》ります。

奈良時代　平安時代

700　**710**　**794**　800　900　1000　1100

710 平城京遷都《せんと》

794 平安京遷都

源義経

【鎌倉《かまくら》時代】
平氏《へいし》政権を倒した源頼朝《みなもとのよりとも》が鎌倉幕府《かまくらばくふ》を開きます。13世紀後半の元寇《げんこう》(蒙古襲来《もうこしゅうらい》)以降は幕府への反感が強まります。

【南北朝《なんぼくちょう》時代】【室町《むろまち》時代】
後醍醐《ごだいご》天皇の親政が崩壊《ほうかい》し、足利尊氏《あしかがたかうじ》が室町幕府《むろまちばくふ》を開きますが南北朝の争いは足利義満《あしかがよしみつ》の代まで続きます。1467年の応仁《おうにん》の乱《らん》以降は戦国時代《せんごくじだい》です。

鎌倉時代 / 南北朝時代 / 室町時代 / 戦国時代

1200 / 1300 / 1333 / 1392 / 1400 / 1467 / 1500 / 1550

1333 鎌倉幕府滅亡《めつぼう》
1392 南北朝合一《ごういつ》
1467 応仁の乱

織田信長

豊臣秀吉

【安《あ》土《づち》桃《もも》山《やま》時代】

16世紀半ば、ヨーロッパ人が来航し、新しい文化を伝えます。その中で織田《おだ》信長《のぶなが》が現れ天下統一を目指しますが、明智《あけち》光秀《みつひで》の謀反《むほん》により自害します。

信長の遺志は部下の豊臣《とよとみ》秀吉《ひでよし》が継ぎ、1590年に全国を統一します。秀吉は、太閤《たいこう》検地《けんち》や刀狩《かたながり》などの政策を実施します。

室町時代
戦国時代
安土桃山時代

1550 1573 1600 1603 1650 1700

1573 室町幕府滅亡《めつぼう》
1603 江戸幕府成立

徳川家康

【江戸《えど》時代】

徳川家康《とくがわいえやす》は、1600年の関ヶ原《せきがはら》の戦《たたか》いに勝利して江戸《えど》幕府《ばくふ》を開きます。限られた国とだけ貿易を行ういわゆる鎖国《さこく》状態の中、平和な時代が続き、産業や商業なども発展しました。
しかし18世紀には財政状態が悪くなり、徳川吉宗《よしむね》の享保《きょうほう》の改革《かいかく》など幕政改革が行われます。

江戸時代

1750 1800 1850

坂本龍馬

西郷隆盛

【江戸《えど》時代（幕末《ばくまつ》）】

1853年、ペリーが来航し、日本は開国。さらに貿易を始めます。その中で尊王攘夷《そんのうじょうい》運動《うんどう》が起こりますが、攘夷を実行して外国に敗れた薩摩藩《さつまはん》・長州藩《ちょうしゅうはん》は坂本龍馬《さかもとりょうま》などの仲介で同盟を結び（薩長《さっちょう》連合《れんごう》）、幕府を倒し天皇中心の新しい政府を作ろうとします。

江戸時代

1850　1860　1868　1870　1880

明治時代始まる

伊藤博文

【明治《めいじ》時代】

明治新政府は薩摩の西郷隆盛《さいごうたかもり》・大久保利通《おおくぼとしみち》、長州の木戸孝允《きどたかよし》らを中心に、新しい政治を行います。やがて自由民権運動《じゆうみんけんうんどう》が起こり、1889年に伊藤博文《いとうひろぶみ》らによって大日本帝国憲法《だいにほんていこくけんぽう》が制定されます。そして1894年の日清戦争《にっしんせんそう》、1904年の日露戦争《にちろせんそう》に勝利し、1910年に韓国併合《へいごう》を行います。

明治時代

1890 1900 1910 **1912**

大正《たいしょう》時代始まる

原敬

【大正時代《たいしょう》】

第一次護憲運動《ごけんうんどう》、第一次世界大戦への参戦を経て、本格的政党内閣《せいとうないかく》の原敬《はらたかし》内閣が成立します。第二次護憲運動で成立した加藤高明《かとうたかあき》内閣は1925年に25歳以上の全ての男子に選挙権を与える普通選挙法《ふつうせんきょほう》を成立させますが、同時に思想を取り締まる治安維持法《ちあんいじほう》も成立しました。

大正時代

1910 1912 大正時代始まる

1920 1926 昭和時代始まる

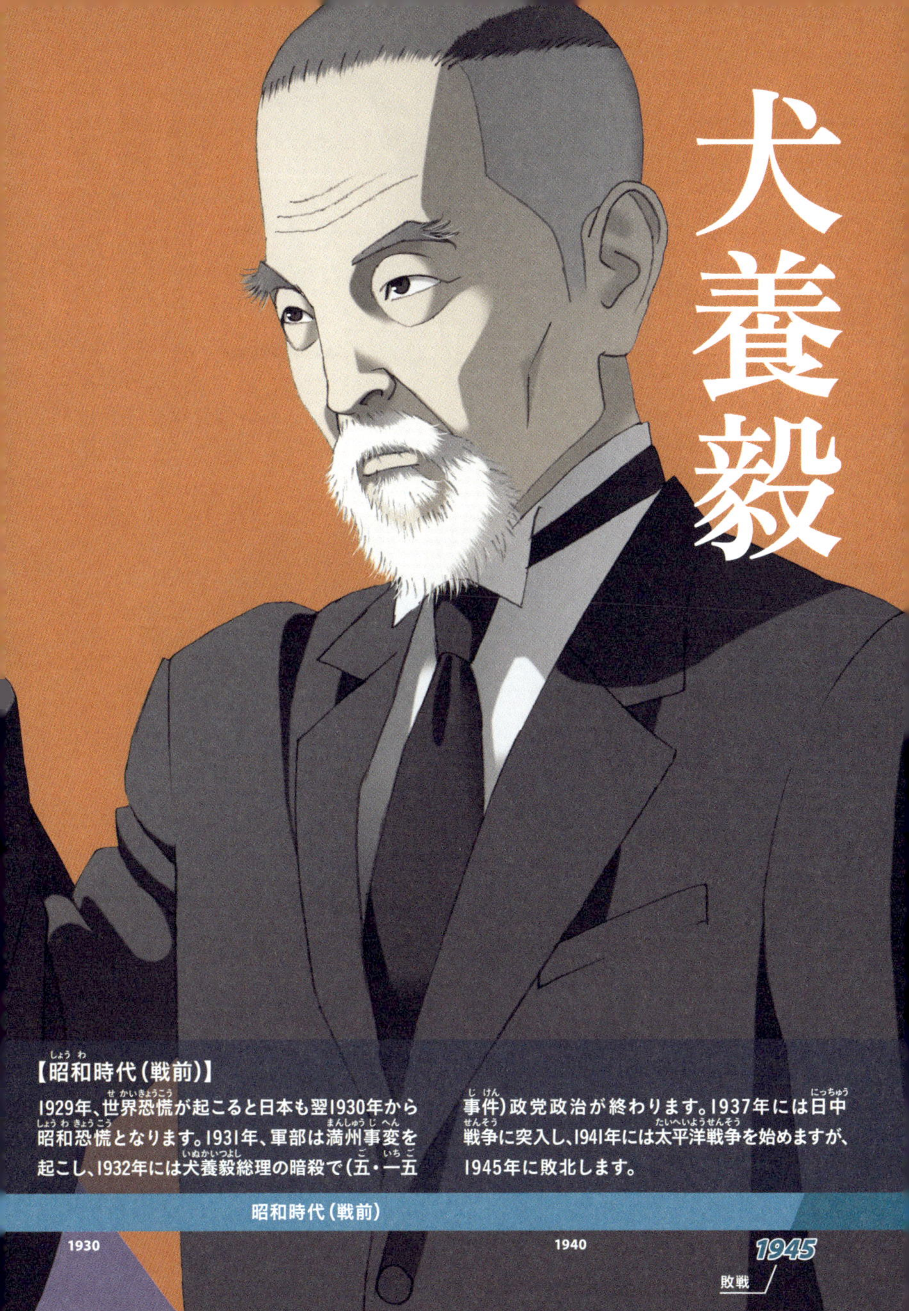

犬養毅

【昭和《しょうわ》時代（戦前）】

1929年、世界恐慌《せかいきょうこう》が起こると日本も翌1930年から昭和恐慌《しょうわきょうこう》となります。1931年、軍部は満州事変《まんしゅうじへん》を起こし、1932年には犬養毅《いぬかいつよし》総理の暗殺で（五《ご》・一五《いちご》事件《じけん》）政党政治が終わります。1937年には日中《にっちゅう》戦争《せんそう》に突入し、1941年には太平洋戦争《たいへいようせんそう》を始めますが、1945年に敗北します。

昭和時代（戦前）

1930

1940

1945

敗戦

【昭和《しょうわ》時代（戦後）】【平成《へいせい》時代】

占領《せんりょう》の中、民主化の改革が行われ、吉田茂《よしだしげる》内閣のもとでサンフランシスコ平和条約《へいわじょうやく》で独立を回復します。1955年ごろから高度経済成長《こうどけいざいせいちょう》となりますが、田中角栄《たなかかくえい》内閣の時、1973年の第一次石油危機《せきゆきき》で終わります。1990年代にはバブル経済が崩壊《ほうかい》、平成不況を迎え、現在に至ります。

昭和時代（戦後）　平成時代

1945 敗戦　1950　1989 平成時代始まる　2000

もくじ

編集担当：岡崎有里　本文校閲：内木昭廣、有限会社アリエッタ、栗原展子
本文デザイン・組版・図版・イラスト作成：株式会社明昌堂　本文イラスト作成：株式会社さくら工芸社
日本史ビジュアル絵巻・本扉・章扉デザイン：増井洋一郎（tong-poo graphics）

登場人物紹介

「こんにちは。イシカワです。
楽しく、少し頭を使いながら、がんばりましょう」

石川晶康《いしかわあきやす》先生

河合塾で東大・一橋大・早慶《そうけい》大など難関大学講座を担当する予備校講師。河合塾日本史科の中心的存在。楽しいが緊張感を伴《ともな》う授業で、生徒からの絶大な支持を得ている。

「藤原《ふじわらの》ナントカさんとか多過ぎておぼえてられないって！」

日之本大和《ひのもとやまと》

高校3年生。お調子者でノリと要領が良い性格。好きな歴史上の人物は「とくにいない」。学校の定期テストは、教科書の一夜漬《いちやづ》けで乗り切ってきたため、一度はおぼえたはずの用語が頭の中でごちゃごちゃになっている。

「沖田総司《おきたそうじ》って薄幸《はっこう》のイケメンで素敵！」

仙石明日香《せんごくあすか》

高校3年生。大和の幼馴染《おさななじ》み。大和とはお調子者同士で気が合う。日本史は好きだけど、知識は戦国時代と幕末に偏《かたよ》り気味。好きな歴史上の人物は「源義経《みなもとのよしつね》・織《お》田信長《だのぶなが》・真田幸村《さなだゆきむら》・土方歳三《ひじかたとしぞう》・沖田総司！」。明治時代以降がとにかく苦手。

「金本位制《きんほんいせい》とか金解禁《きんかいきん》って、どういうことなんですか？」

奈良野《ならの》みやこ

高校3年生。明日香の親友。しっかり者で皆のフォロー（ツッコミ）役。日本文化や和物が好きで、文化史や古文も得意。政治史と文化史はちゃんと学習しているが、経済史などが苦手。

「歴史を知るのは、今の社会の成り立ちを知ることなんだよな」

江渡明治《えとあきはる》

高校3年生。大和の親友。成績優秀・文武両道で、生徒会長も務めるなど、何でもソツなくこなす。日本史は得意科目であるだけでなく好きで、歴史の話を語ると熱い。好きな歴史上の人物は「坂本龍馬《さかもとりょうま》」。

第一章

原始・古代

日本史4コマ劇場

黎明編

この章で扱う主な出来事

時代	年	出来事
縄文	約1万年前	日本列島が誕生する
	B.C.5Cごろ	稲作《いなさく》が伝わる
弥生	B.C.1Cごろ	倭《わ》、小国《しょうこく》の分立状態
	57	倭の奴国王《なこくおう》、後漢《ごかん》に使者を送る
	107	倭の帥升《すいしょう》ら、後漢に使者を送る
	239	邪馬台国《やまたいこく》の卑弥呼《ひみこ》、魏《ぎ》に使者を送る
古墳	391	倭が高句麗《こうくり》と争う(広開土王碑《こうかいどおうひ》)
	478	倭王武《ぶ》、宋《そう》(南朝)に使者を送る
	538(552)	仏教《ぶっきょう》が伝わる
飛鳥	593	厩戸皇子《うまやどのおうじ》(聖徳太子《しょうとくたいし》)摂政《せっしょう》就任
	603	冠位十二階《かんいじゅうにかい》の制が制定される
	604	憲法十七条《けんぽうじゅうしちじょう》が制定される
	607	遣隋使《けんずいし》小野妹子《おののいもこ》を隋《ずい》に送る
	630	第1回遣唐使《けんとうし》を送る(犬上御田鍬《いぬかみのみたすき》)
	645	中大兄皇子《なかのおおえのおうじ》らが大化《たいか》の改新《かいしん》を始める
	663	白村江《はくそんこう》の戦《たたか》いが起こる
	672	壬申《じんしん》の乱《らん》が起こる
	701	大宝律令《たいほうりつりょう》が制定される
奈良	710	平城京《へいじょうきょう》に遷都《せんと》する
	743	墾田永年私財法《こんでんえいねんしざいほう》が制定される
		大仏造立《だいぶつぞうりゅう》の 詔《みことのり》 が出される
	784	長岡京《ながおかきょう》に遷都する
平安	794	平安京《へいあんきょう》に遷都する
	810	薬子《くすこ》の変《へん》、藤原冬嗣蔵人頭《ふじわらのふゆつぐくろうどのとう》就任
	866	藤原良房《よしふさ》、正式に摂政に就任する
	887	藤原基経《もとつね》、正式に関白《かんぱく》に就任する
	894	遣唐使の停止(菅原道真《すがわらのみちざね》の進言)
	935	承平《じょうへい》・天慶《てんぎょう》の乱《らん》が起こる(~41)
	969	安和《あんな》の変《へん》、以後藤原氏の全盛
	1016	藤原道長《みちなが》、摂政に就任する

日本史学習の最初は、旧石器《きゅうせっき》文化・縄《じょう》文《もん》文化・弥生《やよい》文化という考古学中心の学習です。そして、弥生時代の生産経済の発展と小国の誕生、小国家連合の時代をへて、古墳《こふん》文化とともにヤマト政権が誕生します。そのヤマト(大和)政権は6世紀以降、中央集権化を進め、8世紀には律令《りつりょう》国家に転換します。そして、奈良《なら》時代から平安《へいあん》時代へ。日本史のベースができ上がっていきます。

……この年号ってこれだけ全部おぼえなきゃまずいのかなあ?

日本史が苦手なら、年号より先に、どの時代にどの出来事があったのかを知っておく方が大事だと思うぞ。

1 旧石器文化

日本史の最初は、日本列島もまだ無く、大陸とつながっていた時代から始まります。

え!?　日本列島が無かった?　いったいどういうことなんですか!?

人類が道具を用いた最初の段階を旧石器《きゅうせっき》時代、その文化を旧石器文化と呼びます。次の新石器《しんせっき》文化に対して、それ以前を旧石器文化と呼んで区別しています。

地球上に人（ヒト）が現れた、**人類の誕生**は、今から何百万年も前、鮮新世《せんしんせい》のことです。アフリカに現れた猿人《えんじん》は、類人猿《るいじんえん》に近い、われわれの遠いご先祖様です。

地球の歴史で**更新世**《こうしんせい》[*1]と呼ばれる、今よりずっと寒い、氷河時代《ひょうがじだい》とも呼ばれる時期の間に、人類は猿人から原人《げんじん》、旧人《きゅうじん》、新人《しんじん》と進化して、現在のヒトに近づいていきます。今よりも寒かったので氷河が発達しており、海面が下がっていて、今の日本列島は大陸とつながっていました。

道具の材料は、石を簡単に加工した**打製石器**《だせいせっき》で、彼らは、そのような石器を使って狩《か》りをして食料を得ていました。狩りの対象は、**ナウマン象**・**マンモス**・**大角鹿**《おおつのじか》などの大型の動物です。動物、植物も今とは大きく違っていた時期です。

日本で打製石器が使用されたことは、1949年、 群馬県の**岩宿遺跡**《いわじゅくいせき》[*2]で確認され、沖縄県の港川人骨《みなとがわじんこつ》や静岡県の浜北人骨《はまきたじんこつ》などの化石人骨も発見されました。

大陸と地続きで半島みたいな当時の日本は寒くて、大型の動物が食料だったんですね。

そうです。そして、温暖化が進んで、海面が上昇し、日本列島が大陸から切り離されたころから、次の縄文《じょうもん》時代になります。

＊1　地質学上の第４紀は、約200万年前から１万年前までの更新世と、続く**完新世**《かんしんせい》に区分されています。

＊2　**相沢忠洋**《あいざわただひろ》が1946年、群馬県笠懸《かさかけ》村で発見したのが契機《けいき》となって1949年に旧石器の存在が確認されました。更新世末期のこの地方の赤土の地層は、関東《かんとう》ローム層《そう》と呼ばれます。

人類の進化…直立歩行をするようになると、空いた手で道具や火を使用します。

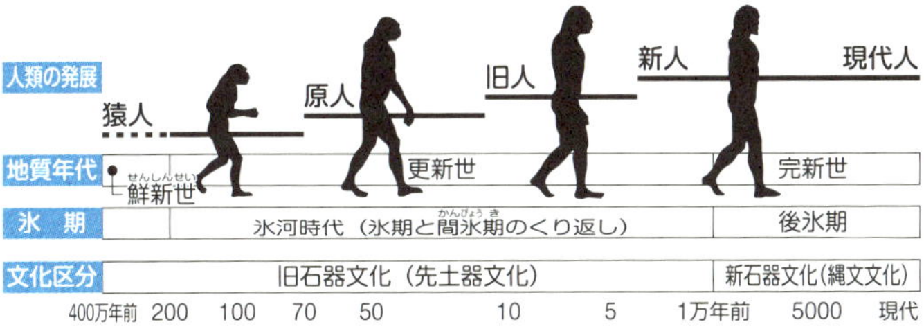

打製石器…石を打ち砕《くだ》いて作った石器です。

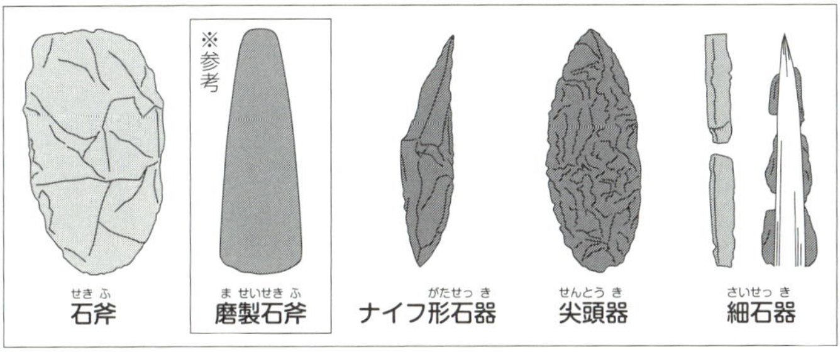

打製石器は、縄文時代の磨製石器（※参考）に対して、旧石器と呼ばれます。打撃を加える石斧、切断用のナイフ形石器、先が尖《とが》った刺突《しとつ》用で、槍《やり》の先端につける尖頭器、組み合わせて使う細石器が発達します。

旧石器時代の次が、新石器時代なんですか？

そうです。道具、石器を基準にすれば新石器時代ですが、日本史では、土器研究が発達していたので、使われた土器の文様《もんよう》から縄文文化、縄文時代と呼んでいます。

2 縄文文化

日本列島が成立したころの文化が縄文《じょうもん》文化です。土器を使うようになった文化です。

旧石器《きゅうせっき》文化では土器はなかったんですね！だから旧石器文化は先土器《せんどき》文化とも言うのね。

更新世《こうしんせい》の末から地球は温暖化し、氷河《ひょうが》がとけて海面が上昇したことで、**日本列島**が誕生します。自然環境も大きく変わり、マンモスなどの大型動物が絶滅《ぜつめつ》して、イノシシ・ニホンシカなどの中・小型動物が登場します。

この時代の特徴は、**縄文土器**《じょうもんどき》が使用され、**磨製石器**《ませいせっき》が登場したことです*1。土器によって煮炊《にた》きや貯蔵が可能となり、打製《だせい》石器→p.22に加えて、表面を磨《みが》いた磨製石器が使用されるなど、技術も高まったわけです。

また、中・小型動物を狩《か》るための弓矢や、魚や貝・木の実などを食料とするための道具が発達します。弓矢の先端につける石鏃《せきぞく》、木の実などをすりつぶす石皿《いしざら》やすり石、動物の骨や角などを使った骨《こっ》角器《かくき》では釣針《つりばり》や銛《もり》が使用されました。

彼らは丸木船《まるきぶね》で長い航海を行っていますし、交易も行っていました。石鏃の材料となる**黒曜石**《こくようせき》や、宝石の**ひすい**（**硬玉**《こうぎょく》）*2が、広い範囲で発掘されていることがその証拠です。

住居では、**竪穴住居**《たてあなじゅうきょ》が発達し、その住居が集まった集落の周りでは**貝塚**《かいづか》*3が発達しました。また、青森県の**三内丸山遺跡**《さんないまるやまいせき》のような巨大な集落と建築物もありました。

信仰では、**アニミズム**（**精霊崇拝**《せいれいすうはい》）という原始的な信仰や、女性を象徴する**土偶**《どぐう》、男性を象徴する石棒《せきぼう》、成人式にあたる通過儀礼《つうかぎれい》としての抜歯《ばっし》、遺体を折り曲げて葬《ほうむ》る屈葬《くっそう》などが注目されます。

＊1　磨製石器の登場で新石器時代となります。世界では新石器時代とともに農耕や牧畜《ぼくちく》が始まる地域もありますが、日本列島では本格的な農耕などの生産経済は発達していません。

＊2　黒曜石は十勝岳《とかちだけ》（北海道）などの各地で、緑色の宝石であるひすい（硬玉）は姫川《ひめかわ》（新潟県）流域で産出されました。

＊3　貝塚という当時のごみ捨て場から発掘されるものは、当時の生活を具体的に知る重要なものとなっています。また、アメリカ人の生物学者モースによる、**大森貝塚**《おおもりかいづか》（東京都）の発見（1877年）から縄文文化の研究が始まったことも知っておきましょう。

縄文時代って、具体的にはいつからいつまでなんですか？

現在の研究では、だいたい、更新世の末期に土器が現れてから、紀元前４～５世紀ごろまでです。おおよそ１万年ぐらいです。

縄文土器の区分…縄文文化は、土器の形を基準に６期に区分されます。

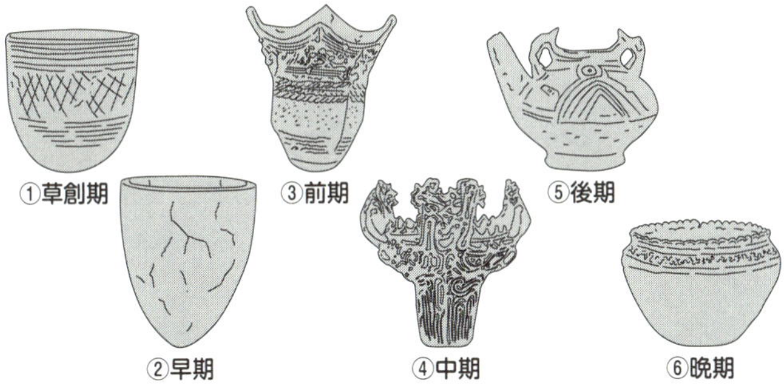
①草創期
③前期
⑤後期
②早期
④中期
⑥晩期

土偶と石棒

土偶　　石棒

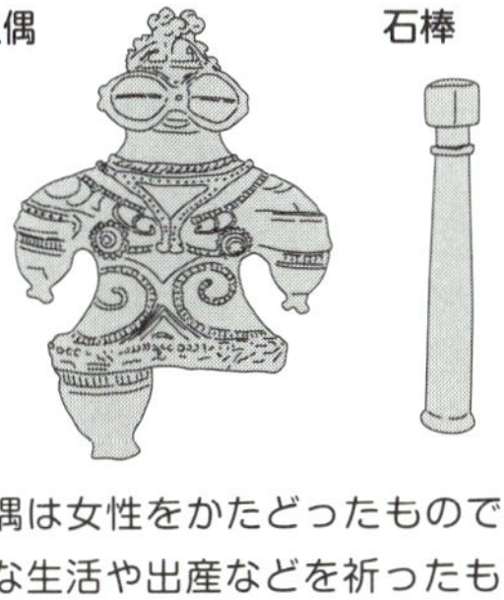

土偶は女性をかたどったもので、豊かな生活や出産などを祈ったものと考えられています。

旧石器時代・縄文時代の遺跡

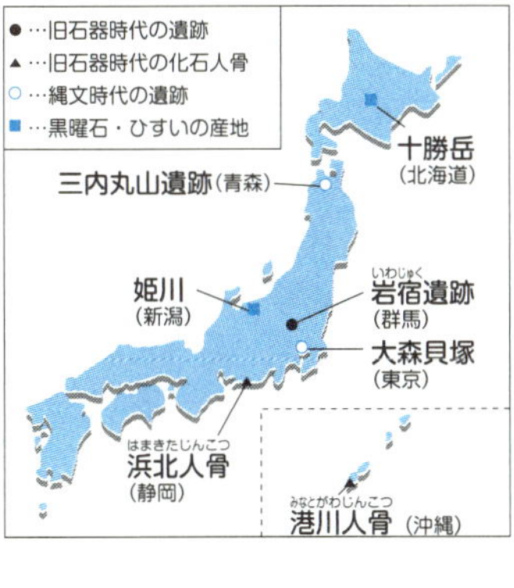
●…旧石器時代の遺跡
▲…旧石器時代の化石人骨
○…縄文時代の遺跡
■…黒曜石・ひすいの産地
十勝岳
(北海道)
三内丸山遺跡(青森)
姫川
(新潟)
岩宿《いわじゅく》遺跡
(群馬)
大森貝塚
(東京)
浜北人骨《はまきたじんこつ》
(静岡)
港川人骨《みなとがわじんこつ》(沖縄)

縄文時代は食料採取生活が基本でしたが、次の弥生《やよい》時代では食料生産を基礎とする社会に変化します。ただし、縄文時代でも、豆類の栽培《さいばい》やクリ林の管理などが行われていたと考えられています。

3 弥生文化

縄文《じょうもん》文化の次の、弥生《やよい》文化の「弥生」も土器の名前からきたネーミングですよね。

そうです。ただし、この時代の特徴は金属器《きんぞくき》の使用と水稲耕作《すいとうこうさく》の開始で、道具で言うと鉄器《てっき》時代になります。

弥生文化[*1]は、早ければ紀元前５世紀ごろ、遅くとも紀元前３世紀に始まり、紀元後３世紀ぐらいまで続いた文化です。この時代には、金属器の使用と水稲耕作が始まります。

金属器では、鉄器と青銅器《せいどうき》がほぼ同時に朝鮮半島から日本列島に伝わりました。鉄器は武器などの実用品として使われますが、青銅器は実用ではなく祭器《さいき》として大型化します。

水稲耕作は、湿田《しつでん》（低湿地を使った水田）を耕作地とし、木製農具を使い、石包丁《いしぼうちょう》で米を収穫《しゅうかく》し、高床倉庫《たかゆかそうこ》に保存しました。一部では発達した乾田《かんでん》や、鉄製農具の鉄鎌《てつかま》なども現れます。

水稲耕作によって、計画的に毎年繰り返し食料を生産する、生産経済が生み出されます。農作業を共同で行う中で社会や集落が発達し、その中で指導者が生まれ、そして土地や生産物をめぐって戦争が始まります。このことは、環濠集落《かんごうしゅうらく》[*2]や高地性集落《こうちせいしゅうらく》の存在でも明らかです。最大の環濠集落である吉野ケ里遺跡《よしのがりいせき》は、敵からの攻撃に備えた集落として有名です。

この時代には、地域ごとに独特の墓が現れます。九州北部に現れた甕棺墓《かめかんぼ》・支石墓《しせきぼ》や、広い範囲に分布した方形周溝墓《ほうけいしゅうこうぼ》、後期には、かなり大きな墳丘墓《ふんきゅうぼ》も現れています。

墳丘墓、っていったい何ですか？

土を盛って丘《おか》のようにした墓のことです。大型の墳丘墓や、副葬品《ふくそうひん》が多く埋葬《まいそう》された墓が現れたことは、集団の中に身分の差が生まれ支配者が誕生したことを示します。

＊1 「弥生」という言葉は弥生土器《やよいどき》からきています。弥生土器は、東京府本郷《ほんごう》区《く》向《むこう》ヶ《が》岡《おか》弥生町（現在の東京都文京区弥生）で発見されたことから命名されました。

＊2 弥生時代に発達した、住居・倉庫・広場などを深い溝《みぞ》で囲んだ集落で、敵からの防御を意図していました。吉野ケ里遺跡（佐賀県）、唐古《からこ》・鍵遺跡《かぎいせき》（奈良県）などがあります。

ところで、縄文土器と、弥生土器って、何が違うんですか？

縄文土器は厚手で黒褐色《こくかっしょく》のものが多いのですが、弥生土器は薄手で硬く、赤褐色《せきかっしょく》です。技術が進歩して、より高い温度で焼いた、上質のものが作れるようになったんです。

弥生土器・木製農具・石包丁

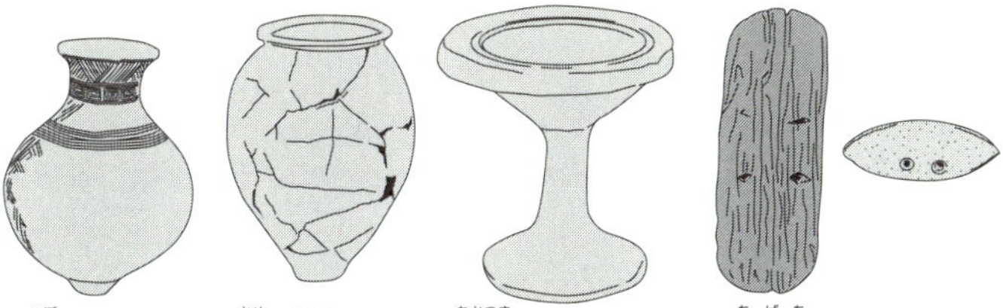

壺《つぼ》（貯蔵用）　甕《かめ》（煮《に》炊《た》き用）　高杯《たかつき》（盛りつけ用）　田下駄《たげた》　石包丁

青銅器

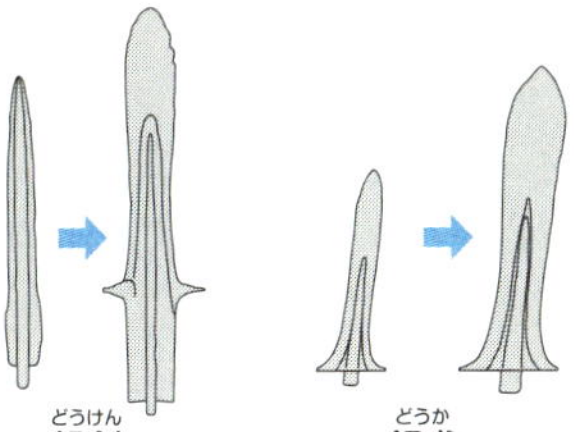

銅剣《どうけん》　銅戈《どうか》

青銅製の武器は細形銅剣から広形銅剣に変化します。銅矛《どうほこ》・銅戈も大型化します。武器以外では銅鐸《どうたく》や銅《どう》鏡《きょう》も大型化します。

弥生時代の遺跡

続縄文文化《ぞくじょうもん》
唐古・鍵遺跡
（奈良）
弥生町遺跡
（東京）
吉野ケ里遺跡
（佐賀）
登呂《とろ》遺跡
（静岡）
貝塚文化《かいづか》

ここで大事なポイントは、弥生文化とともに、北海道などの北には続縄文文化、沖縄を含む南西諸島《なんせいしょとう》には貝塚文化という、農耕を行わず食料採取生活を行う独自の文化が発達したことです。今日の日本列島が、全て、弥生文化に移行したのではありません。

日本列島に３つの文化が併存《へいぞん》していたのですね。

4　小国の成立と邪馬台国

弥生《やよい》時代には、身分の差や集落が生まれて、そして戦争も始まったんですよね。

そう、そして、集落がいくつか団結して、小国が誕生したことがわかっています。

弥生時代の初め、中国には、秦《しん》、続いて漢《かん》、という大帝国が生まれました。そして後に歴史書も生まれ、その中に当時の日本列島の様子が記されています。

漢（前漢《ぜんかん》）の歴史を記した『漢書《かんじょ》』地理志《ちりし》には、朝鮮半島にあった楽浪郡《らくろうぐん》の先の海の中に、倭人《わじん》たちが100あまりの小国《しょうこく》を作って住んでいると書いてあります。倭人は、定期的に中国の王朝に朝貢《ちょうこう》[*1]に行っていたとされます。

続いて、『後漢書《ごかんじょ》』東夷伝《とういでん》に、倭人の中の奴国《なこく》の王が、西暦57年に後漢の光武帝《こうぶてい》に使者を送り、印綬《いんじゅ》（印鑑）[*2]を賜《たまわ》ったことが記されています。同書には、107年にも倭国の帥升《すいしょう》らが後漢の安帝《あんてい》に遣《けん》使《し》をしたこと、また、２世紀の後半に、倭国が戦乱状態になったことなどの記述があります。

３世紀に入ると、中国は魏《ぎ》・呉《ご》・蜀《しょく》の三国時代《さんごくじだい》になります。この時代を扱《あつか》った『三国志《さんごくし》』の中の「魏書《ぎしょ》」の、通称『魏志《ぎし》』倭人伝《わじんでん》と呼ばれる史料の中に、邪馬台国《やまたいこく》[*3]を盟主《めいしゅ》とする約30の小国家連合が誕生していたことが詳《くわ》しく書かれています。

邪馬台国の盟主、女王卑弥呼《ひみこ》は、239年に魏に遣《つか》いを送っています。この時、卑弥呼に「親魏倭王《しんぎわおう》」の称号が与えられたとされます。

この邪馬台国は、南の狗奴国《くなこく》と戦い、卑弥呼がそのさなかに死んでしまいます。その後、男性の王を立てましたが混乱に陥《おちい》り、壱与《いよ》という卑弥呼の一族の少女を盟主とすると、混乱が収まったと書かれています。

＊1　朝貢とは、みやげ物を持って中国の皇帝にあいさつに行くことです。朝貢に行くと、中国に服属したかたちになり、称号を与えられると「冊封《さくほう》を受ける」ことになります。

＊2　この印鑑ではないかとされるのが、江戸時代に福岡県志賀島《しかのしま》で発見された金印《きんいん》です。この金印には、「漢委奴国王《かんのわのなのこくおう》」という文字が刻まれています。

＊3　この邪馬台国の場所については、大和《やまと》地方にあったのか九州にあったのか、未だに論争が続いており、その場所が確定できません。

中国の歴史書に当時の日本列島の様子が書かれているということですが、日本の側には史料は無いのですか？

弥生文化は文字を持たない文化だったのです。文字によってこのころの日本を知るには、中国の国家の歴史書である正史《せいし》に書かれている記述を頼りにするしかないのです。

3世紀の東アジア

志賀島の金印

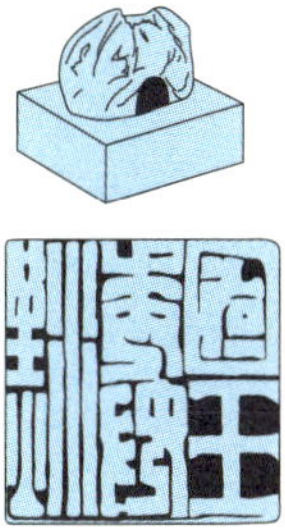

中国の史書と日本の様子

中国の史書	年代	内容
『漢書』地理志	前1世紀	倭人たちが100あまりの小国を形成
『後漢書』東夷伝	1～2世紀	倭の奴国の王が光武帝から印綬を受ける 倭国王帥升等が遣使する
『魏志』倭人伝	3世紀	邪馬台国の女王卑弥呼が遣使する

史料（部分要約）**『魏志』倭人伝**…『三国志』の中の「魏書」の東夷伝倭人条《とういでんわじんじょう》の通称です。

> **倭国《わこく》**（日本列島）は戦争状態であったが、**一女子**（女性）を盟主に立てた。その名が**卑弥呼**である。卑弥呼は**鬼道《きどう》**（宗教的権威）で人々をよく統率した。…**景初《けいしょ》二（三）年**（239年）**六月**、卑弥呼は魏に朝貢のために大夫《たいふ》難升米《なしめ》を遣わして**郡**（帯方郡）に至り、これが認められ、その年の十二月、**親魏倭王**という称号と金印紫綬《きんいんしじゅ》を魏の皇帝から与えられた。

『魏志』倭人伝には、邪馬台国に至る道のりなども書かれており、これをめぐって、邪馬台国の位置はどこなのかという邪馬台国論争が今でも続いています。

5　ヤマト政権の成立

ヤマト政権が成立したのは、確か３世紀末から４世紀にかけてですよね。

そうです。大和《やまと》地方、今の奈良県辺りに発生した前方後円墳《ぜんぽうこうえんふん》→p.32の広がりと、その分布からそれが推定されます。

　中国東北部に現れた**高句麗《こうくり》**という強大な国は、４世紀初め、楽浪郡《らくろうぐん》を滅《ほろ》ぼして南下します。朝鮮半島でも、馬韓《ばかん》から**百済《くだら》**、辰韓《しんかん》から**新羅《しらぎ》**という国家が現れます。**加耶《かや》**（**加羅《から》**・任那《みまな》）という地域は、国家的統一が果たせませんでした。周辺の国家はここの鉄資源を求めてさかんに争いを繰り返します。

　４世紀初めには日本の国内統一を果たしたヤマト政権も、加耶の利権を確保するため、朝鮮半島に軍隊を送ったことなどが、高句麗の**広開土王碑《こうかいどおうひ》**（好太王碑《こうたいおうひ》）*1などによってわかっています。

　５世紀には、中国の南朝《なんちょう》の宋《そう》の正史、『宋書《そうじょ》』倭国伝《わこくでん》に、**倭《わ》の五《ご》王《おう》**が現れます。讃《さん》・珍《ちん》（彌《み》）・済《せい》・興《こう》・武《ぶ》という、ヤマト政権の**大《おお》王《きみ》**のことです。

　このうち倭王武は、**雄略天皇《ゆうりゃく》**（**ワカタケル大王**）*2の中国側での呼び名です。武は、478年、宋の皇帝に上表文《じょうひょうぶん》（手紙）を送って、高い地位を示す称号を求めています。

　６世紀には、ヤマト政権の内部もかなり整備されます。このヤマト政権の支配体制を、一般的に**氏姓制度《しせい》**と呼びます。ヤマト政権を構成する基本的な単位は、**氏《うじ》**という血縁集団で、大王は氏に対して、**姓《かばね》**という一種の称号を与えていったのです*3。

　地方では、有力豪族《ごうぞく》の一部が**国造《くにのみやつこ》**などに任命され、大王の地方支配などを助けます。彼らは各々《おのおの》、土地や人々を支配し、その権力・経済力を維持しました*4。

＊1　中国の吉林省《きつりんしょう》に現存する、高句麗の英雄、広開土王（好太王）の業績を記した石碑です。391年以降の倭の軍隊との戦争で、好太王がこれを撃退したと書かれています。

＊2　雄略天皇＝倭王武の実名、「ワカタケル大王」の名は、埼玉県の稲荷山古墳《いなりやまこふん》出土の鉄剣銘《てっけんめい》にも、熊本県の江田船山古墳《えたふなやまこふん》出土の鉄刀銘《てっとうめい》にも見えています。当時、関東から九州に雄略天皇の権威が及《およ》んでいたことを示すものと考えられています。

4世紀は、弥生時代みたいに中国の歴史書はないんですか？

中国が分裂しており、4世紀の日本列島に関する正史そのものがないんです。「謎《なぞ》の4世紀」とも呼ぶことがある時期です。

4～5世紀の東アジア

中国では三国時代の後、晋《しん》が誕生しますが、北方の匈奴《きょうど》などに攻めこまれて南に移り、南北朝《なんぼくちょう》時代となります。宋は南朝の王朝の1つです。

史料 （部分要約）『宋書』倭国伝…南朝の宋についての正史です。

> 倭王の興が死に、弟の武が即位し、自ら**使持節都督《しじせつととく》倭・百済・新羅・任那・加羅・秦韓《しんかん》・慕韓《ぼかん》七国諸軍事・安東《あんとう》大将軍倭国王**と称した。
> 順帝《じゅんてい》の昇明《しょうめい》二年（478年）、武は遣使し文章を送り次のように言った。…

倭王武は左のようなきわめて長い称号を認めてもらおうと、宋の皇帝に願い出ました。このうち、百済を除く、六国の支配権を認められています。

倭王武はどうして、中国の皇帝に高い地位を示す称号を求めたのですか？

それは、そのような称号を背景に、朝鮮半島に対する利権・影響力を確保しようとした活動の結果だったと考えられています。

＊3　姓として、大和地方の地名を氏の名前とする有力豪族には臣《おみ》、特定の職務で大王を支えた有力豪族には連《むらじ》、大王に服属した地方の有力豪族には君《きみ》、一般の豪族には直《あたえ》などが与えられました。臣の中から選ばれた大臣《おおおみ》と、連の中から選ばれた大連《おおむらじ》がとくに政治の中心となりました。その下で伴造《とものみやつこ》などが様々な職務を分担していました。

＊4　大王の直轄地《ちょっかつち》は屯倉《みやけ》、大王家の支配下にある人々は子代《こしろ》・名代《なしろ》と呼ばれていました。一般豪族の私有地は田荘《たどころ》、一般豪族の支配下にある人々は部曲《かきべ》と呼ばれていました。

6　古墳文化

古墳《こふん》とは「古い墓」のことですが、単に古いだけでなく、巨大なことが特徴です。

確かに古墳ってでっかいお墓ですよね。

3世紀後半から4世紀、畿内《きない》を中心に瀬戸内海にかけて、**前方後円墳**《ぜんぽうこうえんふん》[*1]という巨大な墓（**古墳**）が分布します。もっとも大きな古墳が大和《やまと》地方に集中しているため、当時の政権をヤマト政権→p.30と呼び、同じ形の古墳の分布範囲がヤマト政権の支配領域だと考えられています。

前期・中期の前方後円墳は、**竪穴式石室**《たてあなしきせきしつ》という埋葬《まいそう》部分を持ち、遺体とともに、鏡や剣や、玉などをいっしょに納めてあります。副葬品《ふくそうひん》と呼ぶ貴重品です。

中期、5世紀になると、前方後円墳は当時の大王の権威を象徴するようにますます巨大化します。副葬品には、前期は鏡や腕輪《うでわ》など呪術《じゅじゅつ》的なものが多かったのですが、中期には武具《ぶぐ》や馬具《ばぐ》などが目立つようになります。

ところが、6世紀に入ると、巨大な古墳はあまり築かれなくなり、小型の円墳《えんぷん》が一箇所に集中的に集まった**群集墳**《ぐんしゅうふん》[*2]を特徴とする、後期古墳の時代に入ります。この円墳は小型ですが、**横穴式石室**《よこあなしきせきしつ》と呼ばれる、何人もの遺体を埋葬することが可能で、家族の墓にもなる構造になっています。

土器では、弥生土器《やよいどき》→p.26の系譜《けいふ》を引く土師器《はじき》に加えて、朝鮮半島から伝わった新しい技術で作られた須恵器《すえき》が登場します。

また、秦氏《はたうじ》などの**渡来人**《とらいじん》[*3]たちが大王《おおきみ》に文筆《ぶんぴつ》や新しい技術で仕え、**漢字**も人とともに伝わってきます。

そして6世紀になると、百済《くだら》の聖明王《せいめいおう》が**仏教**を伝え、五経博士《ごきょうはかせ》という**儒教**《じゅきょう》の専門家も百済から送られてきました。

＊1　古墳では、前方後円墳が基本的な形ですが、他にも方墳《ほうふん》、あるいは円墳、といったような形のものもあります。

＊2　岩橋千塚《いわせせんづか》（和歌山県）などが、群集墳の代表例です。

＊3　朝鮮半島から渡って来た渡来人たちは、優れた技術や学問を持っており、様々な分野でヤマト政権を支える重要な役割を果たしました。

このころには仏教も伝わってきたのですよね。

そうです。「仏教公伝《ぶっきょうこうでん》」と言いますが、その年については『上宮《じょうぐう》聖徳法王帝説《しょうとくほうおうていせつ》』などの史料の538年と『日本書紀《にほんしょき》』→p.46の552年の2説があります。

箸墓古墳　（写真提供・国土画像情報〈カラー空中写真〉国土交通省）

出現期の古墳で最大のものは、箸墓古墳《はしはかこふん》と呼ばれる奈良の前方後円墳です。中期の巨大な前方後円墳では、仁徳《にんとく》天皇陵《りょう》（伝）と言われる大仙陵古墳《だいせんりょうこふん》や、応神《おうじん》天皇陵（伝）と言われる誉田御廟山古墳《こんだごびょうやまこふん》が大阪府にあります。

古墳の構造

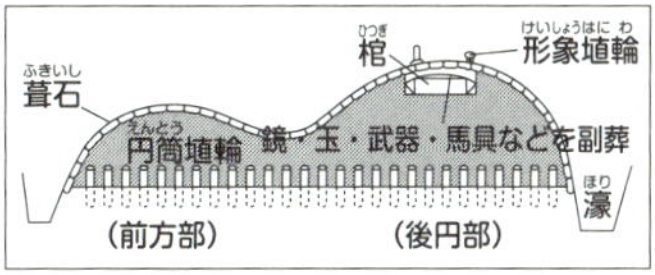

▲前方後円墳
（竪穴式石室）

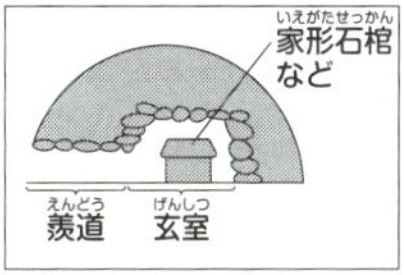

円墳▶
（横穴式石室）

古墳時代の地図

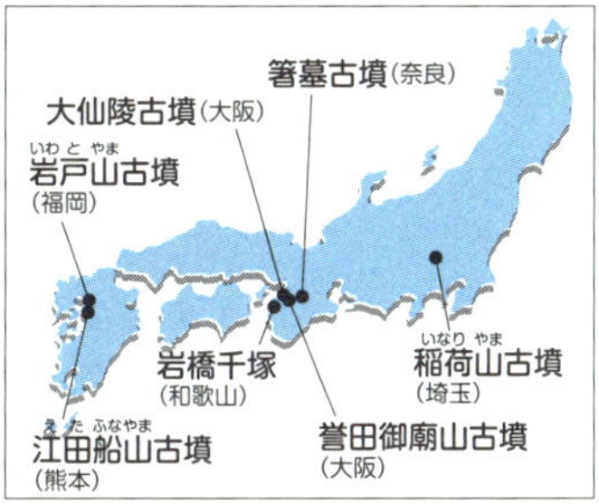

古墳時代の祭祀

- 禊《みそぎ》・祓《はらえ》…罪やけがれを洗い流しぬぐい去るためのもの。
- 太占《ふとまに》…鹿《しか》の骨などを焼いて、ひび割れから吉凶《きっきょう》などを占う。
- 盟神探湯《くかたち》…熱湯に手を入れてその火傷《やけど》の度合で、言っていることの真偽《しんぎ》を確かめようとする。

このころ、米作りなどに伴《ともな》う儀礼として、春の初めに豊作を願う祈年祭《としごいのまつり》、秋に収穫を感謝する新嘗祭《にいなめのまつり》が始まったと考えられます。固有の信仰を形で表す神社も成立し、社《やしろ》が築かれました。代表的なものが、皇室の祖先神を守る三重県の伊勢神宮《いせじんぐう》です。他にも左のような呪術《じゅじゅつ》的風習が行われたとされます。

7 推古朝

4世紀にヤマト政権が成立して、5世紀には倭《わ》の五王《ごおう》が登場したのですよね。

そして、6世紀末には有名な厩戸皇子《うまやどのおうじ》（聖徳太子《しょうとくたいし》）が登場します。

6世紀中ごろ、新羅《しらぎ》→p.30が加耶《かや》（加羅《から》・任那《みまな》）→p.30を併合《へいごう》し、日本は朝鮮半島南端の利権を失います[＊1]。そして中国の南北朝《なんぼくちょう》を統一した強力な王朝として**隋《ずい》**が登場し、東アジア情勢は緊迫《きんぱく》します。

国内では、仏教を積極的に受け入れた蘇我《そが》氏が台頭します[＊2]。**蘇《そ》我馬子《がのうまこ》**は自ら擁立《ようりつ》した崇峻《すしゅん》天皇を殺害し、女帝の**推古《すいこ》天皇**を立てます。推古天皇の摂政《せっしょう》である**厩戸皇子**（**聖徳太子**）は、馬子とともに政治改革を目指します。

推古朝の内政は、大王《おおきみ》（天皇）の権威を確立し、隋に対抗する新しい国家体制へ移行することが課題でした。そこで個人の能力を評価する**冠位十二階《かんいじゅうにかい》の制**[＊3]が定められます。また、政治の方針を定め、豪族《ごうぞく》・官人《かんじん》たちへの訓戒《くんかい》の意味を持つ**憲法十七条《けんぽうじゅうしちじょう》**が、厩戸皇子自らの手で制定されたとされます。

一方、推古朝の外交は、隋への対応が最大の課題でした。まず600年に**遣隋使《けんずいし》**が送られたことが『隋書《ずいしょ》』倭国伝《わこくでん》に見えます。607年には**小野妹子《おののいもこ》**が派遣《はけん》され、対等の姿勢を示そうとする外交を展開しようとしました。これは成功したわけではありませんが、隋も高《こう》句麗《くり》→p.30との対立などがあり、通交関係は維持され、小野妹子が帰国するに際して、裴世清《はいせいせい》が日本に送られます。

また、この時代には、日本で初めての本格的な仏教文化が開花します。飛鳥《あすか》地方を中心とするこの時期の文化を**飛鳥文化**→p.46と呼びます。

＊1　6世紀初めに、継体《けいたい》天皇を擁立した大連《おおむらじ》・大伴金村《おおとものかなむら》が権力を握《にぎ》りますが、やがて朝鮮半島の利権を失ったことを理由に失脚《しっきゃく》します。また、527年には新羅と結んで磐井《いわい》という九州の有力者が反乱を起こしています。**筑紫国造《つくしのくにのみやつこ》磐井《いわい》の乱《らん》**です。

＊2　大臣《おおおみ》の蘇我稲目《いなめ》は、仏教導入に反対する大連・物部尾輿《もののべのおこし》と対立します。やがて、蘇我馬子が物部守屋《もりや》を滅《ほろ》ぼし、蘇我氏が全盛期を迎えます。

＊3　豪族に対し、個人の能力に応じて徳《とく》・仁《じん》・礼《れい》・信《しん》・義《ぎ》・智《ち》（おのおの大・小）の12段階の冠位を与えたものです。世襲《せしゅう》的な氏《うじ》→p.38単位の政治から、個人の能力を評価する政治へ、すなわち、後の位階制《いかいせい》→p.38への端緒《たんしょ》を開こうとしました。

磐井はどうして反乱を起こしたんですか？*1

ヤマト政権が新羅に侵略された朝鮮半島南部の加耶の支配を維持するため軍隊を派遣しようとした際、新羅が磐井に賄賂《わいろ》を送り、九州でヤマト政権軍を阻止《そし》させたと『日本書紀《にほんしょき》』に書かれています。また、福岡県の岩戸山古墳《いわとやまこふん》は磐井の墓とされています。

6世紀の朝鮮半島

6世紀前半に百済の支配下にはいった地域
高句麗
百済
新羅
白村江《はくそんこう》
加耶
倭《わ》

皇室家と蘇我氏の略系図

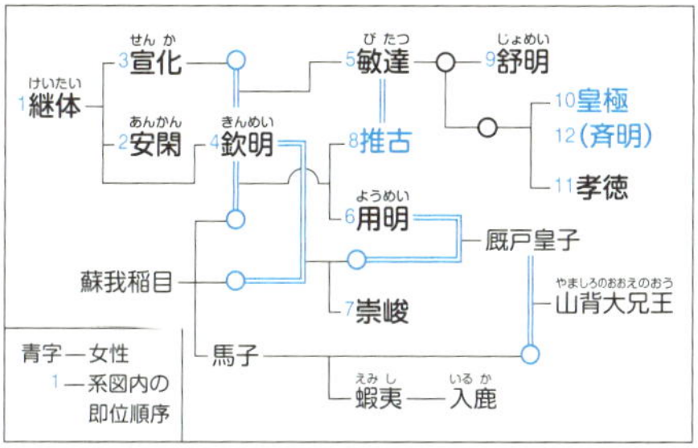
1継体《けいたい》
3宣化《せんか》
2安閑《あんかん》
4欽明《きんめい》
5敏達《びたつ》
8推古
6用明《ようめい》
7崇峻
9舒明《じょめい》
10皇極
12(斉明)
11孝徳
厩戸皇子
山背大兄王《やましろのおおえのおう》
蘇我稲目
馬子
蝦夷《えみし》
入鹿《いるか》
青字―女性
1―系図内の即位順序

史料 (部分要約) **憲法十七条**…政治の方針を示すもので、仏教の尊崇《そんすう》なども求めています。

> 一、**和を以《もっ》て貴《たっと》しと為《な》し**（仲良く）、ケンカしないことを第一としなさい。
> 二、**三宝《さんぼう》**を尊重しなさい。三宝とは**仏**・**法**（経典《きょうてん》）・**僧**です。…

史料 (部分要約) **『隋書』倭国伝**…小野妹子が遣隋使に派遣されたことを伝えるものです。

> **大業三年《たいぎょう》**（607年）、倭国の王の使節が朝貢《ちょうこう》にやってきた。…その国書には、「**日出《ひい》づる処《ところ》の天子《てんし》、書を日没《ひぼつ》する処の天子に致《いた》す、恙《つつが》無きや**（太陽が昇る国〈日本〉の王が、太陽が沈む国〈中国〉の王にお手紙を差し上げます。お元気でしょうか。）云々《うんぬん》」とあった。**帝**（煬帝《ようだい》）は、これを見て怒った…。…翌年、煬帝は、**文林郎裴清《ぶんりんろうはいせい》**（裴世清）を倭国に遣《つか》わした。

日本の天皇（大王）を天子、隋の皇帝も天子、と対等の称号で呼ぶ、すなわち、対等の姿勢を示そうとしたものだと言われています。

裴世清が帰る際、再び小野妹子が隋に向かいます。この時、高《たか》向玄理《むこのくろまろ》・旻《みん》・南淵請安《みなぶちのしょうあん》など、留学生や学問僧が随行《ずいこう》しました。彼らは隋から唐《とう》への王朝の交代、唐の隆盛《りゅうせい》の様子を見て帰ってきます。これが後の大化《たいか》の改新《かいしん》→p.38政治の前提となります。

8　大化の改新

隋《ずい》→p.34はどうなったんですか？

隋は高句麗《こうくり》との戦争に勝てないうちに、618年に滅《ほろ》び、唐《とう》がこれにかわります。

622年に厩戸皇子《うまやどのおうじ》が没すると、蘇我《そが》氏の権力が突出します。このような中、隋にかわった**唐**に対抗して抜本《ばっぽん》的な国家改造を行うために蘇我氏を排除しようと、**中大兄皇子**《なかのおおえのおうじ》・**中臣鎌足**《なかとみのかまたり》らが、蘇我蝦夷《そがのえみし》・入鹿《いるか》親子を討《う》ったのが、645年の乙巳《いっし》の変《へん》です。そして**大化**《たいか》**の改新**《かいしん》と呼ばれる政治改革が始まります。

天皇は女帝の皇極《こうぎょく》天皇から孝徳《こうとく》天皇へとかわり、中大兄皇子が皇太子、中臣鎌足が内臣《うちつおみ》として新政権の中枢《ちゅうすう》に加わります[*1]。そして646年、**改新**《かいしん》**の詔**《みことのり》と呼ばれる4か条の政治方針を示しました。

朝鮮半島では、660年に唐・新羅《しらぎ》が百済《くだら》を滅ぼします。日本は、百済再興のため663年に唐・新羅との**白村江**《はくそんこう》**の戦い**に挑《いど》み、大敗します。以後、中大兄皇子は、水城《みずき》・朝鮮式山城《ちょうせんしきやまじろ》などを築いて国防を強化し、さらに内陸の近江大津宮《おうみおおつのみや》に遷都《せんと》します。

そして668年に中大兄皇子は即位して**天智**《てんじ》**天皇**となり、近江令《おうみりょう》を制定し、初めての全国的な戸籍《こせき》である庚午年籍《こうごねんじゃく》を作ります。

天智天皇の死後、弟の**大海人皇子**《おおあまのおうじ》と子の大友皇子《おおとものおうじ》の間で、次の天皇の座を争って軍事的な衝突《しょうとつ》が起こります（**壬申**《じんしん》**の乱**《らん》）。この戦いに勝利した大海人皇子は飛鳥浄御原宮《あすかきよみはらのみや》で即位、**天武**《てんむ》**天皇**となり、強力な中央集権体制への移行を進めました[*2]。

天武天皇の死後はその皇后《こうごう》（天智天皇の娘）が**持統**《じとう》**天皇**となり、夫の事業を進めます。689年には飛鳥浄御原令《あすかきよみはらりょう》が施行され、690年には班田収授《はんでんしゅうじゅ》→p.40のための庚寅年籍《こういんねんじゃく》が作成されます。また、唐に対抗して立派な都を作ろうと、694年に飛鳥の南方に作った初めての中国風の首都、**藤原京**《ふじわらきょう》に遷都します。

＊1　また、中国にならって年号を制定し、「大化」としました。645年の年末には都を飛鳥から離れた難波《なにわ》（長柄豊碕《ながらとよさき》）宮《のみや》に移します。

＊2　天武天皇は部曲《かきべ》→p.31を廃止し、歴史書などの編纂《へんさん》も命じました。また、姓《かばね》→p.30を抜本的に改正、天皇に近いものから順に真人《まひと》・朝臣《あそみ》・宿禰《すくね》・忌寸《いみき》などの八段階の姓に整理します（**八色**《やくさ》**の姓**《かばね》）。

中大兄皇子が即位したのが668年だということは、それまでずっと孝徳天皇ですか？

いいえ。孝徳天皇は654年に亡くなり、皇極天皇が再び即位して斉明《さいめい》天皇となります。辞めた後、再び天皇になることを「重祚《ちょうそ》」と言います。ところが、この斉明天皇が661年に急死。その後、中大兄皇子が即位せず天皇の役割を務めました。この状態を「称《しょう》制《せい》」と言い、その後、正式に即位したのが668年です。

7～8世紀の東アジア

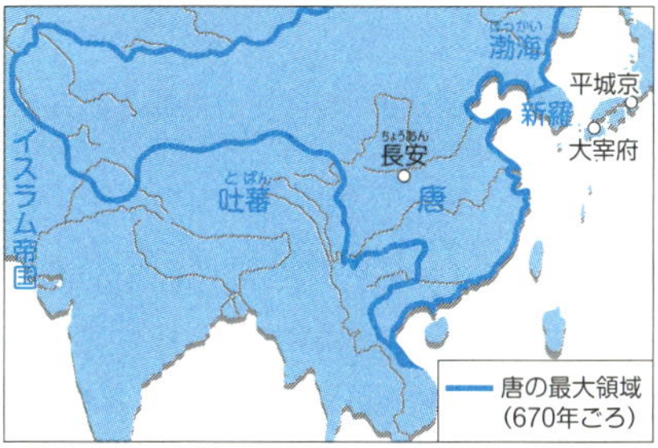

唐・新羅の連合軍は、668年には高句麗も滅ぼします。新羅は、朝鮮半島から唐の勢力を排除して、676年に半島統一を実現します。唐も強大化し、907年に滅びるまで東アジアの中心として君臨することになります。

史料 (部分要約) **改新の詔**…646年の正月に発表された、4か条の詔です。

> 第一条　昔の天皇たちが設置された**子代《こしろ》の民**や各地の**屯倉《みやけ》**、また、臣《おみ》・連《むらじ》・伴造《とものみやつこ》・国造《くにのみやつこ》・村首《むらのおびと》の所有する**部曲《かきべ》の民**や各地の**田荘《たどころ》**を廃止せよ。…
> 第三条　初めて**戸籍《こせき》・計帳《けいちょう》・班田収授の法**を作れ。…

第一条は私有地・私有民の廃止、すなわち、全ての土地や人々を大王《おおきみ》（天皇）が支配する公地公民《こうちこうみん》制が宣言されています、第二条は行政組織、第三条は戸籍・計帳の作成や班田収授と、後の律令《りつりょう》の土地税制への移行を示しています。第四条ではそれを前提とする新税制が宣言されます。

国《こく》・郡《ぐん》・里《り》→p.38という地方行政単位はこの時決められますが、このころは「郡」ではなく「評《こおり》」の字が使用され、701年の大宝律令《たいほうりつりょう》→p.38以降に「郡」にかわったことがわかっています。そのため改新の詔が掲載されている『日本書紀《にほんしょき》』→p.46の成立のころに、文章に修正が加わったと考えられています。

9 律令国家

今回のタイトルの律令国家《りつりょう》って、いったいどういう体制なんですか？

簡単に言うと、律令、つまり法律によって成り立つ、天皇中心の中央集権的な体制です。

近江令《おうみりょう》、飛鳥浄御原令《あすかきよみはらりょう》→p.36に続き、701年、文武《もんむ》天皇のもとで**大《たい》宝律令《ほうりつりょう》**が成立します。律令とは中国の儒教《じゅきょう》道徳をもとにした法律で、犯罪やそれに対する刑罰《けいばつ》を定めた**律《りつ》**、一般的な法令である**令《りょう》**から成り立ちます。

この律令にもとづく国家を**律令国家**と呼びます。法で規定された、整然とした組織が特徴で、中央集権的な体制です。中央官制は「二《に》官八省一台五衛府《かんはっしょういちだいごえふ》」と呼ばれる組織で、地方を**畿内《きない》**（五畿《ごき》）と**七道《しちどう》**諸国に分けています。[*1]

行政単位は国が基本で、それぞれの国が七道に所属するかたちでした。**国**はさらにいくつかの**郡**、郡はさらに**里**に分かれています（国郡里制《こくぐんりせい》）。国の行政を担《にな》うのは、中央から派遣された**国司《こくし》**で、任期をもって国府《こくふ》に赴任《ふにん》しました。**郡司《ぐんじ》**がその下で実務を担い、郡司の下には**里長《りちょう》**が置かれました。

特別行政府としては大宰府《だざいふ》が九州に置かれ、西海道《さいかいどう》諸国を統括《とうかつ》しました。都の中では、左右の京職《きょうしき》が一般行政を担い、東西の市《いち》は市《いちの》司《つかさ》が管轄《かんかつ》しました。摂津《せっつ》国には外交の拠点である難波津《なにわづ》を管理するために、摂津職《せっつしき》が置かれました。

官僚《かんりょう》（律令官人《かんじん》）は、おおむね、ヤマト政権の有力豪族《ごうぞく》たちがそのまま高い**位階《いかい》**をもらって転換したものです。

位階とは、律令官人の序列を表す等級で、全部で30段階に分かれています。そのうち、五位以上を**貴族《きぞく》**[*2]と呼びました。官職は、おのおの、特定の位階を持った者の中から選ばれることになっていました（官位相当制《かんいそうとうせい》）。刑罰《けいばつ》の規定もありました[*3]。

＊1　公的な交通制度では、都と国府を結ぶ駅路《えきろ》に約16kmごとに駅屋《うまや》を置いて、馬（駅馬《えきば》）と人を用意する駅制《えきせい》がとられました。

＊2　貴族はとくに優遇《ゆうぐう》され、位階にもとづく位田《いでん》や官職にもとづく職田《しきでん》など多くの田地を与えられました。また、蔭位《おんい》の制《せい》と言って、五位以上の位階を持った官人は、その子供、三位以上の場合は孫までが、成人に達すると一定の位階を与えられました。

ヤマト政権の豪族が律令国家の官僚になった……ということは、支配者層は変わってない、ということなのですか？

そうです。中国の律令を導入しながらヤマト政権の支配者層が律令官人に転換していく、これが律令国家の成立の中身でした。

律令官制表

中央

- 神祇官《じんぎかん》
- 太政官《だいじょうかん》 ― 左大臣《さだいじん》・太政大臣・右《う》大臣 ― 大納言《だいなごん》 ― 左弁官《さべんかん》・少《しょう》納言・右《う》弁官
  - 左弁官 ― 中務《なかつかさ》省（詔勅など）／式部《しきぶ》省（人事）／治部《じぶ》省（外交・僧尼）／民部《みんぶ》省（財政・民政）
  - 右弁官 ― 兵部《ひょうぶ》省（軍事）／刑部《ぎょうぶ》省（裁判）／大蔵《おおくら》省（出納）／宮内《くない》省（宮中の諸事）
- 弾正台《だんじょうだい》（官吏の監察）
- 五衛府《ごえふ》 ― 衛門府《えもんふ》・左右衛士府《えじふ》・左右兵衛府《ひょうえふ》（宮城の警備）

地方

- 〈要地〉
  - 左右京職 ― 坊《ぼう》・東西市司
  - 摂津職
  - 大宰府 ― 西海道諸国・防人司《さきもりのつかさ》
- 〈諸国〉 国（国司）―郡（郡司）―里（里長）

五畿七道

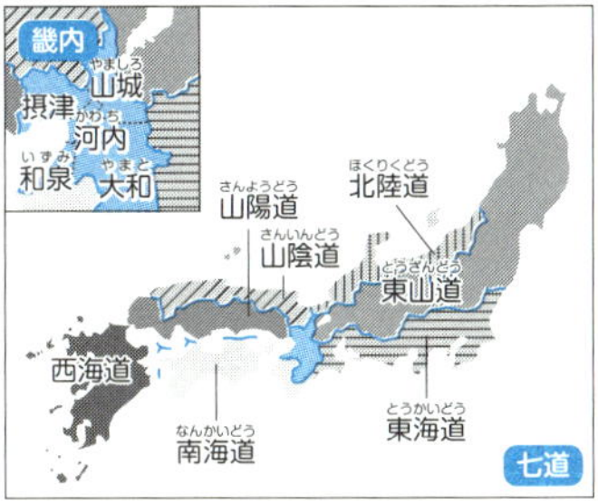

四等官制

官職	国司	八省	大宰府
カミ（長官）	守	卿	帥
スケ（次官）	介	輔	弐
ジョウ（判官）	掾	丞	監
サカン（主典）	目	録	典

各役所は長官《かみ》・次官《すけ》・判官《じょう》・主典《さかん》の四等官《しとうかん》が上に設置されました。それぞれの役所で字が異なり、長官である「カミ」は、国司なら「守」と書き、八省では「卿」と書きました。

五色の賤

官有	陵戸《りょうこ》・官戸《かんこ》・公奴婢《くぬひ》
私有	家人《けにん》・私奴婢《しぬひ》

律令法では、国民を良民《りょうみん》と賤民《せんみん》の二段階に分けています。多くは良民ですが、表のように身分的に低い地位に置かれた五色《ごしき》の賤《せん》という賤民も存在していました。

＊3　司法制度としては、律の五刑《ごけい》があります。律は儒教道徳に反する違法行為を細かく規定し、その軽重《けいちょう》に従って、最も重い犯罪に対しては死刑、次にやや軽いものには流罪《るざい》、以下、鞭《むち》で打つ笞罪《ちざい》まで、５段階の刑罰を定めています。その刑を軽いものから言うと、「笞《ち》・杖《じょう》・徒《ず》・流《る》・死《し》」となり、これを「五刑」と総称します。

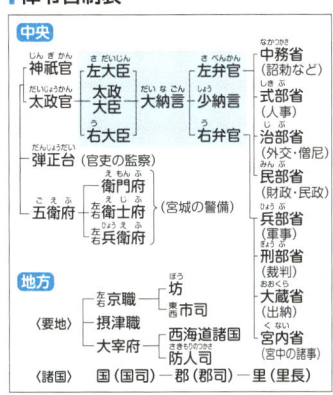

10 平城京

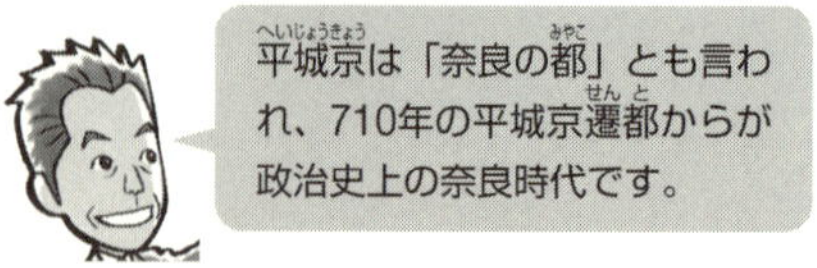
平城京《へいじょうきょう》は「奈良の都《みやこ》」とも言われ、710年の平城京遷都《せんと》からが政治史上の奈良時代です。

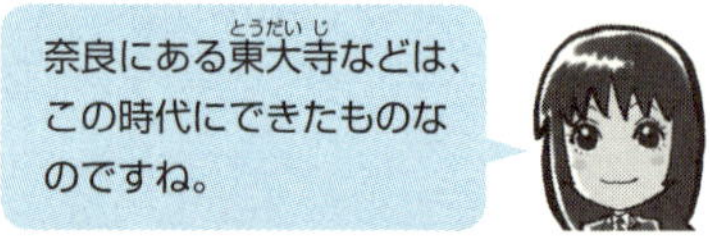
奈良にある東大寺《とうだいじ》などは、この時代にできたものなのですね。

710年、元明《げんめい》天皇の時代、**平城京**が都となります。このころには国家としての支配領域も広がります。712年には東北地方に出羽国《でわのくに》、713年には九州に大隅国《おおすみのくに》が設置されます。東北地方の太平洋側では、724年に多賀城《たがじょう》が設置され、鎮守府《ちんじゅふ》が置かれます。ここを陸奥国《むつのくに》の国府として、支配領域の拡大が試みられました。

経済的には、708年に武蔵国《むさしのくに》から銅が産出されたのを機に、**和同《わどう》開珎《かいちん》**が発行されます*1。

律令国家では、国民は**戸籍《こせき》**によって把握《はあく》されました。戸籍は6年ごとに作成され、これにもとづいて**班田収授《はんでんしゅうじゅ》***2が行われました。そして税を取るために、毎年、**計帳《けいちょう》**が作成されました。

この税制は、成年男子にきわめて重い負担を課すもので、農民たちの疲弊《ひへい》が目立ち、浮浪《ふろう》・逃亡《とうぼう》農民が続発します。

政府は、口分田《くぶんでん》の不足を解消するため、722年に**百万町歩開墾計《ひゃくまんちょうぶかいこんけい》画《かく》**を立て、翌723年には**三世一身法《さんぜいっしんのほう》**を出します。新しく田地を開発した場合は「三世」、すなわち三世代、再開発の場合はその人一代の間は所有してもよい、というものです。

しかし、結局は、国が土地を没収することになるため、あまり効果はなく、743年には、墾田《こんでん》（開墾した田）の永久私有を認める**墾《こん》田永年私財法《でんえいねんしざいほう》**を発布します。

この墾田永年私財法は土地の私有を認めたために、有力者達（高級貴族や大寺院）などが大規模な土地開発を行うことになりました。このような土地は**初期荘園《しょきしょうえん》**と呼ばれます。ただし、墾田と同じで、租《そ》は納めなければならない輸租《ゆそ》田でした。

＊1　以後、乾元大宝《けんげんたいほう》→p.51まで12種類の銅銭、「皇朝《こうちょう》（本朝《ほんちょう》）十二銭《じゅうにせん》」が発行されます。

＊2　班田収授は唐の制度を真似たもので、6年に1回、一定の基準で田地を国民に分配する制度でした。6歳以上の男子に2段《たん》、女子にはその3分の2を与えることが、戸《こ》を単位に行われました。余った田は賃租《ちんそ》というかたちで農民たちに貸し出されました。

日本で一番古いお金は和同開珎ということですか？

いいえ、『日本書紀《にほんしょき》』→p.46に683年、天武天皇《てんむ》→p.36が貨幣《かへい》を使えと命令したと書いてあります。そして、飛鳥池遺跡《あすかいけいせき》という古代の工房跡からたくさん出てきた「富本《ふほん》」という名称の銭、「富本銭《ふほんせん》」が、天武天皇の時の貨幣だと言われています。

平城京図

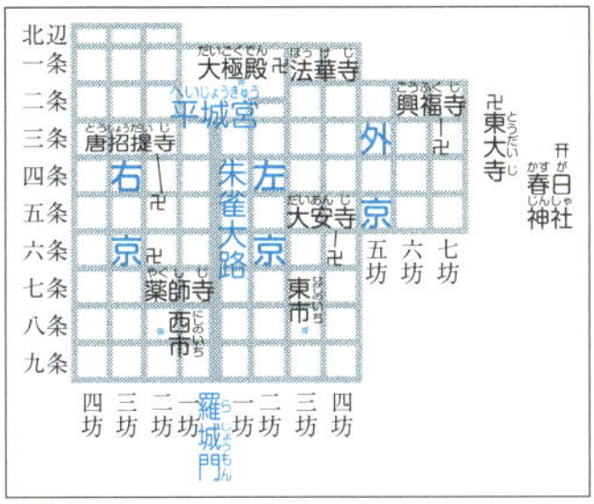

平城京は唐の長安《ちょうあん》を真似て、条坊《じょうぼう》制《せい》による整然とした区画を持ち、南北に中央の大通りの朱雀大路《すざくおおじ》が通る計画的な都市です。東の側に突き出た外京《げきょう》が営まれたことに注目して下さい。現在の奈良の中心街はこの外京の辺りです。

律令国家の税制

	正丁《せいてい》 21～60歳の男子	次丁《じてい》（老丁《ろうてい》） 61～65歳の男子	中男《ちゅうなん》（少丁《しょうてい》） 17～20歳の男子
租《そ》	1段《たん》につき稲《いね》2束《そく》2把《わ》　※田にかかる税。		
調《ちょう》	絹など地方の特産物	正丁の1/2	正丁の1/4
庸《よう》	都の労役《ろうえき》10日 または布2丈《じょう》6尺《しゃく》	正丁の1/2	なし
雑徭《ぞうよう》	地方での年間60日 以内の労役	正丁の1/2	正丁の1/4

律令の税の主なものを**租・調・庸**と呼びます。租は田にかかる税で、稲2束2把（収穫《しゅうかく》の約3％）で軽いものです。ところが、男子だけに課される調や庸はとても重く、また、**雑徭**という労働力を提供するものもありました。調や庸を都に運ぶ運脚《うんきゃく》も一種の税で、これも男子に課されるものでした。

他に、正丁3～4人に1人の割合で、兵士として兵役《へいえき》に従事しなければなりませんでした。兵士は各国に設置された軍団《ぐんだん》で訓練を受け、一部は1年間都の防衛にあたる衛士《えじ》、あるいは3年間九州で国家防衛の任務を負う防人《さきもり》となりました。

11 奈良時代の政治

奈良時代の政権の移り変わりは激しくて、なんかややこしいですね……。

ポイントは、藤原氏と他の皇族・氏族が、交互に政権を握《にぎ》ったことです。

8世紀初めに権力の中枢《ちゅうすう》を担《にな》ったのは、中臣鎌足《なかとみのかまたり》→p.36の子、**藤原《ふじわらの》不比等《ふひと》**[*1]でした。その没後は、皇親《こうしん》（天皇一族）勢力を代表する**長《なが》屋王《やおう》**[*2]がトップに立ちます。

ところが、不比等の4人の子供（藤原四子《ふじわらしし》）は、同じく不比等の子で、**聖武《しょうむ》天皇**の夫人であった**光明子《こうみょうし》**を皇后《こうごう》にしようと、729年、謀略《ぼうりゃく》によって長屋王を排斥《はいせき》します（長屋王《ながやおう》の変《へん》）。結果、藤原氏出身の皇后である光明皇后《こうごう》が誕生しました。

ですが、藤原四子は伝染病で相次いで没します。その結果、**橘《たちばなの》諸兄《もろえ》**が政権のトップに立ちました。**吉備真備《きびのまきび》**や僧の**玄昉《げんぼう》**が重用され、反発した藤原広嗣《ひろつぐ》の乱は鎮圧《ちんあつ》されます。

しかし、**藤原仲麻呂《なかまろ》**が光明皇太后の信任を得て権力を充実させ、諸兄を失脚《しっきゃく》に追い込み、諸兄の子の 橘《たちばなの》 奈良麻呂《ならまろ》の変《へん》を経て仲麻呂の権力が確立します。仲麻呂は、自ら擁立《ようりつ》した淳仁《じゅんにん》天皇のもとで全権を握り、名前も恵美押勝《えみのおしかつ》と変え、中国風の政策を進めます。

やがて、仲麻呂は孝謙《こうけん》上皇[*3]と僧の**道鏡《どうきょう》**の2人と対立し、仲麻呂が追いつめられ、764年、恵美押勝《えみのおしかつ》の乱《らん》で排斥されます。

その後孝謙上皇が再び天皇の位につき、称徳《しょうとく》天皇となります。称徳天皇は道鏡に太政大臣禅師《だいじょうだいじんぜんじ》、さらに法王《ほうおう》という新しい地位を与え、やがて道鏡を天皇にしようとしますが（宇佐八幡神託事件《うさはちまんしんたくじけん》）、和気《わけの》清麻呂《きよまろ》らによって阻止《そし》されました。そして称徳天皇が没すると、道鏡は下野薬師寺《しもつけやくしじ》に左遷《させん》されました。

＊1　中臣鎌足は死の間際に藤原の姓を賜《たまわ》りました。その子の藤原不比等は天皇家との姻戚《いんせき》関係を形成して権力を確保するとともに、和同開珎《わどうかいちん》→p.40の発行や平城京→p.40遷都《せんと》、そして718年には自らが先頭に立って大宝律令《たいほうりつりょう》→p.38に変わる養老律令《ようろうりつりょう》の制定を実現します。ただし、養老律令はすぐに使われたわけではなく、後に757年、藤原仲麻呂の時代になってから施行《しこう》されます。

＊2　長屋王の邸宅跡《ていたくあと》からは大量の木簡《もっかん》が発見され、当時の貴族の生活や長屋王の絶大な経済力が明らかとなっています。

＊3　位を譲《ゆず》った天皇のことを上皇、太上《だいじょう》天皇と呼びます。

聖武天皇は、東大寺の大仏を作ろうという、大仏造立《だいぶつぞうりゅう》の詔《みことのり》を出した人ですよね。

そうです。当時の政情不安を見て、聖武天皇は、国分寺建立《こくぶんじこんりゅう》の詔《みことのり》や大仏造立の詔で仏教による鎮護国家《ちんごこっか》に期待したのです。

奈良時代の政治史

720	藤原不比等没
723	三世一身法
724	長屋王、左大臣就任
729	長屋王の変→光明子が皇后に
737	藤原四子死去
738	橘諸兄、右大臣就任
740	藤原広嗣の乱→恭仁京遷都
741	国分寺建立の詔
743	墾田永年私財法
	大仏造立の詔
752	大仏開眼供養
757	橘奈良麻呂の変
760	藤原仲麻呂、太政大臣就任
764	恵美押勝の乱
765	道鏡、太政大臣禅師就任
769	宇佐八幡神託事件
770	道鏡の左遷

社会の動揺《どうよう》が続く中、聖武天皇は**国分寺建立の詔**・**大仏造立の詔**を出した他、恭仁京《くにきょう》（京都）・難波宮《なにわぐう》（大阪）・紫香楽宮《しがらきのみや》（滋賀）と都を転々とさせ、結局は745年平城京に戻ります。743年、大仏造立の詔と同じ年には墾田永年私財法《こんでんえいねんしざいほう》→p.40が出されています。

また民間に**行基**《ぎょうき》という僧侶が現れ、布教や社会事業に尽くします。当初は政府から弾圧を受けますが、聖武天皇の発願した大仏造立に協力し、大僧正《だいそうじょう》となっています。

皇室と藤原氏略系図①

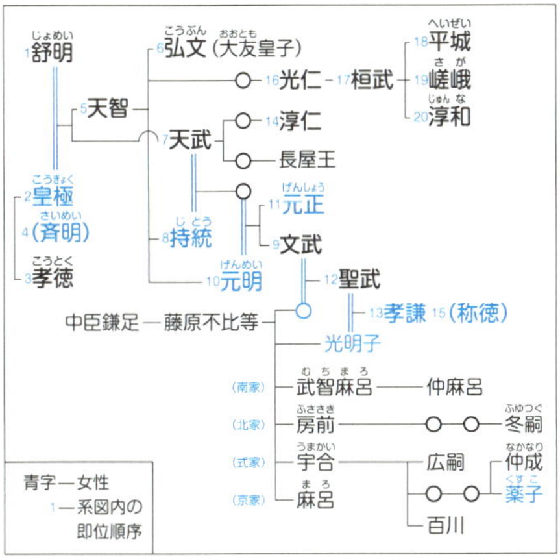

道鏡の後は、藤原百川《ももかわ》などが、天智《てんじ》天皇→p.36の孫にあたる光仁《こうにん》天皇を擁立して、時代の転換をはかります。そして光仁天皇の子の桓武《かんむ》天皇→p.48は長岡京《ながおかきょう》、続いて平安京《へいあんきょう》への遷都《せんと》を行います。

12 遣唐使

政治の次は、外交を確認しましょう。まずは遣唐使《けんとうし》。

隋《ずい》→p.34の次の国が唐《とう》→p.36ですよね。遣隋使《けんずいし》に続いて遣唐使が派遣《はけん》されたんですね。

遣唐使は、630年、犬上御田鍬《いぬかみのみたすき》らが派遣されたのが最初です。以後、平安時代に入って894年、唐が衰退《すいたい》したことや航海の危険から菅原道真《すがわらのみちざね》→p.50の意見で停止されるまで続きます。

天武《てんむ》・持統《じとう》天皇→p.36の時代には、一時期、遣唐使が派遣されませんでした。その後、701年の大宝律令《たいほうりつりょう》→p.38の成立を受けて、702年に再開されます。ただ、このころから、新羅《しらぎ》→p.37との関係が悪化した結果、朝鮮半島の西岸を通る北路《ほくろ》は通れなくなってしまいます。そこで、東シナ海を横断する、危険な南島路《なんとうろ》・南路《なんろ》を使うようになります[*1]。

遣唐使は「よつのふね」と呼ばれる大型の４隻《せき》の船で行くのが一般的でした。航海には危険が伴《ともな》い、また、中国でそのまま死んでしまった（客死《きゃくし》）人が何人もいます[*2]。８世紀の間は、ほぼ20年に１度派遣されるのが原則でした。

９世紀にもまだ派遣され、804年には最澄《さいちょう》・空海《くうかい》→p.48が唐に入り、日本に戻ると天台宗《てんだいしゅう》・真言宗《しんごんしゅう》という新しい仏教を広めます。

奈良時代には、唐だけでなく、中国北方の渤海《ぼっかい》[*3]との関係も始まります。渤海との通交は727年から919年まで続きました。渤海は唐や新羅との対抗上、日本にはきわめて友好的な態度で通交してきます。やがて、貿易中心の関係になっていきました。

遣唐使が何度も送られた結果、奈良時代には唐の文化の影響を受けた国際色豊かな天平《てんぴょう》文化→p.46が発達します。

聖武《しょうむ》天皇の時代を中心とする文化ですね。

＊１　ただし、新羅との間の使節は、この後も断続的ではありますが続いています。
＊２　客死した人物では、玄宗《げんそう》皇帝に重用された阿倍仲麻呂《あべのなかまろ》（中国名・朝衡《ちょうこう》）などが有名です。
＊３　渤海は698年、旧高句麗《こうくり》や靺鞨《まっかつ》人らが建国し、926年に契丹《きったん》に滅《ほろ》ぼされます。領土の拡張に伴い唐・新羅と戦争状態となり、そこで、唐や新羅との関係を安定させるためにも、日本との友好的な関係を築こうとして使節を派遣してきたと考えられています。

弥生《やよい》時代やヤマト政権のころには朝鮮・中国と行ったり来たりしているのに、どうして８世紀になると帰れなくなったり、遭難《そうなん》する人が増えてしまうんですか？

朝鮮半島西岸に沿って岸を見ながら行く、安全な北路がとれなくなって、東シナ海を横断したり、沖縄など南の島々を経由して行く南路、南島路となったからです。また、見栄《みえ》をはって、技術力がないのに大きな船で行こうとしたために、船が簡単にこわれてしまったんだろうとも言われています。

８世紀の東アジア

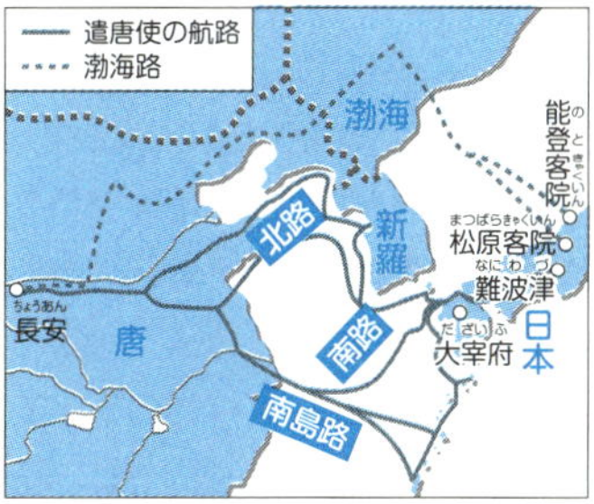

新羅と日本は非常に複雑な関係を保ってきましたので、前述の通り、８世紀には両者の関係が悪化した結果、北路が通れなくなったことはしっかり確認しておきましょう。

主な遣唐使

回	年代	主な使節、留学生・僧など
1	630出発	使節…犬上御田鍬・薬師恵日《くすしのえにち》ら。
8	702出発	使節…粟田真人《あわたのまひと》ら。留学生…山上憶良《やまのうえのおくら》ら。
9	717出発	留学生・僧…阿倍仲麻呂・吉備真備《きびのまきび》・玄昉《げんぼう》→p.42ら。
10	733出発	（吉備真備・玄昉ら帰国。）
12	752出発	使節…藤原清河《ふじわらのきよかわ》・吉備真備ら。（鑑真《がんじん》→p.46が来日）
18	804出発	留学生・僧…橘逸勢《たちばなのはやなり》→p.50・最澄・空海ら。
19	838出発	使節…小野篁《おののたかむら》ら。留学生・僧…円仁《えんにん》ら。
20	894	菅原道真の建議で停止。

吉備真備や玄昉は確か、橘諸兄《もろえ》政権→p.42で活躍した人だな！

13 飛鳥文化・白鳳文化・天平文化

次は飛鳥時代から奈良時代までの文化です。仏教を基調とした文化ですから、仏教についても学習しなければならないところです。

うっ、文化史は……苦手だなあ……。

飛鳥文化は、主に推古朝《すいこちょう》→p.34の時期の文化です。中国の南北朝《なんぼくちょう》期以降の文化が朝鮮半島などから導入されました[*1]。権威の象徴としての古墳に代わり、氏寺《うじでら》が建立《こんりゅう》され始めます。氏寺では、厩戸皇子《うまやどのおうじ》の建立とされる四天王寺《してんのうじ》や法隆寺《ほうりゅうじ》、蘇我馬子《そがのうまこ》の法興寺《ほうこうじ》（飛鳥寺《あすかでら》）などがあります。

次の白鳳《はくほう》文化は、主に天武《てんむ》・持統《じとう》朝→p.36の時期の文化です。唐《とう》の初期の文化の影響を受けた、律令国家建設期の力強い文化とされます。氏寺に加え、国家が自ら経営する官寺《かんじ》が建立され、国を守るため護国《ごこく》の経典《きょうてん》が重視されます。和歌が形を整え、柿本人麻呂《かきのもとのひとまろ》や額田王《ぬかたのおおきみ》ら万葉《まんよう》の歌人が登場し、漢詩を作る人々も貴族層に現れます。

天平《てんぴょう》文化は、聖武《しょうむ》天皇→p.42の時期を中心とする奈良時代の文化です。唐の最盛期の文化の影響を受けた、中国色が強い文化です。仏教の力で国を守ろうという鎮護国家《ちんごこっか》の思想が発達し[*2]、また鑑真《がんじん》が来朝して戒律《かいりつ》を伝えました。

天平期にはまた、律令制度に伴《ともな》い、中央では官吏《かんり》養成のための大学《だいがく》、地方には郡司《ぐんじ》の子弟の修養のための国学《こくがく》が営まれます。天武朝から始まった歴史編纂《へんさん》の事業は、まずは『古事記《こじき》』として成立、さらには『日本書紀《にほんしょき》』という正史が成立します。国ごとの風土・地理・伝説などをまとめて中央に報告した『風土記《ふどき》』も成立します。

和歌の世界では、万葉仮名《まんようがな》を使う『万葉集《まんようしゅう》』[*3]が成立します。中国の漢詩文[*4]も貴族層に受け入れられ、学問を身につけた官僚《かんりょう》も現れてきます。

＊1　百済《くだら》の僧・観勒《かんろく》は暦《こよみ》を、高句麗の曇徴《どんちょう》は紙や墨《すみ》、絵の具の製法を伝えたと言われます。
＊2　当時は、三論宗《さんろんしゅう》・成実宗《じょうじつしゅう》・法相宗《ほっそうしゅう》・華厳宗《けごんしゅう》・倶舎宗《くしゃしゅう》・律宗《りっしゅう》の、南都六宗《なんとろくしゅう》と呼ばれる、仏教の教理を研究することが、仏教の中心の１つでした。
＊3　天皇から庶民《しょみん》まで、また、東国の人々の歌（東歌《あずまうた》）や防人《さきもり》→p.41の歌も収録しています。
＊4　淡海三船《おうみのみふね》が撰者とされる最古の漢詩集、『懐風藻《かいふうそう》』に収録されています。

3つの文化の、主な建築物や彫刻、絵画などについては、主な文化財の表を見て下さい。飛鳥文化は法隆寺、白鳳文化は薬師《やくし》寺《じ》、天平文化は東大寺と、主要な寺院を中心に確認しましょう。

飛鳥文化の主な文化財

寺院	法興寺（飛鳥寺）、四天王寺、 **法隆寺**
建築	法隆寺金堂《こんどう》・五重塔《ごじゅうのとう》・中門《ちゅうもん》・ 歩廊《ほろう》（回廊）
彫刻	法隆寺金堂釈迦三尊像《しゃかさんぞんぞう》 ※鞍作鳥《くらつくりのとり》の作とされる。 法隆寺百済観音《かんのん》像 中宮寺半跏思惟像《ちゅうぐうじはんかしゆい》 広隆寺《こうりゅうじ》半跏思惟像
絵画	法隆寺玉虫厨子須弥座絵《たまむしのずししゅみざえ》
工芸	中宮寺天寿国繍帳《てんじゅこくしゅうちょう》（断片）

法隆寺五重塔

（国宝、写真提供・便利堂）

白鳳文化の主な文化財

寺院	**薬師寺**
建築	薬師寺東塔《とうとう》　※裳階《もこし》で六重塔に見えるが、実際は三重塔
彫刻	興福寺仏頭《こうふくじぶっとう》、薬師寺金堂薬師三尊像
絵画	法隆寺金堂壁画《へきが》、高松塚《たかまつづか》古墳壁画

薬師寺東塔

（国宝、写真提供・薬師寺）

天平文化の主な文化財

寺院	**東大寺**、唐招提寺《とうしょうだいじ》
建築	東大寺法華堂《ほっけどう》（三月堂《さんがつどう》） 正倉院宝庫《しょうそういんほうこ》　※校倉造《あぜくらづくり》で作成 唐招提寺金堂
彫刻	東大寺法華堂執金剛神《しつこんごうしん》像 東大寺法華堂日光《にっこう》・月光菩薩《がっこうぼさつ》像 唐招提寺鑑真和上《わじょう》像 興福寺阿修羅《こうふくじあしゅら》像
絵画	薬師寺吉祥天《きちじょうてん》像 正倉院鳥毛立女屏風《ちょうもうりゅうじょびょうぶ》
工芸	正倉院螺鈿紫檀五絃琵琶《らでんしたんごげんのびわ》

東大寺法華堂

（国宝、写真提供・一般社団法人 日本写真著作権協会 ©00116AA）

14 平安初期の政治と弘仁・貞観文化

称徳《しょうとく》天皇→p.42の後は、天智《てんじ》天皇の孫にあたる光仁《こうにん》天皇が即位したんですよね。

そうです。光仁天皇の子が桓武《かんむ》天皇で、平安京《へいあんきょう》、今の京都に都が移ります。

桓武天皇は、784年に**長岡京《ながおかきょう》**、10年後の794年にはさらに**平安京**に都を移します。平安遷都《せんと》によって、奈良盆地の政治・仏教から離れた、新しい都のもとでの新しい政治が展開します。

政治では、**令外官《りょうげのかん》***1と呼ばれる、令で決められた官職以外の、実際に役に立つ新しい官職が次々と置かれます。また、一部をのぞいて軍団《ぐんだん》→p.41を廃止し、郡司《ぐんじ》の子弟などから選んだ健児《こんでい》という、新しい軍隊制度を始めます。

そのほか、光仁天皇の時に支配から外れた東北地方を再び支配下に置くため、**坂上田村麻呂《さかのうえのたむらまろ》**を**征夷大将軍《せいいたいしょうぐん》**に任命し、東北経営を始め、北上川《きたかみがわ》の中流域に胆沢城《いさわじょう》が築かれます。

桓武天皇の死後は、息子の平城《へいぜい》天皇、さらにその弟の**嵯峨《さが》天皇**が後を継ぎますが、嵯峨天皇の時、天皇を辞めていた平城太上天皇《だいじょうてんのう》が、藤原式家《しきけ》→p.43の仲成《なかなり》・薬子《くすこ》と結んで再び天皇となって都を平城京に戻そうとします。平城太上天皇の変（**薬子の変**）という政変です。この時、嵯峨天皇を守るために活躍したのが、**蔵人頭《くろうどのとう》***2に任命された、藤原北家《ほっけ》→p.43の**藤原冬嗣《ふじわらのふゆつぐ》**です。

平城太上天皇の変を経て嵯峨天皇が権力を確立すると、**弘仁格式《こうにんきゃくしき》**の編纂《へんさん》が行われます。後に**貞観《じょうがん》**・**延喜《えんぎ》格式**も編纂されます。また、このころ、国の仕事として養老令→p.42の解釈をまとめた『令義《りょうのぎ》解《げ》』も成立します。

この平安時代初期の文化を**弘仁《こうにん》・貞観《じょうがん》文化**と呼びます。この時代、**最澄《さいちょう》**が**天台宗《てんだいしゅう》**、**空海《くうかい》**が**真言宗《しんごんしゅう》**という、新しい仏教理論を広めます*3。空海、続いて最澄の弟子の円仁《えんにん》・円珍《えんちん》が**密教《みっきょう》***4を導入し、これが貴族層に受容されました。*5

＊1　令外官には、国司の交代の監督《かんとく》をする勘解由使《かげゆし》や、京都の治安の維持や裁判のための強い権限を持つ検非違使《けびいし》などがありました。8世紀の参議《さんぎ》や中納言《ちゅうなごん》も令外官です。

＊2　天皇のいわば秘書役が蔵人《くろうど》です。その長官の蔵人頭に任ぜられた藤原冬嗣は北家の房前《ふささき》の曾孫《ひまご》です。組織としては、宇多《うだ》天皇→p.50のころに蔵人所《くろうどどころ》が整備されます。

格《きゃく》や式《しき》って、いったい何ですか？

格は律令の補足・修正のために出されたもの、式は律令や格を実際に運用する場合の施行細則《しこうさいそく》です。それをまとめたのが弘仁格・弘仁式です。以後、清和《せいわ》天皇の時に貞観格式、醍醐《だいご》天皇の時に延喜格式がまとめられます。合わせて、三代格式と呼びます。

平安京図

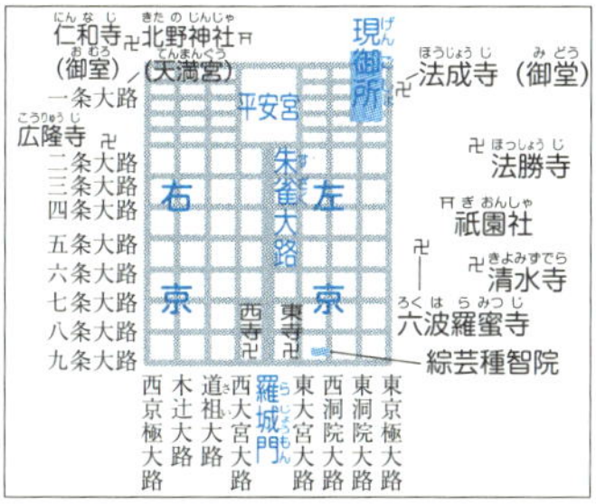
仁和寺《にんなじ》
（御室《おむろ》）
北野神社《きたのじんじゃ》
（天満宮《てんまんぐう》）
現御所《げんごしょ》
法成寺《ほうじょうじ》（御堂《みどう》）
一条大路
平安宮
広隆寺《こうりゅうじ》
法勝寺《ほっしょうじ》
二条大路
三条大路
四条大路
右京
朱雀大路
左京
祇園社《ぎおんしゃ》
五条大路
六条大路
清水寺《きよみずでら》
七条大路
八条大路
九条大路
西寺
東寺
六波羅蜜寺《ろくはらみつじ》
綜芸種智院
西京極大路
木辻大路
道祖《さい》大路
西大宮大路
羅城門《らじょうもん》
東大宮大路
西洞院大路
東洞院大路
東京極大路

東北地方の城柵

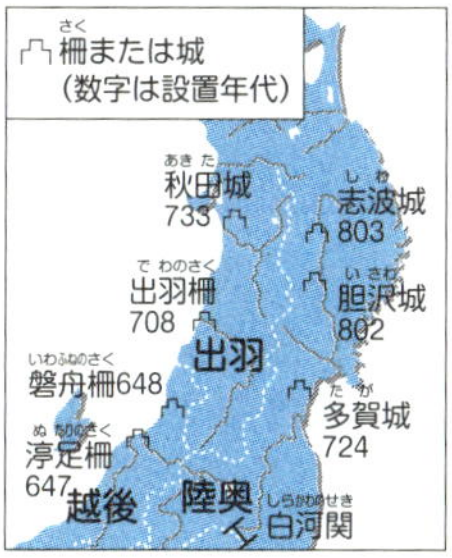
柵《さく》または城
（数字は設置年代）
秋田城《あきた》
733
志波城《しわ》
803
出羽柵《でわのさく》
708
胆沢城《いさわ》
802
出羽
磐舟柵《いわふねのさく》648
多賀城《たが》
724
淳足柵
647
越後
陸奥
白河関《しらかわのせき》

弘仁・貞観文化の主な文化財

勅撰漢詩文集 『凌雲集《りょううんしゅう》』、『文華秀麗集《ぶんかしゅうれいしゅう》』、『経国集《けいこくしゅう》』

書道 『風信帖《ふうしんじょう》』（空海）

寺院 室生寺《むろうじ》

建築 室生寺五重塔

彫刻 観心寺如意輪観音像《かんしんじにょいりんかんのんぞう》
薬師寺僧形八幡神像《やくしじそうぎょうはちまんしんぞう》
※一本の大木から仏像を彫った一木造《いちぼくづくり》で作られた。

絵画 教王護国寺両界曼荼羅《きょうおうごこくじりょうかいまんだら》
※曼荼羅とは、密教の世界を図示したもの。

教育では、大学に付属して、氏族経営で一族の子弟のための教育機関である大学別曹《だいがくべっそう》が作られました。和気《わけ》氏の弘文院《こうぶんいん》、藤原氏の勧《かん》学院《がくいん》、橘《たちばな》氏の学館院《がくかんいん》などがあります。空海が開いた誰でも入れる教育機関の綜芸種智院《しゅげいしゅちいん》もあります。

また、三筆《さんぴつ》という、唐風の書道の名人も現れました。嵯峨天皇・橘逸勢《はやなり》→p.50・空海の三人です。

＊3　最澄は比叡山《ひえいざん》に延暦寺《えんりゃくじ》を、空海は高野山《こうやさん》に金剛峰寺《こんごうぶじ》を建てました。空海はまた、嵯峨天皇から東寺《とうじ》（教王護国寺《きょうおうごこくじ》）を賜《たまわ》りました。

＊4　大日如来《だいにちにょらい》を中心とする密教は、奈良時代までの仏教（顕教《けんきょう》）に対して、現実の利益（現《げん》世利益《ぜりやく》）を求め加持祈禱《かじきとう》を行うという、新しいタイプの仏教でした。

＊5　８世紀には固有の信仰（神道《しんとう》）と仏教が混合し（神仏習合《しんぶつしゅうごう》）、神社に寺院（神宮寺《じんぐうじ》）が建てられたり、寺にその土地の神が祭られたりしました。平安時代には、仏教の仏（本《ほん》地仏《じぶつ》）が、日本では神の姿で現れた（垂迹神《すいじゃくしん》）と考える本地垂迹説《ほんじすいじゃくせつ》も現れます。

15 摂関政治

藤原冬嗣《ふじわらのふゆつぐ》→p.48が嵯峨《さが》天皇の蔵《くろ》人頭《うどのとう》になったことから、藤原北家《ほっけ》の発展が始まります。

そして、「御堂関白《みどうかんぱく》」と呼ばれた藤原道長《みちなが》の登場ですね。

藤原冬嗣の子の**藤原良房《よしふさ》**は、嵯峨上皇の没後、橘逸勢《たちばなのはやなり》などを排《はい》斥《せき》し（承和《じょうわ》の変《へん》）、娘が産んだ清和《せいわ》天皇を立てます。次に応天門《おうてんもん》の火災を理由に伴善男《とものよしお》などを排斥し（応天門《おうてんもん》の変《へん》）、正式に**摂政《せっしょう》**の地位を得て、幼い天皇の代理として権力を握《にぎ》ります。

良房の地位は、養子の**藤原基経《もとつね》**が継ぎます。基経も外戚《がいせき》政策を展開し、陽成《ようぜい》天皇を擁立《ようりつ》、そして陽成を退位させた後に光孝《こうこう》天皇を立て、成人した天皇の代わりに権力を握る**関白《かんぱく》**の地位を実質的に得ます。

光孝天皇の子の宇多《うだ》天皇の時に、基経は正式に関白になります。しかし、基経の子の時平《ときひら》は、その地位を継げませんでした。

基経没後の宇多天皇、続く**醍醐天皇《だいご》**の時には、天皇自らが政治を行う親政が復活します[*1]。そのもとで**菅原道真《すがわらのみちざね》**[*2]が右大臣にまで出世し、若い左大臣時平の対抗馬となって政界を二分しましたが、道真は901年に失脚《しっきゃく》し大宰府《だざいふ》に追いやられます。

醍醐天皇に続く朱雀《すざく》天皇の時、時平の弟の忠平《ただひら》が摂政・関白の地位を得ます。しかし次の村上《むらかみ》天皇は親政を行います[*3]。

次の冷泉《れいぜい》天皇が即位すると安和《あんな》の変《へん》が起こり、左大臣源高明《みなもとのたかあきら》が左遷《させん》されます。これ以降、摂関家《せっかんけ》と呼ばれる藤原北家の主流が、天皇が子供の時には摂政、成人後は関白として権力を握る政治が常態化します（**摂関政治《せっかんせいじ》**）。

摂関政治の頂点が**藤原道長**です。道長は摂政の地位は早々と息子の**藤原頼通《よりみち》**[*4]に譲《ゆず》りますが、「氏長者《うじのちょうじゃ》」として死ぬまで権力を保持します。後一条《ごいちじょう》・後朱雀《ごすざく》・後冷泉《ごれいぜい》天皇はいずれも道長の娘が産んだ天皇です。頼通は、道長没後、11世紀の半ばまで権力を握ります。

＊1　醍醐天皇の治世は延喜《えんぎ》の治《ち》と呼ばれます。延喜格式《えんぎきゃくしき》→p.48や、『日本書紀《にほんしょき》』→p.46から続いた6つの正史（六国史《りっこくし》）の最後の『日本三代実録《にほんさんだいじつろく》』の完成、また、『古今和歌集《こきんわかしゅう》』→p.54の編《へん》纂《さん》が行われたのもこの時期です。

＊2　道真は894年に、遣唐使《けんとうし》の停止→p.44を進言しています。

外戚政策ってなんですか？　氏長者もよくわかりません。

外戚とは母方の親戚のことです。藤原氏は娘を天皇の后《きさき》とし、生まれた子を天皇にして、天皇の母方の祖父として権力を握りました。氏長者とは藤原氏など、氏という血縁集団の代表者のことです。摂関家である藤原氏の氏長者は最高の権力者になります。

皇室と藤原氏の略系図②

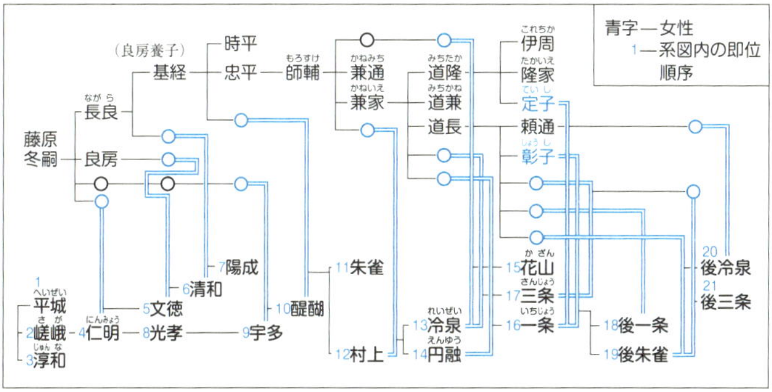

10世紀からしばらくは、摂関家が繁栄して、物語や随筆《ずいひつ》も現れて、貴族たちの平和なのんびりした時代ってイメージですね。

それはそうですが、朱雀天皇の時代には、承平《じょうへい》・天慶《てんぎょう》の乱→p.52という、地方の武士による大規模な反乱が起こっています。

史料（部分要約）『小右記《しょうゆうき》』…道長の時期に活躍した公家の藤原実資《さねすけ》の日記です。

> **寛仁《かんにん》二**（1018）**年十月**、道長の娘**藤原威子《いし》**が（後一条天皇の）**皇后《こうごう》**になった。（その日に祝いの宴会が開かれた。）…この宴会の中、**太閤《たいこう》**（道長）が**下《げ》官《かん》**（自分のこと、この場合実資）を呼んで、「和歌を詠《よ》みたい、私が詠むから君も詠んでくれよ」と言い、返歌を詠むことになった。…太閤（道長）は「此《こ》の世をば我が世とぞ思ふ望月《もちづき》のかけたることも無しと思えば」と詠んだ。

道長の絶頂期を示す「望月の歌」が載っている史料です。

＊3　村上天皇の治世は天暦《てんりゃく》の治《ち》と呼ばれます。事業には皇朝《こうちょう》（本朝《ほんちょう》）十二銭《じゅうにせん》→p.40の最後の乾《けん》元大宝《げんたいほう》の発行などがあります。

＊4　藤原頼通は「宇治関白《うじのかんぱく》」と呼ばれ、宇治の平等院鳳凰堂《びょうどういんほうおうどう》→p.55を建立《こんりゅう》したことで有名です。

16 地方と貴族社会の変化

初期荘園《しょきしょうえん》→p.40などはどうなったんですか？

初期荘園は10世紀までに衰《おとろ》えます。班田《はんでん》もスムーズに実施できなくなります。戸籍《こせき》制度が崩壊《ほうかい》してしまい、10世紀になると税制そのものを大転換しなければならなくなるんです。

10世紀には税制が大きく変換します。戸籍制度が完全に崩壊し、戸籍にもとづく班田収授《しゅうじゅ》→p.40、それに伴《ともな》う租調庸《そちょうよう》→p.41という税制も維持できなくなるのです。そこで、人間を単位に税を取るのではなく、土地に対して直接課税することになりました。

この時、土地を経営し、税の負担を義務付けられた農民を**田堵《たと》**、田堵の耕作する田を**名田《みょうでん》**（**名《みょう》**）と呼びます。彼らは官物《かんもつ》（租調庸などにあたる）・臨時雑役《りんじぞうやく》（雑徭《ぞうよう》にあたる）と呼ばれる税を払いました。

税を徴収《ちょうしゅう》して都に送る国司の制度も変わります。国司の中の守《かみ》あるいは介《すけ》に権限を集中させて、その国の徴税《ちょうぜい》を請《う》け負わせる体制になるのです[*1]。そのため国司の地位は大きな経済的利益を生み、利権となります。朝廷《ちょうてい》は一定の寄付をしたものに国司の地位を与えたりします。これを**成功《じょうごう》**と呼びます[*2・3]。

この間、**清和源氏《せいわげんじ》**や**桓武平氏《かんむへいし》**→p.57のような、貴族出身の、武家の**棟梁《とうりょう》**と呼ばれる**武士**が現れます。同時に地方では広く**武士団**が形成されます。地方の武士団による最初の大反乱が、935年ごろから始まる東の**平将門《たいらのまさかど》の乱**と西の**藤原純友《ふじわらのすみとも》の乱**です。合わせて**承平《じょうへい》・天慶《てんぎょう》の乱**[*4]と呼びます。

地方で重大な治安問題が起こると、国司はその地方の有力な武士を登用し、押領使《おうりょうし》・追捕使《ついぶし》などの地位を与えて鎮圧《ちんあつ》させました。朝廷でも、宇多《うだ》天皇→p.50のころに、御所《ごしょ》を警備する天皇の親衛隊のような滝口《たきぐち》の武士《ぶし》という制度ができました。武力をもって生きる、侍《さむらい》と呼ばれる身分のものが台頭してきたのも、10世紀です。

＊1　税を集めることを請け負った守などは、**受領《ずりょう》**と呼ばれるようになります。彼らは請け負った額の税以上に多額の税を集めて、富を誇るようになっていきます。

＊2　また、同じ国司の地位をもう１期繰り返すことを重任《ちょうにん》と呼びました。他に、都にいたままで現地に行かない、遙任《ようにん》国司も現れ、現地には代理である目代《もくだい》が派遣《はけん》されました。

政府は何か対策をしなかったんですか？

もちろん、いろいろやってますよ。醍醐《だいご》天皇→p.50は、902年に延《えん》喜《ぎ》の荘園整理令《しょうえんせいりれい》を出して、脱税は許さない、私的な土地支配は許可しないと命じています。ですがこの902年が、最後の班田収授が行われた年になってしまいました。

史料（部分要約）**尾張国郡司百姓等解《おわりのくにぐんじひゃくしょうらのげ》**…現地の有力者が受領を訴《うった》えた訴状《そじょう》です。

> **尾張国**の**郡司**や**百姓**（有力な農民）等が**官裁《かんさい》**（太政官《だいじょうかん》の裁決）を仰ぐこと。
> 　当国の守（受領）の**藤原朝臣元命《ふじわらのあそんもとなが》**が、あまりにもひどい税を取っていることなどについて訴えますので、裁決をお願いします。…
> **永延《えいえん》二**（988）**年**十一月八日　郡司百姓等

　藤原元命は結局、受領の地位を太政官により奪《うば》われます。受領の過酷な徴税に現地が非常に苦しんでいたことを示す史料として有名です。

894年に菅原道真《すがわらのみちざね》の意見で遣唐使《けんとうし》→p.44の派遣《はけん》が停止された後、唐《とう》はどうなったのですか？

唐は907年に滅亡《めつぼう》します。それどころか、926年には渤海《ぼっかい》、935年には新羅《しらぎ》も滅《ほろ》んでしまいます。

11世紀の東アジア

　唐のあとは五代十国《ごだいじゅっこく》の混乱に続いて宋《そう》、渤海のあとは遼《りょう》、新羅のあとは高麗《こうらい》と、それぞれ新しい王朝が誕生します。

＊3　一方で、現地の有力者達を国府《こくふ》（このころには国衙《こくが》と呼ばれた）に登用し、実際の行政を請け負わせる制度も定着します。この有力者達のことを在庁官人《ざいちょうかんじん》と呼びます。

＊4　東では、下総《しもうさ》の猿島《さしま》を根拠地とする平将門が常陸《ひたち》・下野《しもつけ》・上野《こうづけ》の国衙（国府）を制圧し、「新皇《しんのう》」と称しました。西では、藤原純友が伊予《いよ》の日振島《ひぶりしま》を拠点に海賊《かいぞく》を率《ひき》いて、大宰《だざい》府《ふ》を焼き、瀬戸内海一帯を支配しました。これらは東西でほぼ同時に起こりました。

17 国風文化

10世紀以降の文化が国風《こくふう》文化ですね。『枕草子《まくらのそうし》』や『源氏物語《げんじものがたり》』の世界ですね。

そうです。古典文学が集中的に誕生する時期です。

10世紀に入ると、仏教では浄土教《じょうどきょう》[*1]の思想が広まります。また、仏教的な歴史観の末法思想《まっぽうしそう》[*2]も、浄土教と密接に絡《から》み合いながら、貴族層に定着していきます。

10世紀半ばには空也《くうや》という僧侶《そうりょ》が浄土の存在を人々に広めます。やがて源信《げんしん》（恵心僧都《えしんそうず》）が、『往生要集《おうじょうようしゅう》』で阿弥陀仏《あみだぶつ》の浄土に往生すること（極楽往生《ごくらくおうじょう》）を説明します。また、本地垂迹説《ほんじすいじゃくせつ》→p.49もかたちをはっきりさせてきます。

このような10世紀以降の文化を、国風文化と呼びます。弘仁《こうにん》・貞観《じょうがん》文化→p.48で築かれた文化に日本的な要素が加わって、日本人の好みに合った文化が成立したわけです。

このころには、仮名《かな》が発達し、平仮名･カタカナを使って、漢字･仮名交じりの日本語の表記も始まります。その結果、和歌が重んぜられ、『古今和歌集《こきんわかしゅう》』などの勅撰《ちょくせん》和歌集が編纂《へんさん》されます。

また、紫式部《むらさきしきぶ》の『源氏物語』などの物語も発達し、清少納言《せいしょうなごん》の『枕草子』のような随筆《ずいひつ》、日記文学では紀貫之《きのつらゆき》の『土佐日記《とさにっき》』が現れます。

建築では、寝殿造《しんでんづくり》と呼ばれる日本風の建築が現れます。屋根も瓦《かわら》ではなく檜皮葺《ひわだぶき》が広まります。仏像彫刻では、定朝《じょうちょう》が寄木造《よせぎづくり》[*3]という技法を完成させます。

絵画も、唐絵《からえ》（中国風の絵）から日本的な大和絵《やまとえ》が発達します。書道では、弘仁・貞観期の三筆《さんぴつ》→p.49に代わって三跡（蹟）《さんせき》と呼ばれる、草書《そうしょ》（くずし字）の名人が現れます。

＊1　浄土教とは、この世ではなくて、「来世《らいせ》」すなわち死後の世界で、阿弥陀仏のもとで安楽な生活を願う一種の考え方です。死後は阿弥陀仏の存在する極楽浄土に行きたいと願う浄土信仰がこのころ発達します。そのために、阿弥陀仏を念じて極楽往生を願う「南《な》無阿弥陀仏《むあみだぶつ》」と唱える念仏《ねんぶつ》が重んぜられるようになっていきます。

＊2　釈迦《しゃか》が亡くなった後の時代を正法《しょうぼう》・像法《ぞうぼう》・末法《まっぽう》という３段階に分けて、最後に仏の教えが衰《おとろ》え世の中が乱れる末法の世が訪れるという思想です。

国風文化の主な文化財

建築・彫刻 平等院鳳凰堂
平等院鳳凰堂阿弥陀如来像
※定朝作、寄木造

絵画 高野山聖衆来迎図《こうやさんしょうじゅらいごうず》
※来迎図とは、阿弥陀仏の救済を描いたもの。

書道 三跡（蹟）の登場
小野道風《おののみちかぜ》『屏風土代《びょうぶどだい》』
藤原佐理《ふじわらのすけまさ》『離洛帖《りらくじょう》』
藤原行成《ふじわらのゆきなり》『白氏詩巻《はくししかん》』

文学
［和歌］勅撰和歌集
『古今和歌集』（紀貫之《きのつらゆき》ら撰）
［和歌・漢詩文集］
『和漢朗詠集《わかんろうえいしゅう》』（藤原公任《ふじわらきんとう》撰）
［物語］『竹取物語《たけとりものがたり》』・『伊勢物語《いせものがたり》』
『源氏物語』（紫式部）
［随筆］『枕草子』（清少納言）
［日記］『土佐日記』（紀貫之）

平等院鳳凰堂（国宝、写真提供・平等院）

この時代、阿弥陀如来像《あみだにょらいぞう》を安置する阿弥陀堂建築が発達しました。もっとも有名なものが藤原頼通《よりみち》→p.50の**平等院《びょうどういん》鳳凰堂《ほうおうどう》**です。

このあたりの勉強って、古文常識でも出てきますよね。

貴族の服装だと、男子の正装が束帯《そくたい》や衣冠《いかん》、女性の正装は女房装《にょうぼうしょう》束《ぞく》、いわゆる「十二単《じゅうにひとえ》」です。また、陰陽道《おんみょうどう》の発達もあって、物《もの》忌《いみ》や方違《かたたがえ》などの迷信に縛《しば》られた生活をおくったことも古文なんかで学習したでしょう。

＊3 寄木造とは、仏像の頭部・胴体などを別々に作成し、組み合わせて完成させる技法です。一木造《いちぼくづくり》→p.49に比べ分業により巨大な像を大量に作ることが可能になったわけです。

18 荘園の発達と武士の成長

10世紀には、確か人から土地に課税の対象が変化したのですよね。

そこで、大規模な土地経営に成功した者たちの動きを見てみましょう。

11世紀、田堵《たと》→p.52などが成長した名主《みょうしゅ》などを率《ひき》いて、大規模な土地経営に成功した地方の有力者（**開発領主**《かいはつりょうしゅ》）が現れます。受領《ずりょう》や政府は、この開発領主に税を払わせようとしました。そこで一部の開発領主は、厳しい税から逃れるため、名義上、その土地を摂関家《せっかんけ》や大寺社、または皇族などの有力者に寄進《きしん》、つまり寄付をすることで脱税しようとします。

寄付を受けた支配者階級は、**荘園領主**《しょうえんりょうしゅ》と呼ばれ、領家《りょうけ》、あるいはさらに本家《ほんけ》という名称の一種の「職《しき》」を確保し、開発領主を**荘官**《しょうかん》として、現地の支配を認めてやり、その土地にかかる税を納めなくてもよい権利（**不輸**《ふゆ》の権）などを獲得《かくとく》していきます*1。

こうして、税金を徴収《ちょうしゅう》できる土地が減ると、政府は財政的に困ります。そこで後三条《ごさんじょう》天皇→p.62は延久《えんきゅう》の荘園整理令《しょうえんせいりれい》を出し、不輸の土地と、国衙《こくが》に税を納める土地を厳しく区別します。この結果、不輸を認められた土地はその権利を確保し、残りは政府に税を納める土地（**公領**《こうりょう》）になりました。土地は荘園と公領の２種類にはっきり分けられたのです。この体制を荘園公領制《しょうえんこうりょうせい》と呼びます。

この中で有力な地方の武士たちが成長します。清和源氏《せいわげんじ》→p.52では、源 経基《みなもとのつねもと》が藤原純友《ふじわらのすみとも》を討伐《とうばつ》し、その子の満仲《みつなか》は安和《あんな》の変《へん》→p.50で功績をあげます。その後、**源頼信**《よりのぶ》は、房総《ぼうそう》半島を中心とする平 忠常《たいらのただつね》の乱《らん》を平定し、子の**源頼義**《よりよし》は**前九年合戦**《ぜんくねんかっせん》で陸奥《むつ》の安倍頼時《あべのよりとき》の反乱を鎮定《ちんてい》します。これが東国に清和源氏が勢力を確立する過程です。頼義の子の**源義家**《よしいえ》は奥羽《おうう》の清原《きよはら》氏の内紛《ないふん》に介入し、藤原清衡《ふじわらのきよひら》とともに**後**《ご》**三年合戦**《さんねんかっせん》に勝利をおさめました*2。

＊1　荘官はそのお礼として年貢《ねんぐ》を領家などに納入する義務を負います。他にも、荘園領主は国衙からの検田使《けんでんし》（土地調査の役人）を荘園の中に入れない**不入**《ふにゅう》という権利を認めたりしました。２つを合わせて不輸不入の権と言います。

＊2　この勝利の中心になった藤原清衡や、続く基衡《もとひら》・秀衡《ひでひら》は、やがて国風文化を地方で開花させた平泉《ひらいずみ》文化→p.66の中心になります。彼らを**奥州藤原氏**《おうしゅうふじわらし》と呼びます。

本文に出てきた、「職」っていったい何ですか？

「職」というのは土地に対する権利を示すものです。寄進によって成立した荘園を寄進地系荘園《きしんちけいしょうえん》と呼びますが、荘官は「地頭職《じとうしき》」「公文職《くもんしき》」「預所職《あずかりどころしき》」など「〜職」という地位を保障され、寄進を受けた荘園領主も「領家職《りょうけしき》」「本家職《ほんけしき》」という「〜職」と呼ばれる地位につきました。そして、各「職」には荘園の農民や土地に課す税の一部が収益として保障されていました。要するに利権です。

史料（部分要約）**鹿子木の事**…『東寺百合文書《とうじひゃくごうもんじょ》』収録

鹿子木《かのこぎ》の事

一、この荘園は、**開発領主**の**寿妙《じゅみょう》**の子孫が受け継いできたものである。

一、寿妙の子孫の**高方《たかかた》**（中原《なかはらの》高方）の時、権威を借りるため**実政卿《さねまさきょう》**（藤原実政）を**領家**にして**年貢**四百石《ごく》を送り、高方は荘園の**預所職**となった。

一、実政の子孫の**願西《がんさい》**は、権威が無いために国衙からの課税要求が断れなくなった。そのため、領家の収益の半分の二百石を**高陽院内親王《かやのいんないしんのう》**に寄進した。…その後…**御室《おむろ》**（仁和寺《にんなじ》）に寄進された。これが**本家**の始めである。…

寄進の構造図

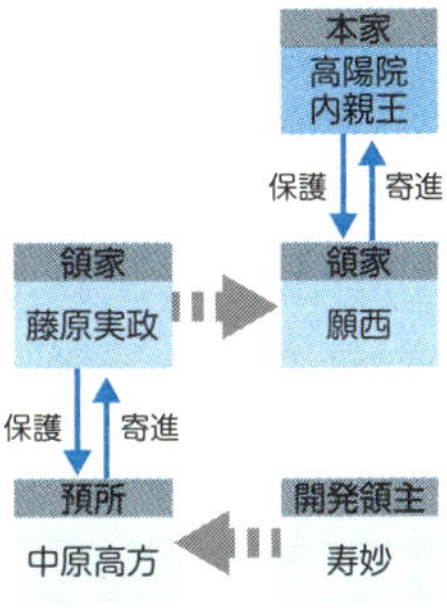
本家
高陽院
内親王
保護
寄進
領家
藤原実政
領家
願西
保護
寄進
預所
中原高方
開発領主
寿妙

※本家と領家のうち、荘園の実質的な支配権を持つ方を本所《ほんじょ》と言います。

現地の預所職（荘官）から寄付を受けて徴税《ちょうぜい》を抑えてくれる領家職、さらに上位の本家職と、１つの土地の上に職が重層的に重なりあって存在するかたちになった、これがまさに、荘園公領制の構造です。

皇室と源氏・平氏の略系図

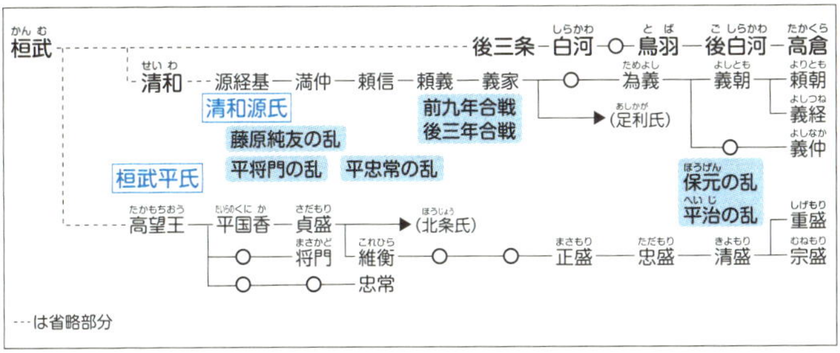
桓武《かんむ》
後三条
白河《しらかわ》
鳥羽《とば》
後白河《ごしらかわ》
高倉《たかくら》
清和《せいわ》
源経基
満仲
頼信
頼義
義家
為義《ためよし》
義朝《よしとも》
頼朝《よりとも》
義経《よしつね》
(足利《あしかが》氏)
義仲《よしなか》
清和源氏
前九年合戦
後三年合戦
藤原純友の乱
平将門の乱
平忠常の乱
桓武平氏
保元《ほうげん》の乱
平治《へいじ》の乱
高望王《たかもちおう》
平国香《たいらのくにか》
貞盛《さだもり》
(北条《ほうじょう》氏)
将門《まさかど》
維衡《これひら》
正盛《まさもり》
忠盛《ただもり》
清盛《きよもり》
重盛《しげもり》
宗盛《むねもり》
忠常
---は省略部分

チャレンジ! センター試験問題

問　7世紀の東アジアの歴史に関して述べた文として**誤っているもの**を、次の①～④のうちから一つ選べ。　（2007年　本試）

①　滅亡した百済からは、貴族たちが倭（日本）に亡命した。

②　朝鮮半島の政治的統一に相前後して、日本列島でも中央集権国家の形成が進んだ。

③　斉明天皇は、中国皇帝に朝貢して「親魏倭王」と認められた。

④　古代の日本では、官僚制などを整えるため、中国の律令法を取り入れた。

センター試験で典型的な、４つの文の正誤判定問題です。

えっと……①の百済《くだら》の滅亡《めつぼう》はいつだったかな……。

文の正誤を１つずつ考えようとするから大変なんだって。はっきりと間違ってるものがわかればいいんだよ。

今回は誤文を１つ見つければいいのね。わからない文は保留（△）にして、次の文を見てしまえばいいんじゃ？

なるほど……。はっ！　③は違うぞ！　「親魏倭王《しんぎわおう》」は邪馬台国《やまたいこく》の卑弥呼《ひみこ》→p.28がもらった称号じゃなかったっけ？

じゃあ③が正解ね！　斉明《さいめい》天皇は確か、中大兄皇子《なかのおおえのおうじ》の母親の皇極《こうぎょく》天皇が、もう１回天皇をやった時の名前ですよね→p.37。

そうです。①、②、④は「７世紀の東アジアの歴史」として正しい文章です。①の百済の滅亡は660年。その再興を目指した663年の白村江《はくそんこう》の戦《たたか》い。②と④は白村江の戦いの後、新羅《しらぎ》が朝鮮半島を統一したこと、天智《てんじ》天皇（中大兄皇子）・天武《てんむ》天皇・持統《じとう》天皇の時に律令《りつりょう》国家を目指し中央集権体制を整えようとしたことなどを思い出しましょう→p.36。

答　③

第二章 中世

日本史4コマ劇場

動乱編

※実際の源義経は背が低く出っ歯であったという説もあります。

この章で扱う主な出来事

平安

1069 延久《えんきゅう》の荘園整理令《しょうえんせいりれい》が出される
1086 白河上皇《しらかわじょうこう》が院政《いんせい》を始める
1156 保元《ほうげん》の乱《らん》が起こる
1159 平治《へいじ》の乱《らん》が起こる
1167 平清盛《たいらのきよもり》、太政大臣《だいじょうだいじん》に就任する
1180 治承《じしょう》·寿永《じゅえい》の乱《らん》が起こる(～85)
1185 平氏《へいし》の滅亡《めつぼう》、守護《しゅご》·地頭《じとう》の設置

鎌倉

1192 源頼朝《みなもとのよりとも》、征夷大将軍《せいいたいしょうぐん》に就任する
1205 北条義時《ほうじょうよしとき》、執権《しっけん》に就任する
1221 承久《じょうきゅう》の乱《らん》が起こる
1232 御成敗式目《ごせいばいしきもく》が制定される
1274 文永《ぶんえい》の役《えき》が起こる ｝元寇《げんこう》
1281 弘安《こうあん》の役《えき》が起こる ｝元寇《げんこう》
1297 永仁《えいにん》の徳政令《とくせいれい》が出される
1333 鎌倉幕府《かまくらばくふ》が滅《ほろ》びる

1334 後醍醐《ごだいご》天皇が建武《けんむ》の新政《しんせい》を始める

南北朝

1336 南北朝《なんぼくちょう》の対立が始まる
1338 足利尊氏、征夷大将軍に就任する
1378 足利義満《よしみつ》が室町《むろまち》に幕府を移す
1392 南北朝が統一される

室町

1404 勘合貿易《かんごうぼうえき》が始まる
1428 正長《しょうちょう》の土一揆《つちいっき》が起こる
1429 琉球王国《りゅうきゅうおうこく》の成立
1441 嘉吉《かきつ》の変《へん》が起こる
嘉吉《かきつ》の土一揆《つちいっき》が起こる
1467 応仁《おうにん》の乱《らん》が起こる（～77）

戦国

1485 山城《やましろ》の国一揆《くにいっき》が起こる
1488 加賀《かが》の一向一揆《いっこういっき》が一国支配
1573 室町幕府が滅びる

後三条天皇《ごさんじょうてんのう》の延久の荘園整理令以後、荘園公領制《しょうえんこうりょうせい》と呼ばれる土地税制が形成されていきます。一方で、武士《ぶし》の役割が重要になっていきます。そして、平《へい》氏政権《しせいけん》が生まれ、その後に鎌倉幕府が誕生します。鎌倉幕府の滅亡後、天皇が同時に2人存在するという南北朝が現出しますが、やがて室町幕府がこれを克服《こくふく》します。

源平合戦も戦国時代も幕末も、歴史小説とかで人気があるところは学校の授業じゃあまりやらないんだよなー。

……わかっていても、やっぱりなんかさみしいわ……。

19 院政

摂関《せっかん》政治の基本は、娘が天皇の子どもを産んで、その子が皇太子になる、外戚政策《がいせき》→p.51ですが、これには限界がありますよね。

……？　あ、そっか、その娘に子供が産まれなかったら、外戚になれないんですね！

1068年、摂関家を外戚としない**後三条天皇《ごさんじょう》**が登場し、藤原頼通《ふじわらのよりみち》→p.50はその前年に引退します。後三条天皇は摂関家を気にせず、荘園整理→p.56を進めるなど、自ら政治を主導しました。

後三条天皇の子の**白河《しらかわ》天皇**は、1086年、早々と息子の堀河《ほりかわ》天皇に位を譲《ゆず》りますが、権力は握《にぎ》り続けました。このように、上皇《じょうこう》・太《だい》上《じょう》天皇・法皇《ほうおう》（出家した上皇）が、天皇家の家長として実権を握り続ける形態を、一般に**院政《いんせい》**[*1]と呼びます。

白河上皇は院庁《いんのちょう》という役所を設け、その役人の院司《いんし》たちを使い、院宣《いんぜん》や院庁が出す院庁下文《いんのちょうくだしぶみ》を使って政治を進めます。また、院の御《ご》所《しょ》を守る**北面《ほくめん》の武士《ぶし》**[*2]を設け、中・下級貴族から**院《いん》の近臣《きんしん》**と呼ばれる側近を集めていきます。

後三条天皇の荘園整理の結果もあり、院には多くの**知行国《ちぎょうこく》**[*3]が集まります。天皇家・院に対する荘園の寄進もさかんに行われ、「治天の君」と呼ばれた院のもとには莫大《ばくだい》な経済力が集中しました[*4・5]。

院政の主から崇敬《すうけい》を受けた宗教勢力もまた、天皇家や摂関家などの高級貴族と同じように荘園の寄進を受け、経済力を増し、その経済力を維持するための武力を持ちます。すなわち、下級の僧侶が武士化し、**僧兵《そうへい》**としてお寺や神社に所属するのです。彼らは自分たちの気に入らないことが起こると、実力をもって都に乱入し、要求を突きつけます。これを**強訴《ごうそ》**[*6]と呼びます。

＊1　院とは、上皇の居所や、上皇自身のことを指す言葉です。

＊2　白河上皇の北面の武士に登用されたのが、伊勢《いせ》平氏の平正盛《たいらのまさもり》→p.57です。

＊3　知行国の制度というのは、荘園と公領→p.56のうち、中央政府に税を納める公領から得られる1国単位の収入を知行国主《ちぎょうこくしゅ》と呼ばれる特定の高級貴族や皇族に与える制度です。基本的には国司《こくし》制度の枠内《わくない》で行われるため、永久ではありませんが、知行国主は名目だけの国司を、自分の近親者などから選んで政府に報告し、実際には目代《もくだい》と呼ばれる代理を現地に派遣《はけん》して、公領からの収入を直接自分のものとしました。

院政の次は、平氏《へいし》政権→p.64ですよね？

院政は鎌倉時代にも続きますし、形としては江戸時代にも行われましたから、院政の次に平氏政権という単純なものではありません。白河院政と平正盛、鳥羽《とば》院政では平忠盛《ただもり》。そして、後白河《ごしらかわ》院政と平清盛《きよもり》→p.64、伊勢平氏３代が台頭しますが、政権を握ったのは清盛の最後の時だけです。

(部分要約) **記録荘園券契所の設置**…『愚管抄《ぐかんしょう》』(鎌倉時代の慈円《じえん》→p.77の歴史書)収録

> **後三条天皇**の時、**延久《えんきゅう》の記録所**（記録荘園券契所《きろくしょうえんけんけいじょ》）を置いて荘園整理を始めた理由は、正当な根拠も無いのに**公田《くでん》**を掠《かす》める（税を納めないような土地がたくさん出てきた）ことは大変な罪悪である、とくに宇治殿《うじどの》（宇治関白、つまり藤原頼通）の時には、皆、摂関家の所領だ所領だと言って税を納めない、**庄園諸国ニミチテ受領《ずりょう》ノツトメタヘガタシ**（荘園が諸国に増えて受領の仕事ができない）などと言うのを、…

後三条天皇の政策の１つが1069年の延久の荘園整理令です。記録荘園券契所で、明確な証拠のある荘園以外の不輸《ふゆ》の特権を否定して、公領としていったのです。

院政関係の略系図

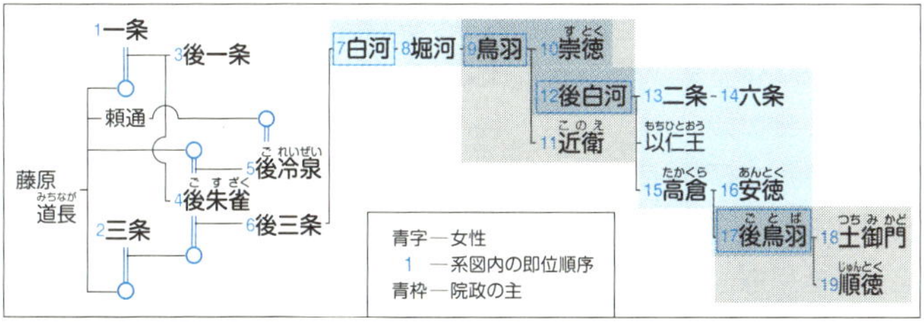

＊4　知行国制度の広まりが院政期の特徴の１つですが、一方で、八条女院領《はちじょうにょいんりょう》や長講堂領《ちょうこうどうりょう》など、荘園領主職をまとめて伝える天皇家領荘園群《てんのうけりょうしょうえんぐん》もじょじょに形成されました。

＊5　その経済力で、白河上皇以下の院政の主たちは、法勝寺《ほっしょうじ》など六勝寺《ろくしょうじ》を次々と建立《こんりゅう》します。また、院は多くの貴族を従えて社寺参詣《さんけい》をさかんに行いました。紀伊《きい》の熊野《くまの》に行く熊野《くまの》詣《もうで》は、宗教行事ではありますが遊興《ゆうきょう》の要素の強いものでした。

＊6　とくに、藤原氏の氏寺《うじでら》→p.46である興福寺《こうふくじ》（当時南都《なんと》と呼ばれた）の僧兵達や春日《かすが》神社の神人《じにん》達は神木《しんぼく》を担《かつ》いで強訴し、比叡山延暦寺《ひえいざんえんりゃくじ》（当時北嶺《ほくれい》と呼ばれた）の僧兵達も日吉《ひよし》神社の神人達とともに巨大な神輿《しんよ》を担いで都に乱入し、強訴を繰り返しました。

20 平氏政権と院政期の文化

平清盛《たいらのきよもり》が政権を奪《うば》う経過はどうだったんですか？

鳥羽法皇《とばほうおう》の没後、保元《ほうげん》の乱《らん》・平治《へいじ》の乱《らん》に勝ち、やがてクーデターで後白河《ごしらかわ》院政を停止させ政権を握《にぎ》ります。

1156年、鳥羽法皇が亡くなると、後白河天皇と崇徳上皇《すとくじょうこう》の間で、どちらが天皇家のトップ、家長の地位を継ぐのか、対立が起こり、武士の戦闘で決着がつきます（保元の乱）。

後白河天皇方は関白藤原忠通《かんぱくふじわらのただみち》・源 義朝《みなもとのよしとも》・平清盛ら。崇徳上皇方には忠通の弟の左大臣藤原頼長《よりなが》・義朝の父の源為義《ためよし》・平清盛のおじの平忠正《ただまさ》らがついて、京の中で合戦となります。結果、義朝・清盛方が勝ち、後白河天皇の地位が確立します。

しかし、今度は、後白河のもとで近臣の争いが表面化します。当時最大の実力者と言われた院の近臣、藤原通憲《みちのり》（信西《しんぜい》）[*1]と平清盛が組み、近臣の藤原信頼《のぶより》は源義朝と結んで対立します。義朝らの先制攻撃で通憲は死にますが、その後、清盛軍が京都に入り、義朝を撃破します（平治の乱）。こうして、平清盛が最大の実力者として、後白河院政のもとで権力をじょじょに高めました。

清盛は日宋貿易《にっそうぼうえき》の利益を平氏一門で独占するため、大輪田泊《おおわだのとまり》[*2]の修築を行います。また独裁化を強め、1167年には太政大臣《だいじょうだいじん》になります。

1177年、院の近臣藤原成親《なりちか》や僧俊寛《しゅんかん》らの清盛打倒の陰謀（鹿ケ《ししが》谷《たに》の陰謀《いんぼう》）が未然に発覚し、弾圧されます。そして1179年、平清盛は後白河法皇を幽閉《ゆうへい》します。

翌1180年、平清盛は、高倉《たかくら》天皇と自分の娘の平徳子《とくこ》（建礼門《けんれいもん》院《いん》）の間に生まれたわずか3歳の安徳《あんとく》天皇を即位させ、天皇の外戚《がいせき》の地位を確立しました。このあたりは、まさに「平氏政権」の確立と言ってもいいでしょう。

＊1　藤原通憲（信西）は、鳥羽法皇の近臣として後白河天皇の即位を実現した人物で、保元の乱での勝利にも貢献《こうけん》しました。史書『本朝世紀《ほんちょうせいき》』などの著作もあります。

＊2　大輪田泊は摂津《せっつ》国福原《ふくはら》に近接する港で、ここを改修して大型船の入港を可能にしました。また、1180年、一時清盛は安徳天皇を擁《よう》して福原への遷都《せんと》（福原京《ふくはらきょう》）を強行しました。

保元の乱の対立関係

天皇側（勝）		上皇側（敗）
後白河（弟）	天皇家	崇徳（兄）
関白 忠通（兄）	藤原氏	左大臣 頼長（弟）
清盛（甥）	平氏	忠正（叔父）
義朝（子）	源氏	為義（父）

平治の乱の対立関係

（勝）		（敗）
通憲 （信西）	院の近臣 の藤原氏	信頼
平清盛 平重盛	武士	源義朝 源頼朝

院政期の文化の主な文化財

建築 ※地方の阿弥陀堂建築
中尊寺金色堂《ちゅうそんじこんじきどう》（奥州平泉《おうしゅうひらいずみ》）
毛越寺《もうつじ》庭園（奥州平泉）
富貴寺大堂《ふきじおおどう》（国東《くにさき》半島）

文学
［歴史物語］『大鏡《おおかがみ》』※世継《よつぎ》物語とも
『栄花物語《えいがものがたり》』※藤原道長《みちなが》の栄華を賛美
［軍記物］『将門記《しょうもんき》』※平将門《まさかど》を描く
『陸奥話記《むつわき》』※前九年合戦《ぜんくねんかっせん》を描く
［説話集］『今昔物語集《こんじゃくものがたりしゅう》』
［その他］『梁塵秘抄』※今様集

絵画
［絵巻物］『源氏物語絵巻《げんじものがたりえまき》』
『伴大納言絵巻《ばんだいなごんえまき》』
［装飾経《そうしょくきょう》］『扇面古写経《せんめんこしゃきょう》』『平家納経《へいけのうきょう》』

中尊寺金色堂内陣（国宝、写真提供・中尊寺）

この時期の**院政期の文化**は、基本は国風文化→p.54ですが、新しい傾向も出てきます。1つは、漢文の正史ではない物語の歴史（「**歴史物語《れきしものがたり》**」）が書かれたことです。**絵巻物《えまきもの》**[*3]が隆盛《りゅうせい》を迎えたのもこの時期です。もっとも重要な点は、地方にも国風文化が及んだことです。芸能では、猿楽《さるがく》や民間の歌謡《かよう》である今様《いまよう》が隆盛《りゅうせい》を迎えます。後白河法皇は今様を好み、その歌詞を**『梁塵秘抄《りょうじんひしょう》』**として残しました。田楽《でんがく》も一時、大流行しました。

平泉文化の藤原氏三代→p.56はおぼえなきゃだめですか？

奥州藤原氏三代とその寺院はよく問われます。清衡《きよひら》（**中尊寺金色堂**）・基衡《もとひら》（毛越寺庭園）・秀衡《ひでひら》（無量光院《むりょうこういん》）はセットでおぼえましょう。

＊3　絵巻物とは、詞書《ことばがき》とその内容を大和絵《やまとえ》→p.54で表すという組み合わせを繰り返す作品です。他にも、下地に大和絵を描き、仏教経典の一部をその上に墨書《すみがき》する装飾経も注目されます。代表作は、厳島《いつくしま》神社に残る**『平家納経』**です。

21 鎌倉幕府の成立

平清盛《たいらのきよもり》が後白河法皇《ごしらかわほうおう》を幽《ゆう》閉《へい》し独裁化すると、すぐにその反発が表れます。

治承《じしょう》・寿永《じゅえい》の乱《らん》という戦争の時代が始まるのですね。

1180年、以仁王《もちひとおう》[*1]と源頼政《みなもとのよりまさ》が清盛打倒の挙兵をしますが、これは失敗します。しかし諸国に以仁王の令旨《りょうじ》（命令）が伝わると、伊《い》豆《ず》に流されていた**源頼朝《よりとも》**が挙兵し、平氏《へいし》の追討《ついとう》軍を破り、鎌倉《かまくら》に拠点を定めます。木曽《きそ》からも源義仲《よしなか》が挙兵します。

1181年に清盛が病死した平氏は、有効な対応ができませんでした。源義仲が京を目指すと、1183年、平氏は都を捨て西へ逃げます。かわって義仲が京に入りますが、後白河法皇と対立します。法皇に頼まれた頼朝は弟の源範頼《のりより》と**源義経《よしつね》**を京に向かわせ、義仲を倒します。さらに義経は、1185年、長門《ながと》の**壇《だん》の浦《うら》の戦《たたか》い**で平氏を滅《ほろ》ぼします。

頼朝は1189年には奥州藤原氏《おうしゅうふじわら》[*2]→p.56を滅亡《めつぼう》させ、1192年に後白河法皇が没すると、念願の**征夷大将軍《せいいたいしょうぐん》**に就任します。ここに名実ともに**鎌倉幕府《かまくらばくふ》**が成立しました。

幕府の組織で一番重要なのは、国を単位に１国の行政に携《たずさ》わる**守《しゅ》護《ご》**ですが、まだまだ国司《こくし》（受領《ずりょう》→p.52）の権限は残っていました[*3]。

頼朝の従者となった御家人《ごけにん》は、**地頭《じとう》**として現地の在地領主の職を認められたり（本領安堵《ほんりょうあんど》）、新しく土地を与えられたりしました（新恩給与《しんおんきゅうよ》）。彼らはまた、現地の日常的な支配や、臨時の兵粮米《ひょうろうまい》の徴収《ちょうしゅう》権を頼朝によって保障されました。そのような**御恩《ごおん》**に対して、御家人は**奉公《ほうこう》**の義務を負いました。

頼朝は、この御家人たちを監視《かんし》・管理する**侍所《さむらいどころ》**を設置し、その後、一般政務を司《つかさど》る公文所《くもんじょ》（後に**政所《まんどころ》**と改称）や、裁判機関である**問《もん》注所《ちゅうじょ》**などの組織を作り上げていきました。

＊1　以仁王は、後白河法皇の子にあたります。

＊2　平氏滅亡後、義経は頼朝と対立し、奥州藤原氏のもとに逃れます。その奥州藤原氏も、４代泰衡《やすひら》の時代、1189年に頼朝によって滅ぼされ、頼朝は奥州を平定しました。

＊3　守護は大犯三カ条《だいぼんさんかじょう》（謀叛人《むほんにん》の逮捕・殺害人《さつがいにん》の逮捕・その国の御家人たちを指揮命令して京都に上らせたりする大番催促《おおばんさいそく》）の３つの権限を許されているにすぎませんでした。

鎌倉幕府ができて武士の時代がやってきたわけですね。日本の武士はみんな頼朝の家来、御家人になったんですよね？

「弓馬《きゅうば》の道《みち》→p.70」、つまり武芸で生きる「侍《さむらい》」のうち、主に東《とう》国《ごく》（東日本）中心に頼朝と主従関係を結んだ侍が「御家人」です。多くの「非御家人」と呼ばれる侍もいました。鎌倉幕府は全ての武士を支配下に置いた政権ではなかったわけです。

源平の争乱（治承・寿永の乱） ＊…鎌倉幕府成立関連

1180	以仁王と源頼政の挙兵
	平氏の福原京遷都
	源頼朝の挙兵　＊侍所設置
	平重衡、南都を焼き打ち
1181	平清盛没
1183	平氏都落ち⇒源義仲入京
	＊後白河法皇、頼朝に東国支配を認める
1184	源義仲討たれる
	＊公文所・問注所設置
1185	壇の浦の戦い
	＊後白河法皇、頼朝に守護・地頭設置の権限を認める
1189	奥州藤原氏滅亡
1192	＊頼朝、征夷大将軍就任

名目的には、1192年の頼朝の征夷大将軍就任で鎌倉幕府が成立しますが、実際には、頼朝はそれ以前からじょじょに権限を増しています。

また、頼朝は貴族の一員として荘園領主職を大量に保持し、この関東御領《かんとうごりょう》と呼ばれる荘園からの収入と、関東御分国《かんとうごぶんこく》という複数の知《ち》行国《ぎょうこく》→p.82を幕府の財政基盤としました。

鎌倉幕府の機構

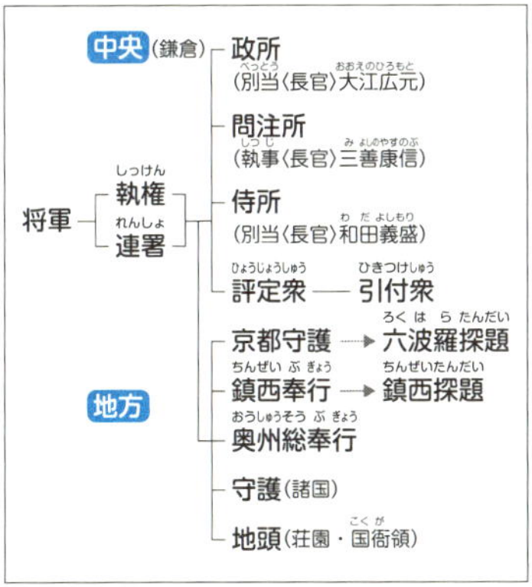

中央（鎌倉）
政所
（別当《べっとう》〈長官〉大江広元《おおえのひろもと》）
問注所
（執事《しつじ》〈長官〉三善康信《みよしのやすのぶ》）
侍所
（別当〈長官〉和田義盛《わだよしもり》）
評定衆《ひょうじょうしゅう》——引付衆《ひきつけしゅう》
将軍
執権《しっけん》
連署《れんしょ》
京都守護→六波羅探題《ろくはらたんだい》
鎮西奉行《ちんぜいぶぎょう》→鎮西探題《ちんぜいたんだい》
奥州総奉行《おうしゅうそうぶぎょう》
地方
守護（諸国）
地頭（荘園・国衙領《こくが》）

御恩と奉公

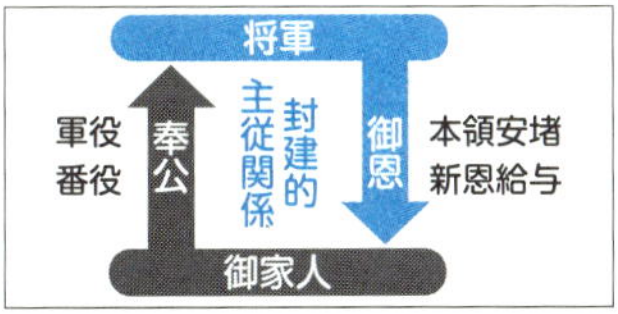

将軍
軍役
番役
奉公
封建的
主従関係
御恩
本領安堵
新恩給与
御家人

従者である御家人が主人に対して負った義務が奉公です。主人の命で戦いに参戦する軍役《ぐんやく》、平時にも京都大番役《きょうとおおばんやく》・鎌倉番役などの警備活動がありました。御恩に対する奉公という、一種の契約にもとづく主従関係を、封建《ほうけん》的主従関係と呼びます。

22 執権政治と御成敗式目

３代将軍 源《みなもとの》 実朝《さねとも》が暗殺され、将軍が空白になると後鳥羽上皇《ごとばじょうこう》→p.63が承《じょう》久《きゅう》の乱《らん》を起こします。後鳥羽上皇や実朝は文化史でも重要な人物です。

後鳥羽上皇は『新古今《しんこきん》和歌集《わかしゅう》』で、鎌倉の右大臣源実朝は『金槐和《きんかいわ》歌集《かしゅう》』ですよね→p.77。

頼朝の死後、子の源頼家《よりいえ》が将軍になりますが、頼家は自ら政治を行えず、13人の有力御家人の合議体制が発足します。幕府の権威は頼朝の妻の北条政子《ほうじょうまさこ》に集まり、政子の父北条時政《ときまさ》が合議体制の中心となります。ところが1203年に頼家が失脚《しっきゃく》、弟の源実朝が将軍となり、執権《しっけん》となった時政も1205年に失脚、子の北条義時《よしとき》が後を継ぎます＊1。

1219年、実朝が暗殺され、源氏の将軍は３代で絶えます。これを見た後鳥羽上皇＊2は、将軍のいない幕府を倒そうと、義時を討《う》てという命令を出して1221年に挙兵しました。しかし、義時の命令で、その子泰時《やすとき》と義時の弟の時房《ときふさ》の率《ひき》いる幕府軍が上皇方を打ち破ります（承久の乱）。泰時・時房はそのまま京都に残り、六波羅探《ろくはらたん》題《だい》として朝廷《ちょうてい》や西日本の御家人の監視《かんし》をするようになります。

承久の乱の結果、後鳥羽上皇側の人々から所領が没収され、東国御家人は新恩給与《しんおんきゅうよ》→p.66としてこの地頭職《じとうしき》を与えられ、西日本に拠点を得ます＊3。鎌倉幕府の御家人の所領が西日本に広がったこと、また、乱後に幕府が３人の上皇を流罪《るざい》とし、天皇の交代にも成功したこと＊4で、幕府の力は一段と強まりました。

そして、義時の後を継いだ執権北条泰時＊5のもとで、増えてきた裁判を、客観的に、公平に裁くことを主な目的に、1232年、御成《ごせい》敗式目《ばいしきもく》が制定されます。全部で51か条あり、「道理《どうり》」と先例を根拠に、所領関係などの裁判の基準などを定めたものでした。

＊1　頼家は比企能員《ひきよしかず》の乱《らん》で将軍の地位を奪《うば》われ修禅寺《しゅぜんじ》に幽閉《ゆうへい》、翌年殺害されます。また、北条義時は和田義盛《わだよしもり》の乱《らん》で侍所別当《さむらいどころべっとう》（長官）→p.67の和田義盛一族を滅《ほろ》ぼし、父から奪った政所《まんどころ》の別当と、新たに侍所の別当を兼《か》ね、名実ともに執権の地位を確立しました。

＊2　後鳥羽上皇は、従来から西面《さいめん》の武士《ぶし》を置くなど武力を固めていました。

＊3　この没収地に置かれた地頭は新補《しんぽ》地頭と呼ばれ、新補率法《しんぽりっぽう》と呼ばれる一律の得分《とくぶん》（収益）として、加徴米《かちょうまい》などの徴収《ちょうしゅう》権を与えられます。

この前、「御成敗式目は何条か？」という入試問題を見たのですが、大学入試ではそんなことまで出るんですか？

厩戸皇子《うまやどのおうじ》の憲法十七条→p.34の17が聖なる数字とされ、さすがに17か条では納まらないので、17×３＝51で51か条にまとめられたという説があるから、よく問われるのです。

執権政治の確立

1199	源頼朝没
1202	源頼家将軍就任
1203	比企能員の乱、源実朝将軍就任
1205	北条義時、政所別当就任
1213	和田義盛の乱 北条義時、侍所別当就任
1219	源実朝、暗殺
1221	承久の乱、六波羅探題設置
1225	連署、評定衆設置
1226	九条頼経、将軍就任
1232	御成敗式目制定

源氏と北条氏の略系図

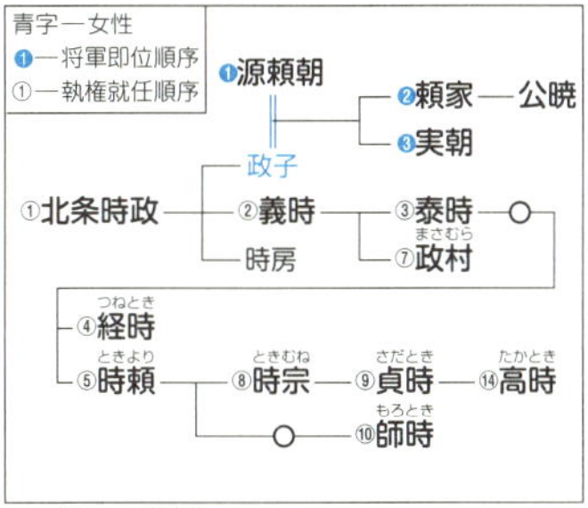
青字ー女性
❶ー将軍即位順序
①ー執権就任順序
❶源頼朝
❷頼家
公暁
❸実朝
政子
①北条時政
②義時
時房
③泰時
⑦政村《まさむら》
④経時《つねとき》
⑤時頼《ときより》
⑧時宗《ときむね》
⑨貞時《さだとき》
⑭高時《たかとき》
⑩師時《もろとき》

源実朝は右大臣にまで昇進しましたが、甥《おい》の公暁《くぎょう》によって暗殺されます。その後の将軍には、頼朝との関係が深かった摂関家の九条道家《くじょうみちいえ》の子、九条（藤原）頼経《よりつね》が都から迎えられました（摂家将軍《せっけしょうぐん》）。

史料（部分要約）『北条泰時書状』…『北条泰時消息』とも言います。

> この式目を作ったのは、いったい、何を根拠に作ったのかと、京都の人々は非難するだろう。そこで、こう答えなさい。ただ**どうり**（武家社会の常識）に従って規定を書いただけである。…しかも、**武家の人へのはからひ**（鎌倉幕府で行う裁判）に使うだけである。そこで、**京都の御沙汰、律令のおきて**（当時の公家法、京都の朝廷《ちょうてい》の行う裁判に使う法）などには一切関わりのないものであり、これを改めようとするものではない。

北条泰時が六波羅探題だった弟の重時《しげとき》に、御成敗式目を制定した理由、その趣旨《しゅし》を、朝廷に説明させるために書いたものです。

＊4　幕府は、後鳥羽上皇を隠岐《おき》へ、順徳《じゅんとく》上皇を佐渡《さど》へ、土御門《つちみかど》上皇を四国へ流し、仲恭《ちゅうきょう》天皇を退位させて、後堀河《ごほりかわ》天皇にかえます。

＊5　また泰時は、執権を補佐する「連署《れんしょ》」と呼ばれる役職を作り、おじの時房をこれに任命、執権・連署の２人で幕府を代表するというかたちを整えるとともに、合議体制を制度化して、1225年には、評定衆《ひょうじょうしゅう》を置いています。

23　鎌倉時代の武士の社会

今回は、鎌倉時代の一般的な武士の生活について見てみましょう。

武士の社会って、ずっと合戦があった……わけでもないですよね。

多くの場合、開発領主《かいはつりょうしゅ》→p.56やその系譜《けいふ》を引く在地領主であった武士たちは、その根拠地に**館**《やかた》という簡単な屋敷をかまえ、ここを拠点に現地の農業経営を行いました。

彼らは単に農民たちを支配するだけでなく、佃《つくだ》・門田《かどた》という直営地を持ち、下人《げにん》などに耕作させるなど、農業経営者としての側面を持っていました。また、武士は、弓馬《きゅうば》の道《みち》をきわめることが自らの存在価値だと考えていましたので、騎射三物《きしゃみつもの》のような、馬に乗って正確に弓を射るという武芸の訓練を絶えず行っていました。

そして、いざという時には、一族が団結して戦います。そのような団結の仕方を「**惣領制**《そうりょうせい》*1」と呼びます。

御家人などは、在地領主《ざいちりょうしゅ》としての権利を本領安堵《ほんりょうあんど》→p.56などで将軍に保障されると、やがて、領家《りょうけ》・本家《ほんけ》→p.56など荘園領主《しょうえんりょうしゅ》に対する責務を怠《おこた》ったり、または理由を設けて荘園領主の権利を侵害したりします。これを地頭《じとう》の荘園侵略と呼びます。

困った領家・本家は、「一定の年貢《ねんぐ》を毎年送ってくれれば良い」と、現地に対する発言権や権限を放棄《ほうき》して地頭に任せたり（**地頭請**《じとううけ》）、あるいは荘園の土地を２つに割り、地頭が支配する部分と本所《ほんじょ》→p.57が支配する部分を分けて訴訟《そしょう》などを回避《かいひ》したりする、**下地中分**《したじちゅうぶん》を行ったりします。

もちろん、一般的に地頭達は、在地領主として年貢・公事《くじ》・夫役《ぶやく》を徴収《ちょうしゅう》し、そして一部分を本所に納入していました。しかし現地では農民たちに対する過酷《かこく》な支配をする場合が多く、その様子は紀伊《きい》国阿氐河荘《こくあてがわしょう》の百姓《ひゃくしょう》らの訴状《そじょう》にも見えます。

＊1　当時の武士は、一般に**分割相続**《ぶんかつそうぞく》でした。親は、息子や娘などに自分の財産を分配して、相続させました。その中で、親の後継、本家を継ぐ息子を「**惣領**《そうりょう》」、その他の子を「庶《しょ》子《し》」と呼びました。惣領はもちろん、庶子も一定の財産を与えられ、独立した家として続きます。戦争に際しては惣領のもとに庶子たちが団結して、一族としていっしょに戦いました。

今も分割相続ですよね。お父さんが死んだら、お母さんが半分、私と弟は4分の1ずつ、土地や預金を相続できるんですよね。

そう、分割相続です。だれかが放棄しない限りはね。ちなみに第二次世界大戦前は、長男が全て家ごと相続する単独相続《たんどくそうぞく》でした。分割相続だと財産が分割されますから、世代が進むに従ってどんどん財産は細分化されてしまいます。それで、承久《じょうきゅう》の乱《らん》→p.68以後、実際に御家人《ごけにん》の所領は細分化されていくんです。

騎射三物－笠懸

（『男衾三郎絵巻』東京国立博物館蔵、部分）

騎射三物は犬追物《いぬおうもの》・流鏑馬《やぶさめ》・笠懸《かさがけ》の3つです。図は笠懸です。

下地中分図…伯耆《ほうき》国東郷荘《とうごうしょう》の図です。

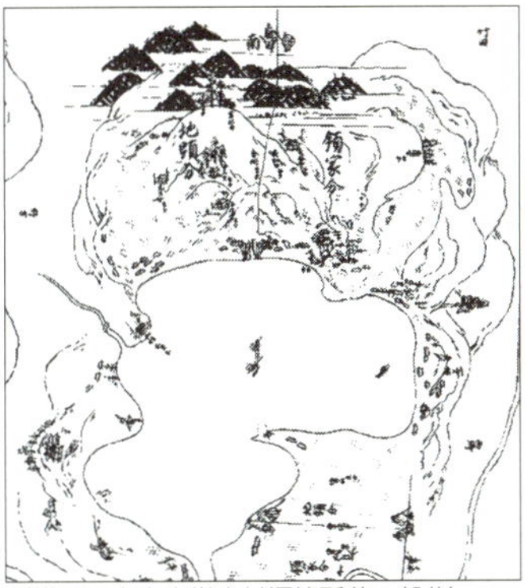

（模写、東京大学史料編纂所蔵、部分）

史料 阿氏河荘百姓等言上状（訴状）

> 阿テ河ノ上村百姓ラツヽシ（謹）（ン）テ言上
>
> 一、ヲンサイモク(御材木)ノコト、アルイワチトウ(地頭)ノキヤウシヤウ(京上)、アルイワチカフ(近夫)トマウ(申)シ、カクノコトクノ人フ(夫)ヲ、チトウ(地頭)ノカタエせメツカ(責メ使)ワレ候ヘハ、ヲ(テ)マヒマ(手間暇)候ワス候。…(だから、年貢を納めるため材木を山に入って切ることも出来ないのです。)…メコドモ(女子供)ヲヲイコメ(追イ込メ)、ミヽ(耳)ヲキリ、ハナ(鼻)ヲソキ、カミ(髪)ヲキリテ、…
>
> ケンチ(建治)カンネン(元年)

紀伊国の阿氏河荘という荘園の有力農民達が、地頭の湯浅《ゆあさ》氏を訴《うった》えたものです。たどたどしい、カタカナ・漢字混じりの文章で書いてあります。どこまで真実かは別として、地頭の荘園における過酷な支配を物語るものです。

24 蒙古襲来

13世紀初め、チンギス=ハーンがモンゴル帝国《ていこく》を築きます。その孫がフビライです。

そのモンゴルの軍隊が日本に攻めて来たのが、今回の蒙古襲来《もうこしゅうらい》、元寇《げんこう》ですね。

北条泰時《ほうじょうやすとき》→p.68の後、孫の５代執権**北条時頼《ときより》**[*1]は強い指導力を発揮しました。そして時頼の子、８代執権の**北条時宗《ときむね》**の時に、外国の襲撃を受けるという大事件が発生します。

元《げん》の**フビライ**は、高麗《こうらい》[*2]→p.53・日本に服属を要求します。高麗は屈服しますが、時宗はこれを拒否したため、ついに日本に元・高麗の軍隊が攻めて来ることになります。

1274年の最初の襲撃は**文永《ぶんえい》の役《えき》**と呼びます。モンゴル軍は、博多《はかた》から上陸し、爆発音で相手を驚かす「てつはう」などを使いました。日本軍は苦戦を強いられますが、暴風雨で船に損害を受けた元軍は、簡単に日本から撤退《てったい》していきました。

幕府は再び九州北岸に侵攻された場合に備え、元軍の上陸を阻《はば》むために石を積んだ防塁《ぼうるい》（石塁《せきるい》）を作り、さらに外敵の侵入を防ぐため九州地方の武士に課す軍役《ぐんやく》、**異国警固番役《いこくけいごばんやく》**を強化します。

元は1279年に南宋《なんそう》を滅《ほろ》ぼし、その後、再び日本を襲います。この1281年の２回目の襲撃を**弘安《こうあん》の役《えき》**と呼びます。この時は降伏《こうふく》した南宋の軍も加わっており、江南軍《こうなんぐん》として日本に攻めてきます。元・高麗の東路軍《とうろぐん》は、朝鮮半島から対馬《つしま》を経て九州北岸に迫りましたが、またも大暴風雨がこの侵略軍を壊滅《かいめつ》させます。日本は自然の力を借りて、撃退に成功したわけです。

その後、９代執権貞時《さだとき》の時には、鎮西奉行《ちんぜいぶぎょう》にかえて鎮西探題《ちんぜいたんだい》を設置し、３度目の元の襲来に備えましたが、これは起こりませんでした。

＊1　時頼は摂家将軍《せっけしょうぐん》（九条頼経《くじょうよりつね》→p.69）と結びついた三浦泰村《みうらやすむら》一族を1247年の宝治合戦《ほうじがっせん》で破り、権力を確立します。また合議体制にもとづく裁判制度を充実させるため、1249年に**引付衆《ひきつけしゅう》**を設置します。他、時頼は院政を行っていた後嵯峨上皇《ごさがじょうこう》→p.75と提携、上皇の子の宗尊親王《むねたかしんのう》を摂家将軍にかえて鎌倉に迎えることに成功します（皇族《こうぞく》〈親王《しんのう》〉将軍《しょうぐん》）。

＊2　高麗は抵抗した挙句、ついに屈服しますが、その後も一部の有力な武将たちが抵抗を続けます（三別抄《さんべつしょう》の乱《らん》）。乱の平定後、元が日本に攻めて来ることになったのです。

元寇が幕府や御家人《ごけにん》に与えた影響は大事です。軍役の負担は重く、その後も3度目の襲来に備えなければならなかった。しかし、これに対する「御恩《ごおん》」、すなわち奉公《ほうこう》→p.66に対する恩賞が不足したのです。何しろ相手は外国から攻めて来たので土地が得られなかった。

奉公ばかり、軍役が課せられて負担増なのに、御恩が期待できなかったんですね。

そして、前回の通り、分割相続《ぶんかつそうぞく》による所領の細分化が進みました→p.71。中には借金が返せなくなって金融業者に地頭職《じとうしき》を没収されたり、売って所領が無くなる者まででてきました→p.74。

12～13世紀の東アジア

フビライは国の名前を元と改め、首都をカラコルムから今の北京《ペキン》に移し、大都《だいと》と名づけて、領土の拡大をはかりました。

『蒙古襲来絵巻』（宮内庁蔵、部分）

『蒙古襲来絵巻《もうこしゅうらいえまき》』の別名は『竹崎季長絵詞《たけざきすえながえことば》』で、その竹崎季長が、この画面の右側の馬に乗った武士、御家人ですよね。

そうです。肥後《ひご》国の御家人です。貧乏で、恩賞をもらおうと、馬に乗って蒙古軍に突っ込んでいったら、集団で、密集戦法をとる元軍の短い矢がびゅんびゅん飛んできて、真ん中あたりで、「てつはう」が破裂《はれつ》、季長の馬が驚いている様子が描かれています。

25 永仁の徳政令

元寇《げんこう》→p.72のころから幕府は、話し合いを重視する執権《しっけん》政治から、得宗《とくそう》の専制体制に移行していったとされます。

……「得宗」って誰のことですか？
執権とは別ですか？

北条時宗《ほうじょうときむね》の子の貞時《さだとき》が執権の時代、執権の地位についてきた北条氏の主流、北条氏の惣領《そうりょう》家の当主である**得宗**に権力が集まりました。そして、執権の地位そのものは北条氏の中で他の家、庶子《しょし》家の人にも移動しますが、実際の権力は執権をやめた後も権力を握《にぎ》り続けた得宗が握るようになるのです[*1]。北条氏の系図上は、執権となる人の範囲は広がっています。しかし、嫡流《ちゃくりゅう》以外の執権の地位には権力が伴《ともな》わず、得宗の地位が幕府の最高の権力者となった政治を、得宗専制体制と呼びます。

当時、御家人《ごけにん》の困窮《こんきゅう》の度合いはますます強まっていました。元寇の影響だけでなく、惣領制《そうりょうせい》→p.70に伴う、分割相続《ぶんかつそうぞく》という相続の形態が所領の細分化を招いたことは、すでに説明した通りです。

御家人の困窮に対し、幕府は強権的な政治姿勢で、1297年に**永《えい》仁《にん》の徳政令《とくせいれい》**と呼ばれる法令を出しました。これは売却したり質入《しちいれ》したりして、借金が返せず担保《たんぽ》として取られてしまった地頭職《じとうしき》などを、無償で取り戻せるという法令です。困窮した御家人を救済しようとしたのです。

しかしこれは、抜本《ばっぽん》的な御家人たちの経済力の回復にはつながりませんでした。こうなると、御家人にとって、幕府に魅力《みりょく》は無くなってしまいます。

そんな中で、京周辺や畿内《きない》を中心に、幕府にもどこにも属さずに、集団で略奪《りゃくだつ》などを繰り返す、**悪党《あくとう》**と呼ばれる新しい武士勢力が台頭します。これが鎌倉後期の大きな変化の１つです。

＊1　得宗に権力が集中するようになると、得宗家の家臣である御内人《みうちびと》が幕府の実務を担《にな》うようになりました。北条貞時が若かったこともあり、その御内人の代表（内管領《うちかんれい》）であった平頼綱《たいらのよりつな》は1285年に貞時の外祖父《がいそふ》にあたる有力御家人の安達泰盛《あだちやすもり》と対立し、戦闘となって安達一族が滅《ほろ》びるという霜月騒動《しもつきそうどう》も起こりました。

史料 (部分要約) **永仁の徳政令**…1297年、御家人たちの救済などを目的とした法令です。

> 一、質流れになったり売買した土地のこと　　永仁五（1297）年三月六日
> 　地頭・御家人が買い取った土地の場合は、本条（御成敗式目《ごせいばいしきもく》）を守って、すでに20年が過ぎている場合は、例外的にこれは取り返してはいけない。非御家人や、庶民（借上《かりあげ》などの金融業者）が買い取った土地は、**年紀《ねんき》の遠近を謂《い》はず**（年数に関わらず）、元の持ち主が取り返すことができる。

　地頭・御家人が、借上→p.88などの金融業者に土地（地頭職など）を売ったり、抵当《ていとう》にお金を借りたけども返せなくて、これを没収されたりしたものは、取り返して良いという内容です。

得宗専制体制は貞時の後も続いたんですか？

貞時の子の北条高時《たかとき》→p.78も得宗として権力を握り続けました。高時は田楽《でんがく》→p.65や闘犬《とうけん》が好きで、実際の政治は内管領の長崎高資《ながさきたかすけ》に任せっきりで、これを見た後醍醐《ごだいご》天皇が討幕《とうばく》を目指します。その背景には、天皇家そのものの「両統迭立《りょうとうてつりつ》」という問題がありました。次の系図を見てください。

鎌倉後期の皇室の略系図

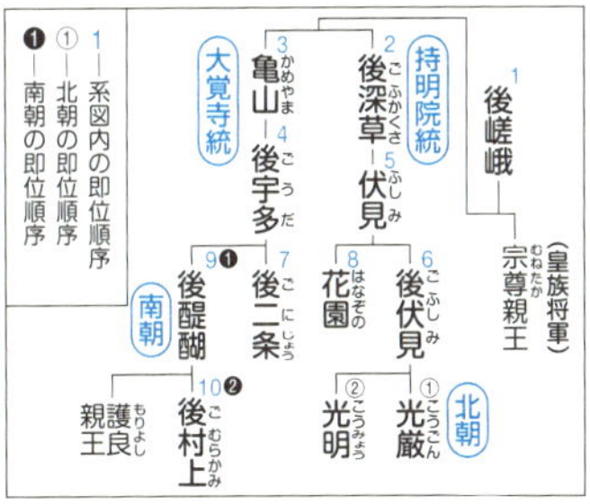

　後嵯峨上皇《ごさがじょうこう》→p.72の後、天皇の位は２人の息子が相次いで立ちます。この２人の系統を**持明院統《じみょういんとう》**、**大覚寺統《だいかくじとう》**と呼びます。幕府の仲介で、２つの系統はどちらかが一方的に天皇の位を継承せず、互いに天皇を出すという形で両立します（両統迭立）。

こんな状態だと、天皇の位をめぐる争いが起きそうですね。

そのため、後に持明院統が北朝《ほくちょう》、大覚寺統が南朝《なんちょう》となり、南北朝《なんぼくちょう》の争《あらそ》い→p.78の時代になります。また院政期に生まれた八条女院領《はちじょうにょいんりょう》や長講堂領《ちょうこうどうりょう》→p.63が、大覚寺統と持明院統のそれぞれの経済基盤となりました。

26 鎌倉文化

鎌倉時代には新しい仏教がおこり、公家文化に加えて武家文化が形成されてきます。

どんなところが「新しい」仏教なんですか？

鎌倉時代には、庶民《しょみん》でもわかりやすい仏教が新しく起こってきます。それらの共通点は、１つのものを選び（選択《せんちゃく》）、それだけをもっぱらおさめ（専修《せんじゅ》）、そして方法が簡単である（易行《いぎょう》）ということです。

最初は、**法然《ほうねん》**の唱えた**浄土宗《じょうどしゅう》**で、「南無阿弥陀仏《なむあみだぶつ》」と口で唱えることで、極楽往生《ごくらくおうじょう》できるという教えでした。

その弟子、**親鸞《しんらん》**はさらにこれを徹底《てってい》し、自分の罪深さを知っている悪人こそが極楽往生できるという悪人正機説《あくにんしょうきせつ》を唱えて、**浄土真宗《じょうどしんしゅう》**を広めていきます。

さらに、**一遍《いっぺん》**が**時宗《じしゅう》**の開祖《かいそ》となります。彼は諸国を遊行《ゆぎょう》し、念仏《ねんぶつ》札《ふだ》を配り、踊念仏《おどりねんぶつ》などを行って教えを広げました。

また、**法華宗《ほっけしゅう》**（日蓮宗《にちれんしゅう》）も起こります。**日蓮**は法華経《ほっけきょう》信仰こそが唯一の救いの道だと唱え、題目《だいもく》（南無妙法蓮華経《なむみょうほうれんげきょう》）を唱えることによって、国も人も救われるのだと説きました。

一方、武家層に受け入れられたのが禅宗《ぜんしゅう》です。**栄西《えいさい》**が宋《そう》→p.53に入って日本に持ち帰った**臨済宗《りんざいしゅう》***1は、坐禅《ざぜん》を組み、師匠の与える公案《こうあん》を解決するという方法で悟《さと》りを開こうという宗派でした。

禅宗では、もう１つ、**曹洞宗《そうとうしゅう》**も宋からもたらされます。これを日本に持ち帰ったのは**道元《どうげん》**で、ひたすら坐禅のみによって悟りを開く只管打坐《しかんたざ》という厳しい修行方法を貫きました。

これら仏教の革新運動に対して、旧仏教側でも、院政期→p.62に世《せ》俗《ぞく》化したことに対する批判・反省から動きが起こります*2・3。

＊1　臨済宗では、執権《しっけん》の北条《ほうじょう》氏に招かれた南宋の蘭溪道隆《らんけいどうりゅう》・無学祖元《むがくそげん》などが鎌倉に建長寺《けんちょうじ》・円覚寺《えんがくじ》などを開いています。

＊2　法相宗《ほっそうしゅう》では解脱上人《げだつしょうにん》と呼ばれた貞慶《じょうけい》が現れ、華厳宗《けごんしゅう》からも明恵《みょうえ》（高弁《こうべん》）が現れました。また、律宗《りっしゅう》の叡尊《えいぞん》（思円《しえん》）など、戒律《かいりつ》を守り、救済事業などを行う新しい動きが登場しました。奈良に病人の救済施設である北山十八間戸《きたやまじゅうはっけんど》を建てた忍性《にんしょう》（良観《りょうかん》）もいます。

＊3　神道では、本地垂迹説《ほんじすいじゃくせつ》→p.49をひっくり返して、神こそが基本で仏が仮の姿であるとする伊勢神道《いせしんとう》（度会神道《わたらいしんとう》）が、伊勢神宮の神官たちによって唱えられるようになりました。

鎌倉文化の主な文化財

建築　東大寺南大門《とうだいじなんだいもん》　※大仏様《だいぶつよう》
　　　円覚寺舎利殿《えんがくじしゃりでん》　※禅宗様《ぜんしゅうよう》
　　　石山寺多宝塔《いしやまでらたほうとう》　※和様《わよう》
彫刻　東大寺南大門金剛力士像《こんごうりきしぞう》
絵画　[絵巻物《えまきもの》]『一遍上人絵伝《いっぺんしょうにんえでん》』
　『春日権現験記《かすがごんげんげんき》』、『粉河寺縁起絵巻《こかわでらえんぎえまき》』
　『平治物語絵巻《へいじものがたりえまき》』、『蒙古襲来絵巻《もうこしゅうらいえまき》』
[似絵《にせえ》]『源頼朝像《みなもとのよりともぞう》（伝）』（藤原隆信《たかのぶ》）

東大寺南大門金剛力士像

（国宝、写真提供・一般社団法人日本写真著作権協会 ©0011 5AA）

建築・絵画・彫刻などでは、治承《じしょう》・寿永《じゅえい》の乱《らん》→p.66の際、平重衡《たいらのしげひら》により南都《なんと》（東大寺《とうだいじ》・興福寺《こうふくじ》）が焼打ちされ、その復興のために新しい文化が起こります。

建築では、重源《ちょうげん》が東大寺を再建する際、大仏様と呼ばれる大胆《だいたん》で豪放《ごうほう》な建築様式が実現します。東大寺の南大門がその代表です。円覚寺舎利殿などの禅宗に伴《ともな》う禅宗様も現れます。また、日本風の和様の建築も残っていました。

彫刻では、**運慶《うんけい》**・**快慶《かいけい》**らが、**東大寺南大門金剛力士像《こんごうりきしぞう》**などの作品を残しています。

絵画では、絵巻物《えまきもの》→p.65が発達し、**似絵《にせえ》**という肖像《しょうぞう》画も現れます。頂相《ちんぞう》と呼ばれる禅宗の高僧の肖像画もさかんに描かれました。

鎌倉文化の主な著作物

[和歌]『新古今和歌集』(藤原定家ら撰)
　『山家集《さんかしゅう》』（西行《さいぎょう》）
　『金槐和歌集《きんかいわかしゅう》』（源実朝《みなもとのさねとも》）
[説話《せつわ》集]『古今著聞集《ここんちょもんじゅう》』
[随筆《ずいひつ》]『方丈記《ほうじょうき》』（鴨長明《かものちょうめい》）
　『徒然草《つれづれぐさ》』（吉田兼好《よしだけんこう》）
[軍記物]『保元物語《ほうげんものがたり》』、『平治物語《へいじものがたり》』
　『平家物語《へいけものがたり》』※琵琶法師《びわほうし》による
[歴史書]『愚管抄《ぐかんしょう》』（慈円《じえん》）

文学では、和歌がますますさかんになりました。後鳥羽上皇《ごとばじょうこう》→p.68の命で藤原定家《ふじわらのさだいえ》らが編集した『新《しん》古今和歌集《こきんわかしゅう》』などがあります。軍《ぐん》記物《きもの》もさかんに書かれました。また、武士はそれほど教育・学問に熱心ではありませんが、**金沢文庫《かねざわぶんこ》**を残した北条実時《さねとき》などがいます。

この時代には、武家政権ができたことを背景に、武家の影響が非常に強い文化が発達します。一方で、公家の文化もまだまだ健在でした。これが鎌倉文化です。

27 建武の新政と南北朝の動乱

御家人《ごけにん》の不満が高まる中、院政を廃止し天皇親政を行う後醍醐《ごだいご》天皇が登場します。

ついに鎌倉幕府が滅亡《めつぼう》して、そして南北朝《なんぼくちょう》の内乱の時代になるんですね。

大覚寺統《だいかくじとう》→p.75の後醍醐天皇は、鎌倉幕府を倒し天皇に権限を集中させたいと考えました。２度の幕府打倒の計画[*1]の後、ついに後醍醐天皇は隠岐《おき》へ流されます。しかし、河内《かわち》の悪党→p.74の楠木正成《くすのきまさしげ》や後醍醐天皇の子の護良親王《もりよししんのう》らの反幕府の挙兵を見て、後醍醐天皇も隠岐を脱出して京都を目指します。

得宗北条高時《とくそうほうじょうたかとき》は、有力御家人の足利高氏《あしかがたかうじ》（のち尊氏）に頼んで後醍醐天皇の入京を止めようとしますが、高氏は1333年、逆に幕府側の六波羅探題《ろくはらたんだい》→p.68を攻め滅《ほろ》ぼします。同じく御家人の新田義貞《にったよしさだ》が鎌倉に突入、高時らを討伐《とうばつ》し、鎌倉幕府は滅亡《めつぼう》しました。

京都に戻った後醍醐天皇は、天皇１人が権力を握《にぎ》った醍醐《だいご》天皇→p.50の世を理想として政治を行います（建武《けんむ》の新政《しんせい》）。しかし、強硬《きょうこう》な政治を展開し、大内裏《だいだいり》の造営計画や不公平な姿勢で不満を買い、信頼を失います。

そこへ、高時の子の時行《ときゆき》の反乱（中先代《なかせんだい》の乱《らん》）が起こり、これを阻止《そし》するため鎌倉に下った尊氏が後醍醐天皇に反旗《はんき》を翻《ひるがえ》します。

尊氏は京都を制圧、後醍醐天皇の天皇の位を奪《うば》い、光明《こうみょう》天皇を立てて、1336年には建武式目《けんむしきもく》で幕府開設の基本方針を示します。ところが、後醍醐天皇は奈良県の吉野《よしの》に脱出、まだ自分が帝位にあると主張します。こうして、吉野側を南朝《なんちょう》、京都側を北朝《ほくちょう》とする南北朝《なんぼくちょう》の争《あらそ》いが起こります。

尊氏は1338年に光明天皇から征夷大将軍《せいいたいしょうぐん》の地位を得て、室町幕府《むろまちばくふ》が発足します。しかし、1350年、尊氏の弟の直義《ただよし》と尊氏の執事《しつじ》高師直《こうのもろなお》の争いから、観応《かんのう》の擾乱《じょうらん》という、幕府内部の内乱が起こり[*2]、これに南朝も巻き込んで争いが続きます。

＊1　後醍醐天皇の倒幕計画が未然に漏《も》れた1324年の正中《しょうちゅう》の変《へん》、さらに後醍醐天皇が幕府打倒を目指した1331年の元弘《げんこう》の変《へん》があります。

＊2　武家政権の伝統を守ろうとする直義と、急進的な高師直、２つの政治路線の対立から、直義が高師直を倒し、直義も最終的には兄・尊氏によって死に追いやられます。

室町幕府が発足した時には2人の天皇がいたんですか？

そうです。天皇の地位のシンボルである三種《さんしゅ》の神器《じんぎ》を持つ南朝は、北朝の天皇を認めませんが、軍事的には室町幕府が建てた北朝が有利でした。この状態は3代将軍義満《よしみつ》→p.80の時に解消されます。

南北朝期の皇室の略系図

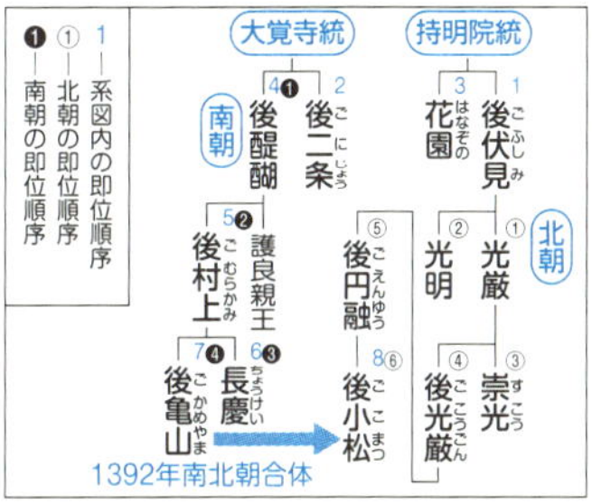
1―系図内の即位順序
①―北朝の即位順序
❶―南朝の即位順序
大覚寺統
持明院統
南朝
北朝
4❶ 後醍醐
2 後二条《ごにじょう》
3 花園《はなぞの》
1 後伏見《ごふしみ》
5❷ 後村上《ごむらかみ》
護良親王
⑤ 後円融《ごえんゆう》
② 光明
① 光厳
7❹ 後亀山《ごかめやま》
6❸ 長慶《ちょうけい》
8⑥ 後小松《ごこまつ》
④ 後光厳《ごこうごん》
③ 崇光《すこう》
1392年南北朝合体

京都から見て吉野は南にあるため、後醍醐天皇の系統を南朝と呼び、京都の持明院統《じみょういんとう》→p.75の系統を北朝と呼びます。北朝は元弘の変の後に即位した光厳《こうごん》天皇や尊氏が擁立《ようりつ》した光明《こうみょう》天皇の系譜《けいふ》です。

建武の新政の職制

建武の新政の最高の議決機関は記録所《きろくしょ》です。国司・守護の両方を天皇が任命します。土地関係の紛争《ふんそう》は雑訴決断所《ざっそけつだんしょ》という裁判機関で裁決しました。また鎌倉将軍府《かまくらしょうぐんふ》、陸奥将軍府《むつしょうぐんふ》を置き、自分の子供達を派遣《はけん》して、全国支配を進めようとしました。

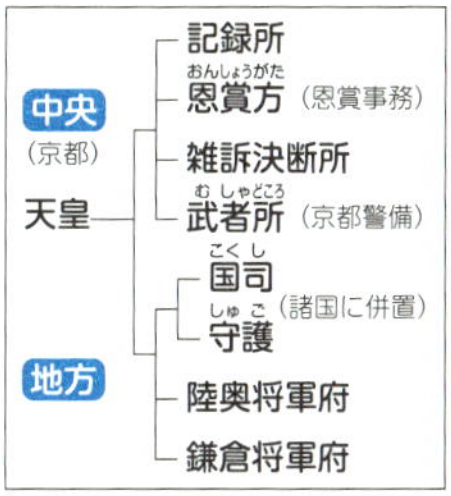
中央
（京都）
天皇
地方
記録所
恩賞方《おんしょうがた》（恩賞事務）
雑訴決断所
武者所《むしゃどころ》（京都警備）
国司《こくし》
守護《しゅご》
（諸国に併置）
陸奥将軍府
鎌倉将軍府

史料（部分要約）二条河原落書…『建武年間記《けんむねんかんき》』収録

> **此比《このごろ》都《みやこ》ニハヤル物**（建武の新政下の京都では何が流行っているか）、**夜《よ》討《うち》強盗《ごうとう》謀《にせ》綸旨《りんじ》**（夜討や強盗、あるいは後醍醐天皇の筆跡《ひっせき》を真似た偽の天皇の命令が横行している）、**召人《めしうど》早馬《はやうま》虚騒動《そらそうどう》**（裁判がさかんに起こり、急を知らせる知らせや根拠のない噂《うわさ》にもとづく騒動があちこちで起こっている）。…**下《げ》克《こく》上《じょう》スル成《なり》出《で》者《もの》**（上の者を押しのけて出世するやつがいっぱい現れ）、後醍醐天皇は気に入った人をどんどん政府に採用していくので、**モル〻人ナキ決断所**（雑訴決断所もいろんな人の寄せ集めのような裁判所になってしまった）。

二条《にじょう》河原《かわら》落書《らくしょ》は、庶民《しょみん》が落書という形で建武の新政を批判した、一種の流行歌のような史料です。五七調で書かれています。

28 室町幕府の成立

南北朝《なんぼくちょう》の対立が続く中、1368年、
3代将軍足利義満《あしかがよしみつ》が就任します。

世界史だと明《みん》→p.82が建
国された年ですね。

室町時代には、鎌倉時代の守護《しゅご》→p.66は**守護大名《しゅごだいみょう》**と呼ばれるようになります。鎌倉時代の後半から、守護はじょじょに新しい権利を得ていったのです。例えば、武士たちに臨時の経済的給付を行う**半済令《はんぜいれい》**の執行、荘園年貢を守護として請《う》け負う**守護請《しゅごうけ》**、刈田狼藉《かりたろうぜき》の追捕《ついぶ》権や使節遵行《しせつじゅんぎょう》権などです。そして守護大名が国の基本的な権力を構成していきます。

一方、室町幕府は、3代将軍**足利義満**のころに全盛期を迎えます。義満はまず、**花《はな》の御所《ごしょ》**と呼ばれた将軍の邸宅《ていたく》を京都の室町に造営し、ここに政治の拠点を置きます。また、1392年に南北朝の合体[*1]に成功します。他に、明徳《めいとく》の乱《らん》で山名氏清《やまなうじきよ》一族を滅《ほろ》ぼし、応永《おうえい》の乱《らん》で大内義弘《おおうちよしひろ》を討滅《とうめつ》するなど、力を増してきた守護大名たちを抑圧して権力を確立していったのです。

室町幕府の組織もこのころにほぼ整います。中央では、将軍を補佐する**管領《かんれい》**や侍所《さむらいどころ》の長官の所司《しょし》が、幕府の重要な役職でした。地方機関としては、鎌倉には**鎌倉府《かまくらふ》**[*2]、九州地方には九州探題《きゅうしゅうたんだい》、東北地方には奥州探題《おうしゅうたんだい》・羽州探題《うしゅうたんだい》が置かれます。

また、将軍直轄《ちょっかつ》の軍事力である奉公衆《ほうこうしゅう》は、全国の国人《こくじん》→p.87などから選ばれた武士を中心に組織されました。[*3]

将軍は全国に散在する直轄領である**御料所《ごりょうしょ》**を保持していましたが、幕府の財源は御料所の収入の他、様々な課税が行われることで賄《まかな》われました。

＊1　南朝の後亀山《ごかめやま》天皇から、北朝の後小松《ごこまつ》天皇へ、天皇の位の象徴である三種の神器を引き渡すことで南北朝を合体させたのです。

＊2　鎌倉府は関東の八カ国に甲斐《かい》と伊豆《いず》を加えた10カ国、後には陸奥《むつ》・出羽《でわ》の２国も加えた、きわめて独立性が高い機関です。鎌倉府の主の**鎌倉公方《かまくらくぼう》**の初代は尊氏《たかうじ》の子、足利基氏《もとうじ》です。鎌倉公方を支えたのは関東管領《かんとうかんれい》の上杉《うえすぎ》氏で、やがて上杉氏が実権を握《にぎ》ります。

＊3　地方の武士達の多くは現地で守護などとともに軍事活動に参加し、場合によっては国人《こくじん》一揆《いっき》を結び、自分たちの地位と財力を守ろうとしました。

室町幕府の機構

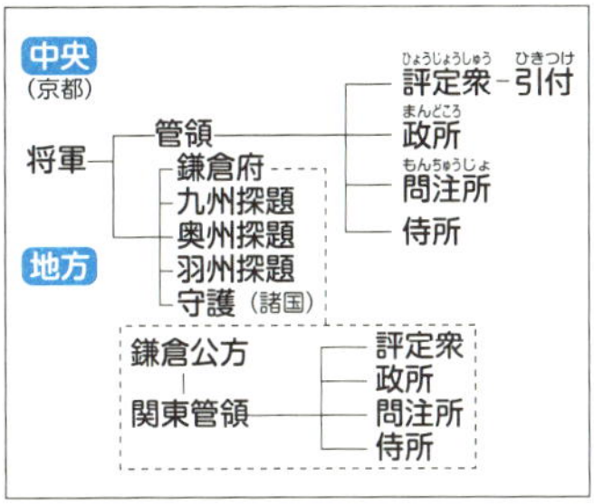
中央
（京都）
将軍
管領
評定衆《ひょうじょうしゅう》－引付《ひきつけ》
政所《まんどころ》
問注所《もんちゅうじょ》
侍所
地方
鎌倉府
九州探題
奥州探題
羽州探題
守護（諸国）
鎌倉公方
関東管領
評定衆
政所
問注所
侍所

管領は三管領《さんかんれい》という、細川《ほそかわ》・斯《し》波《ば》・畠山《はたけやま》の有力な3氏から選ばれます。応仁《おうにん》の乱《らん》→p.84後、事実上は細川氏が権力を握り、細川幕府と呼ばれる状況も現れます。侍所の長官の所司は四職《ししき》という、山名《やまな》・赤松《あかまつ》・一《いっ》色《しき》・京極《きょうごく》の4家から選ばれるのが慣例となります。

室町幕府の機構は、鎌倉幕府のものとよく似ていますね。

ほとんどいっしょですが、将軍を支えたのは鎌倉幕府では執権《しっけん》→p.68、室町幕府では管領です。また、九州に置かれた機関は、鎌倉幕府は鎮西奉行《ちんぜいぶぎょう》・鎮西探題《ちんぜいたんだい》→p.67ですが、室町幕府では九州探題です。

足利氏の略系図

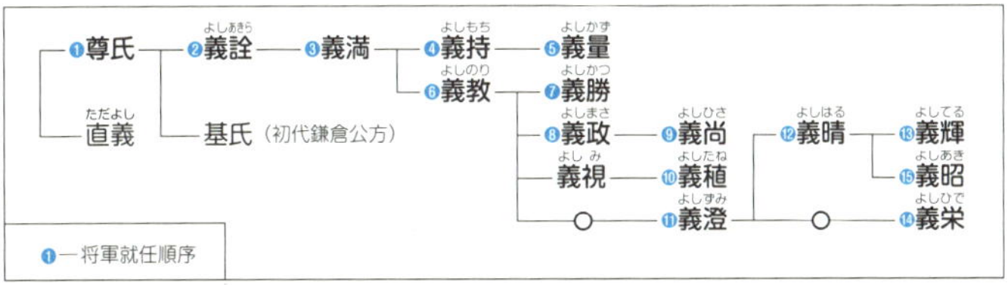
❶尊氏
直義《ただよし》
❷義詮《よしあきら》
基氏（初代鎌倉公方）
❸義満
❹義持《よしもち》
❺義量《よしかず》
❻義教《よしのり》
❼義勝《よしかつ》
❽義政《よしまさ》
❾義尚《よしひさ》
義視《よしみ》
❿義稙《よしたね》
⓫義澄《よしずみ》
⓬義晴《よしはる》
⓭義輝《よしてる》
⓯義昭《よしあき》
⓮義栄《よしひで》
❶－将軍就任順序

室町幕府の財源

酒屋役《さかややく》・土倉役《どそうやく》などは京都市中の金融業者に対する税です。全国一律に田地に課す税が段銭《たんせん》です。他にも、京都に入る重要な道の入り口に関所《せきしょ》を設けて関銭《せきせん》を取ったり、港の使用料として津料《つりょう》なども徴収《ちょうしゅう》しました。

	課税対象	税の種類
幕府	庶　民	…徳政分一銭《とくせいぶいちせん》・棟別銭《むなべつせん》・段銭《たんせん》
	関・津	…関銭・津料
	貿　易	…抽分銭《ちゅうぶんせん》
	商工業者	…酒屋役・土倉役
	守護・地頭	…分担金・賦課《ふか》金など
	幕府御料所	…年貢《ねんぐ》・公事《くじ》・夫役《ぶやく》

29 東アジアとの交易

室町時代の外交関係というと、明《みん》との勘合貿易《かんごうぼうえき》ですよね。

もちろんそうですが、朝《ちょう》鮮《せん》や沖縄、北海道方面にも注意しましょう。

14世紀ごろ、東シナ海沿岸から朝鮮半島にかけて、**倭寇《わこう》**[*1]という武装した交易集団が恐れられていました。1368年に建国した**明《みん》**は、倭寇を抑えるため周辺諸国に朝貢《ちょうこう》を求めるとともに、倭寇の禁圧を日本に要求します。足利義満《あしかがよしみつ》→p.80はこれに応えて、1401年、明に朝貢の使いを派遣《はけん》し、国交が樹立されます。

明から日本国王に冊封《さくほう》→p.28された義満は、寧波《ニンポー》への入港の許可証、いわゆる**勘合《かんごう》**を与えられ、1404年、日明《にちみん》貿易（**勘合貿易**）が始まります。形式的には屈辱《くつじょく》的な朝貢外交なのですが、関税もかからず、利益はきわめて大きい貿易でした。

1392年に建国された**朝鮮**ももちろん、倭寇の禁圧を強く求め、日朝関係が形成されました。こちらは、鎌倉以来の有力御家人である対馬《つしま》の島主の**宗《そう》氏**が貿易に従事します[*2]。

沖縄方面では、北山《ほくざん》・中山《ちゅうざん》・南山《なんざん》の三山《さんざん》[*3]の中から、中山王の尚《しょう》巴志《はし》によって1429年に**琉球王国《りゅうきゅうおうこく》**が成立します。王府《おうふ》（首都）は首《しゅ》里《り》ですが、港の那覇《なは》は東アジアでももっとも繁栄した国際貿易港となっていきます。

北海道方面では、蝦夷地《えぞち》南部にじょじょに本土の武士勢力が進出します。武士は館《たて》と言われる拠点を築き、**アイヌ**の人々との交易を始めました。東北地方の安藤《あんどう》氏の支配下にあった**蠣崎氏《かきざき》**[*4]は、現在の松前半島にあった上之国《かみのくに》に館を築き、さかんな交易で利益をあげました[*5]。

＊1　倭寇は、通常は貿易に従事する商人ですが、場合によっては略奪《りゃくだつ》を繰り返す海賊《かいぞく》的な存在でした。

＊2　朝鮮は限定的に３つの港（富山浦《ふざんほ》・乃而浦《ないじほ》・塩浦《えんぽ》の三浦《さんぽ》）を開き、ここに日本側の商人などが居住して日朝貿易を行いました。やがて日本側から貿易拡大の要求が高まりますが、朝鮮側はなるべく制限しようとします。また、倭寇の根拠地をたたくため朝鮮軍が対馬を襲う事件（応永《おうえい》の外寇《がいこう》）なども起こりました。16世紀初めには、三浦の日本側の商人や武士たちが朝鮮側の貿易統制強化に反発した反乱（三浦《さんぽ》の乱《らん》）も起こります。

勘合貿易ってどういう仕組みだったんですか？

勘合とは割符（下のような分割された照合用の証書）のことで、元帳《もとちょう》（底簿《ていぼ》）と、与えられた勘合の残り半分を照らし合わせて正式の使節かどうかをチェックし、正式のものと認められると寧波の港に上陸することができる仕組みでした。

15世紀ころの東アジア地図

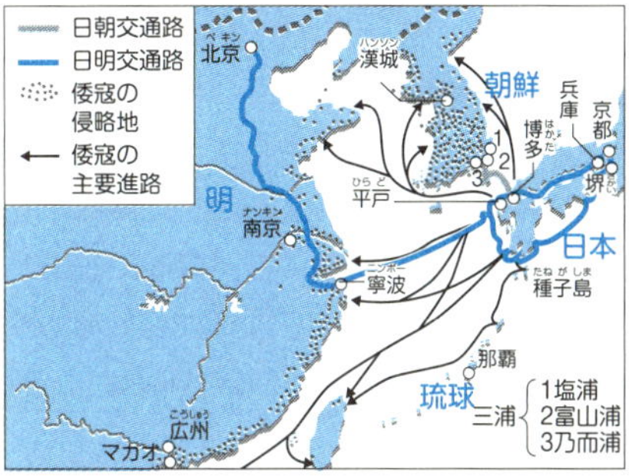

1368年、中国では朱元《しゅげん》璋《しょう》（洪武帝《こうぶてい》）により明が建国。日本では義満が将軍に就いた年です。

1392年、倭寇禁圧で名声を得た李成桂《りせいけい》が、高麗にかわって朝鮮を樹立します。南北朝の合体が実現し、義満の権力がきわめて強力になった年です。

本字勘合

日本は、本字勘合《ほんじかんごう》と呼ばれる勘合を持って中国の寧波《ニンポー》に入港、照合を行います。照合ができれば入国が許され、明の皇帝に朝貢のご挨拶《あいさつ》に行きます。そして日本の品を無税で売り、中国の品を買うという、自由な貿易を行いました。

勘合貿易は、応仁《おうにん》の乱《らん》→p.84の後、有力大名の大内《おおうち》氏と細川《ほそかわ》氏が主導権を握《にぎ》ります。1523年、両者は中国の寧波《ニンポー》で争い（寧波《ニンポー》の乱《らん》）、貿易が一時中断した後、大内氏が貿易を独占します。

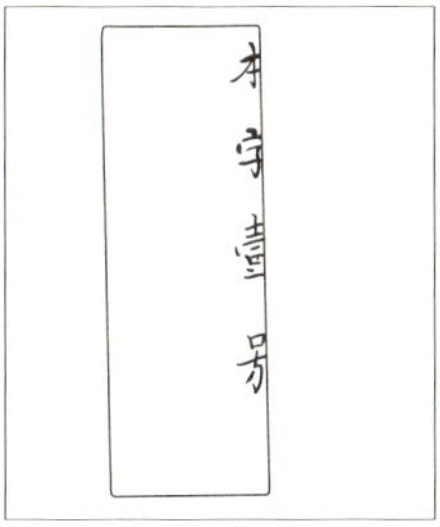

＊3　鎌倉時代の沖縄本島には、小領主（按司《あじ》）が現れ、グスク（城）という拠点が築かれます。このような地域的な小領主たちが連合して３つのグループに分かれたのが三山です。

＊4　蠣崎氏は後に松前氏《まつまえ》→p.114と名前を変え、近世の大名となっていきます。

＊5　アイヌの人々との交易は、しばしば略奪的・威圧的で不公正になっていました。そのために、応仁の乱の勃発《ぼっぱつ》の10年前の1457年、最初の大きなアイヌ民族の大反乱であるコシャマインの戦《たたか》いが起こっています。

30 幕府の動揺と応仁の乱

応仁《おうにん》の乱《らん》って、確か戦国時代のきっかけになる戦いですよね。

そうです。この戦いをきっかけに、日本社会そのものが転換したとも言えます。

足利義満《あしかがよしみつ》→p.80の後は子の義持《よしもち》が４代将軍となります。義持も子の義量《よしかず》に将軍職を譲《ゆず》りますが、義量が先に亡くなり、義持が事実上の将軍として職務を行います。義持は他に子供がおらず、後継者をくじ引きで決めろという指示を出して死にます。

当時、くじには「神の意志を問う」という意味があり、源氏の氏《うじ》神《がみ》である石清水八幡宮《いわしみずはちまんぐう》の意志をくじで問おうとしたわけです。その結果、義持の弟の**足利義教《よしのり》**が６代将軍に決定しました。

義教は強力な政治を進め、敵対関係となった鎌倉公方《かまくらくぼう》→p.80の足利持氏《もちうじ》を1438年に討滅《とうめつ》します（**永享《えいきょう》の乱《らん》**[*1]）。ところが義教の強圧的なやり方に怯《おび》えた赤松満祐《あかまつみつすけ》は、1441年、京都の自邸に義教を招き謀殺《ぼうさつ》します（**嘉吉《かきつ》の変《へん》**）。将軍が部下の守護《しゅご》の家で殺されるという、将軍の権威が落ちたことを示す出来事です。

その後、子の義勝《よしかつ》が後を継ぎますが若死にし、同じく義教の子の８代将軍**足利義政《よしまさ》**が将軍になります。義政にも子がおらず、弟の足利義視《よしみ》を後継者にしようとしますが、その後、夫人の日野富子《ひのとみこ》が男の子（足利義尚《よしひさ》）を産みました。その結果、次の将軍は弟の義視か実子の義尚か、という将軍家の後継争いが起こります。

当時、幕府の実権は、**細川勝元《ほそかわかつもと》**と**山名持豊《やまなもちとよ》**（**宗全《そうぜん》**）が争っていました。将軍後継問題と、幕府の実力者の争いが連動し、畠山《はたけやま》氏の家《か》督《とく》相続争いをきっかけに、京都で戦闘が起こります。これが1467年に始まる**応仁の乱**（**応仁・文明《ぶんめい》の乱**）です。

乱の勃発《ぼっぱつ》後、一年もたたないうちに京は完全に焼け落ち、1473年に細川勝元・山名持豊がともに死去した後も争いは終わらず、1477年にようやく両軍は戦いを止めました。

＊1　永享の乱は、鎌倉公方と関東管領上杉憲実《かんとうかんれいうえすぎのりざね》の対立を利用した、一種の弾圧策でした。この後、結城氏朝《ゆうきうじとも》が持氏の子どもを擁《よう》して幕府に挙兵する結城合戦《ゆうきかっせん》が起こり、大きな動揺《どうよう》が鎌倉府《かまくらふ》を襲います。その後、関東では上杉憲実の勢力が確立します。

応仁の乱の東軍と西軍の区別って、何度聞いても忘れてしまいます……。

下の表のように東軍と西軍の区別はおぼえるしかないです。でも、1468年になると、足利義視が西軍側に移り、室町御《ご》所《しょ》を拠点とした東軍方が義尚を担《かつ》ぐこととなり、幕府が東西に併存《へいぞん》するかたちとなります。

応仁の乱直前の対立関係

東軍		西軍
細川勝元	幕府の実力者	山名持豊
義視	足利将軍家	義尚
政長《まさなが》	畠山氏	義就《よしなり》
義敏《よしとし》	斯波《しば》氏	義廉《よしかど》

この図を利用して、東軍・細川・政長・義視の各々《おのおの》の中から1文字を取り、『「東」の「川」は「長」く「視」える』というフレーズをおぼえてしまうのも一つの手段です。

畠山氏・斯波氏→p.81をはじめ、どの有力な守護家でも、当時は跡目《あとめ》（家督）の争いが常に存在していました。これは、鎌倉時代の分割相続《ぶんかつそうぞく》→p.70が、南北《なんぼく》朝《ちょう》を経て、所領の細分化を防ぐために**単独相続《たんどくそうぞく》**に移行したことが原因です。父親の財産を後継者が全て相続すると、残りの兄弟は財産を一切相続できないわけです。そのため、後継者たちは、その家臣団を巻き込んで常に厳しく対立していました。

長く戦争が続いた結果、結局は強いものが勝ち、力の無いものは容赦《ようしゃ》なく排除される、**下剋上《げこくじょう》**と呼ばれる傾向が一挙に表面化します。庶民《しょみん》からも集められた**足軽《あしがる》**が集団戦に登場し、戦闘が武士の間だけのものではなくなってきます。この応仁の乱を契機《けいき》にして、日本の支配者層が組み変わっていったと言えます。

それで、戦国大名《せんごくだいみょう》→p.94たちの群雄割拠《ぐんゆうかっきょ》が始まるわけですね！

31 一揆の時代

15世紀は応仁《おうにん》の乱《らん》→p.84以外にも、土一揆《つちいっき》とか国一揆《くにいっき》とかもありますよね。

「一揆」とは目標を定めて一致団結することです。農民の土一揆が典型ですが、国人の一揆や京の商人の法華一揆《ほっけいっき》→p.90もあります。

中世は一般に「自力救済《じりききゅうさい》」の時代とも言われます。自力救済とは、自分のことは自分で守るということです。これは個人だけではなくて、団体・地域でもそれが重視されました。

鎌倉後期以降、とくに京都周辺から畿内《きない》にかけて、農民たちが団結した**惣《そう》**が現れます。彼らは**入会地《いりあいち》**という共同利用地を公平に利用し、荘園領主とかけ合って年貢《ねんぐ》を自分達で請《う》け負う**地下請《じげうけ》**（百姓請《ひゃくしょううけ》）などを行いました。

惣では、**寄合《よりあい》**という村民による会議を重視し、**惣掟《そうおきて》**という規則を自分達で決めました。乙名《おとな》・沙汰人《さたにん》などと呼ばれる指導者を中心に、地域の神社などの祭礼を主催した宮座《みやざ》などを核に団結し、我慢できない場合には強訴《ごうそ》や、耕作を放棄《ほうき》して逃げる逃散《ちょうさん》を繰り返し、自分たちの経済と生活を守ったのです。

このような、土民《どみん》と呼ばれた当時の農民たちの団結を**土一揆《つちいっき》**と呼びます。一揆が、借金の解消を求める徳政《とくせい》などの要求を掲げる場合は、徳政一揆とも呼びます。有名なものとしては、日本最初の土民の蜂起《ほうき》だと言われた1428年の**正長《しょうちょう》の土一揆《つちいっき》**や、あるいは嘉吉《かきつ》の変《へん》→p.84を契機とする、**嘉吉《かきつ》の土一揆《つちいっき》**[*1]があります。

応仁の乱を経て、1485年に、**国人《こくじん》**と土民が合体して名門守護の畠山《はたけやま》家の軍隊を南山城《やましろ》から追い出した**山城《やましろ》の国一揆《くにいっき》**が起こります。また、宗教的な性格の強い**加賀《かが》の一向一揆《いっこういっき》**[*2]も起こります。一向宗《いっこうしゅう》とは浄土真宗《じょうどしんしゅう》→p.76の本願寺《ほんがんじ》派のことです。彼らは1488年から約100年間、加賀１国を自分たちで運営しました。

＊1　この場合、1441年の嘉吉の変で足利義教《あしかがよしのり》が亡くなり、義勝《よしかつ》が新将軍に就任したことを理由に、将軍の代替わりの際の徳政令を要求したものです。

＊2　1488年、加賀の守護富樫政親《とがしまさちか》が、国人·土民の軍勢によって攻め滅《ほろ》ぼされます。そして、名目的な守護を立てた国人らは、一向宗の指導者である坊主《ぼうず》や、一般の信徒である門徒《もんと》の農民たちを中心に、１世紀にわたって自治を実現します。

「国人」ってなんですか？

専業の武士のうち、現地で農民などを支配下に置き実力で所領支配を行う武士で、「国衆《くにしゅう》」などとも呼ばれます。「地《じ》侍《さむらい》」と呼ばれる武装した農民を組織したり、有力な守護の支配下に組み込まれたり、場合によっては近隣の国人たちと団結して「国人一揆」を結んで守護などに対抗することもありました。

史料 (部分要約) **正長の土一揆**…『大乗院日記目録《だいじょういんにっきもくろく》』(興福寺《こうふくじ》内の大乗院の日記の抜き書き)収録

> 正長元（1428）年九月、農民たちが一斉《いっせい》に立ち上がって、**徳政と号し**（徳政だと叫んで）、**酒屋《さかや》、土倉《どそう》、寺院等**（当時の金融業者）を襲撃した。…この蜂起《ほうき》は、管領《かんれい》（畠山満家《みついえ》）が鎮圧《ちんあつ》した。…**日本開白《かいびゃく》以来、土民蜂起是《こ》れ初めなり**（日本が始まって以来、土民の蜂起はこれが最初である）。

これまで地域的なものはありましたが、正長の土一揆は、京都に向かって起こった大規模な最初の一揆でした。この時は、徳政令は出ていませんが、貸借《たいしゃく》の証文《しょうもん》などを奪い実力での徳政が行われました。以後、幕府や地域的な徳政令が出されていきます。

史料 (部分要約) **山城の国一揆**…『大乗院寺社雑事記《だいじょういんじしゃぞうじき》』(興福寺内の大乗院の記録) 収録

> （文明《ぶんめい》十七〈1485〉年十二月)、今日**山城の国人集会す**（山城の国人達が集まった)。同じく農民たちもまた集まってきた。両陣（畠山義就《よしなり》・政長《まさなが》両軍）の対立をやめ、武士はこの南山城の地域から出て行って欲しい、ということを話し合った。
>
> 十七日には、今後は、畠山義就方・政長方ともに、国中（南山城）には入ってはならない。荘園領主に対してはちゃんと年貢を払う。ただし、**新関**（新しい関所）の設置は認めない、と決議した。
>
> （文明十八〈1486〉年二月)、山城の国人たちは平等院《びょうどういん》（宇治《うじ》の平等院）に集まって、自分たちの地域を治める自治的な規則を決めた。

山城の国一揆は、応仁の乱が終わってもまだまだ戦争を止めない畠山氏に対する抵抗でした。南山城の国人と土民が、「両畠山（義就・政長)」を南山城から排除して、8年間の自治を実現しました。

32 中世の農業・商工業の発達

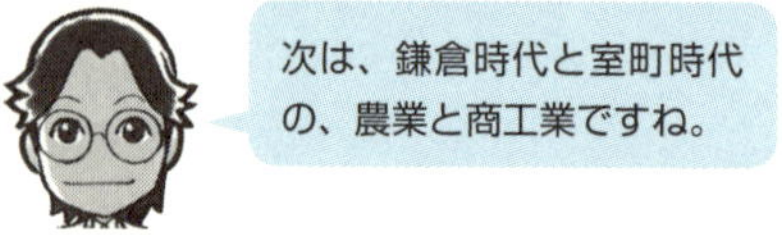
次は、鎌倉時代と室町時代の、農業と商工業ですね。

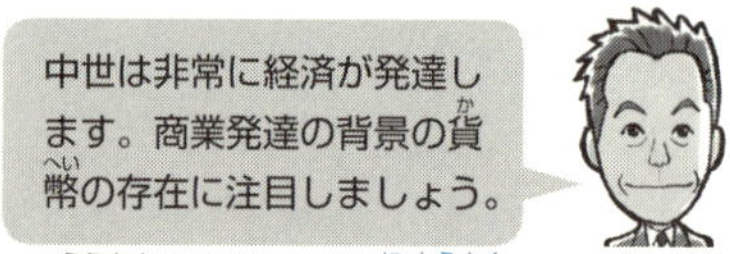
中世は非常に経済が発達します。商業発達の背景の貨《か》幣《へい》の存在に注目しましょう。

鎌倉時代には、米の単作《たんさく》に加えて、裏作《うらさく》に麦を作る**二毛作《にもうさく》**が西日本などで始まります。肥料は刈敷《かりしき》や草木灰《そうもくばい》など自給肥料が中心です。灯油の原料である荏胡麻《えごま》なども栽培《さいばい》されます。

商業・流通では、月に三度開かれる**三斎市《さんさいいち》**が広がります。また、日宋貿易《にっそうぼうえき》→p.64以来、宋から輸入された銭《ぜに》（宋銭《そうせん》）が貨幣経済を急速に発展させます。貨幣が浸透《しんとう》すると、金融業者の**借上《かしあげ》**が現れ、遠隔《えんかく》地取引のために使われた**為替《かわせ》**も発達し、運送業者の**問丸《といまる》**なども登場します。

室町時代、土民《どみん》が一揆《いっき》→p.86などを起こした背景には経済発展がありました。とくに応仁《おうにん》の乱《らん》→p.84以降に目覚ましく発展します。

農業では、畿内《きない》で米・麦に加えてさらに蕎麦《そば》を栽培する**三毛作《さんもうさく》**も行われました。漁業では地曳網《じびきあみ》が発達しました。

商業・流通では、連雀商人《れんじゃくしょうにん》・振売《ふりうり》のような行商人が現れます。地方でも**六斎市《ろくさいいち》**が開かれます[*1]。商人や手工業者は**座《ざ》**を形成して、独占的な営業を実現しようとします。

これらの商業・流通の発達の大前提は、鎌倉時代と同様の銭の大量輸入でした。とくに永楽通宝《えいらくつうほう》が安定した通貨として明から輸入されました。しかし、経済発展に伴《ともな》い貨幣の流通量が不足したので、日本で作った粗悪《そあく》な私鋳銭《しちゅうせん》なども現れます[*2]。

金融業者では、しばしば徳政《とくせい》を要求する矛先《ほこさき》となった**土倉《どそう》**・**酒屋《さかや》**などがさかんに活動します。流通業では、**馬借《ばしゃく》**・**車借《しゃしゃく》**という比較的規模の小さな運送業者が現れました。[*3]

＊1　都市には毎日物を売る、常設の見世棚《みせだな》も発達します。

＊2　様々な種類の銭が混在したため、取引の際に良い銭だけを選ぶ撰銭《えりぜに》が行われるようになります。これでは商取引がスムーズにいかないので、幕府や、後には戦国大名も、撰銭を抑制し通貨の交換を促《うなが》す**撰銭令《えりぜにれい》**を出しています。

＊3　ただし、水陸交通の要地では、かつての荘園領主達が関所などを設けて利益を得ようとし、流通や交通の妨《さまた》げになっていました。

鎌倉時代が二毛作・三斎市で、室町時代が三毛作・六斎市だから……数が増えていますね。

だからおぼえやすいと思います。金融業者と運送業者などの名前の違いにも注意しましょう。

『一遍上人絵伝』（模写）…一遍→p.76の布教の様子を描いたものです。

この『一遍《いっぺん》上人《しょうにん》絵《え》伝《でん》』の備前《びぜん》国福岡《ふくおか》の市の場面は、鎌倉時代の市場の様子をリアルに描いた非常に貴重なものです。

室町時代の商人・職人など

連雀商人　桂女《かつらめ》　大原女《おはらめ》　鍛冶《かじ》

桂女・大原女など、女性の行商人も存在していました。

室町時代の貨幣

永楽通宝
（写真提供・貨幣博物館）

私鋳銭

中世は輸入銭の時代です。宋銭・元銭《げんせん》、そして明銭《みんせん》が大量に輸入され、商業、金融が発達しました。代表的な明銭として大量に流通したのが「永楽通宝」でした。

33 室町文化1

室町時代の文化と言えば、金閣《きんかく》や銀閣《ぎんかく》ですよね。

そうです。現在につながる能《のう》、茶《ちゃ》の湯《ゆ》、生花《いけばな》などが形成されたことも注目しましょう。

室町時代の宗教では、まず臨済宗《りんざいしゅう》→p.76が挙げられます。室町幕府も鎌倉幕府と同じく、臨済宗を尊重しました[*1]。臨済宗の寺院は、足利義満《あしかがよしみつ》→p.80の時に、**五山《ござん》・十刹《じっさつ》の制《せい》**によって幕府の保護を受けて、組織化されます。

一向宗《いっこうしゅう》（浄土真宗《じょうどしんしゅう》→p.76本願寺《ほんがんじ》派）には、**蓮如《れんにょ》**が現れ、御文《おふみ》（やさしい言葉で信仰を説明した手紙）を使った布教などで信者を増やしました。その信者である門徒《もんと》たちは、講《こう》（信仰者の団体）を結び、道場《どうじょう》を中心に浄土真宗の信仰を固めていきます。

日蓮宗《にちれんしゅう》→p.76は、鎌倉時代は東日本が中心でしたが、日親《にっしん》などが京都にも広め、やがて応仁《おうにん》の乱《らん》→p.84後に京都の復興を担《にな》った有力商人、町衆《ちょうしゅう》→p.94は、日蓮宗を母体に法華一揆《ほっけいっき》[*2]を結んだりもします。

室町文化は非常に多様で、特徴もたくさんあります。まず、武家文化と公家文化が融合《ゆうごう》したもの[*3]だということです。次に禅宗《ぜんしゅう》の影響が強く、禅宗を通じて大陸文化の影響を受けています。また、中央と地方が経済の発展などで結びついたため、文化の融合《ゆうごう》と庶民の台頭が進みます。そして、現在、日本的な文化とされる**能**・**茶の湯**・近世の俳諧《はいかい》→p.122につながる**連歌《れんが》**といった文化は、この室町時代から戦国時代にかけて形成されています。

その中でも、特に室町文化の特徴としては、茶の湯や連歌が象徴する、「集団の芸能」という、人々が集まって成り立つ芸能が、はっきりかたちを取るという点があります。ここは、15世紀が一揆の時代→p.86であったことを思い出しましょう。

＊1　禅宗と室町幕府のつながりは、足利尊氏《たかうじ》→p.78に影響を与えた夢窓疎石《むそうそせき》に始まります。尊氏は疎石の勧めで後醍醐《ごだいご》天皇→p.78の菩提《ぼだい》を弔《とむら》うために天龍寺《てんりゅうじ》を建立《こんりゅう》し、その造営費を得るために天龍寺船という貿易船を元に派遣《はけん》しています。

＊2　法華一揆は、延暦寺《えんりゃくじ》と争った1536年の天文法華《てんぶんほっけ》の乱《らん》によって壊滅《かいめつ》します。

＊3　足利義満が武家と公家の双方の権力の頂点に立ったことを象徴する、北山《きたやま》文化がその基本になります。

京都五山・鎌倉五山

京都五山…南禅寺《なんぜんじ》（五山の上）
天龍寺《てんりゅうじ》・相国寺《そうこくじ》・建仁寺《けんにんじ》・
東福寺《とうふくじ》・万寿寺《まんじゅじ》
鎌倉五山…建長寺《けんちょうじ》・円覚寺《えんがくじ》・
寿福寺《じゅふくじ》・浄智寺《じょうちじ》・浄妙寺《じょうみょうじ》

禅宗では五山・十刹に入らない曹洞宗《そうとうしゅう》や、臨済宗でも妙心寺《みょうしんじ》や大徳寺《だいとくじ》などは林下《りんか》と呼ばれ、独自の活動を行います。また、僧を中心に五山文学《ござんぶんがく》が隆盛《りゅうせい》します。

室町時代の時期区分

	南北朝期の文化	北山文化	東山文化
時代・中心人物	南北朝期	3代将軍足利義満	8代将軍足利義政《よしまさ》
特徴	歴史書・軍記物	華麗	簡素
象徴的な建築		鹿苑寺金閣《ろくおんじきんかく》	慈照寺銀閣《じしょうじぎんかく》

室町文化の時期区分は、まず南北朝期の文化があります。世相《せそう》や天皇が2人いる状態を反映して、歴史に関する興味から歴史書が書かれ、戦乱が続いた結果、軍記物もさかんに書かれました。続いて、室町文化の1つの頂点が3代将軍足利義満の時期の北山文化です。華麗な文化で、鹿苑寺金閣が象徴です。応仁の乱前後からの文化が東山文化《ひがしやま》です。中心は8代将軍足利義政→p.84で、北山文化の華麗に対して、簡素な文化だとされます。その象徴としては慈照寺銀閣、または東求堂《とうぐどう》の同仁斎《どうじんさい》が注目されています。

鹿苑寺金閣

（写真提供・鹿苑寺　撮影・柴田明蘭）

慈照寺銀閣

（国宝、写真提供・慈照寺）

金閣（鹿苑寺）は義満の北山山荘を義満の没後に臨済宗の寺院としたもので、金閣はその舎利殿《しゃりでん》ですが、1950年に焼失しました。三階建てで、一層は国風文化以来の寝殿造《しんでんづくり》→p.54風で、三層は禅宗様《ぜんしゅうよう》→p.77です。

銀閣は足利義政が造営した東山山荘で、その観音殿が「銀閣」です。二階建てで、初層は隣接する東求堂同仁斎（「床《とこ》の間《ま》」のある最古の建築物）とともに書院造《しょいんづくり》→p.92の最初とされます。上層は禅宗様です。

34 室町文化2

室町文化は、能《のう》など、現在につながるものが多いので、しっかりとおぼえましょう。

早く信長《のぶなが》登場！　といきたいけど、やっぱり室町文化はしっかりやっとかないと……。

建築では、東山《ひがしやま》文化の時期に、現在の伝統的な日本の建物につながる**書院造**《しょいんづくり》が成立したことが重要ですが、禅宗《ぜんしゅう》寺院の**枯山水**《かれさんすい》と呼ばれる庭園も禅宗文化を象徴するものです。

文学では、南北朝《なんぼくちょう》期→p.78、北畠親房《きたばたけちかふさ》が南朝正統論《なんちょうせいとうろん》を主張した歴史書の**『神皇正統記』**《じんのうしょうとうき》、または後鳥羽《ごとば》上皇と承久《じょうきゅう》の乱《らん》→p.68以後の歴史を扱った『増鏡《ますかがみ》』[*1]などがあります。軍記物としては、南北朝の内乱を扱った『太平記《たいへいき》』や、南朝正統論に対して北朝《ほくちょう》正統論の立場をとった『梅松論《ばいしょうろん》』なども注目されます。**御伽草子**《おとぎぞうし》が誕生し庶民《しょみん》に親しまれたのも室町文化の時期です。

連歌《れんが》では、二条良基《にじょうよしもと》・宗祇《そうぎ》を経て山崎宗鑑《やまざきそうかん》へ、近世の俳諧《はいかい》につながる流れが確認されます[*2]。学問では、室町時代を代表する学者として、数々の著作のある一条兼良《いちじょうかねよし》を知っておきましょう。教育では、上杉憲実《うえすぎのりざね》→p.84が再興した**足利学校**《あしかががっこう》が重要です。

芸能では、**猿楽能**《さるがくのう》の成立と**狂言**《きょうげん》の登場など、**能**の世界が完成します。とくに足利義満《あしかがよしみつ》→p.80の保護を得た、**観阿弥**《かんあみ》・**世阿弥**《ぜあみ》父子の観世《かんぜ》座《ざ》などの座[*3]が発達します。[*4]

茶の湯では、禅宗の精神を取り入れて茶を**侘《わ》び茶《ちゃ》**というかたちにした村田珠光《むらたじゅこう》、それをさらに日本的にした武野紹鷗《たけのじょうおう》が現れます。茶道は後に千利休《せんのりきゅう》→p.107によって完成します。

絵画では、禅宗の影響を受けた**水墨画**《すいぼくが》が特徴的です。初期の禅僧の如拙《じょせつ》から、やがて**雪舟**《せっしゅう》が日本的な風景画としての水墨画を完成させます。水墨画と従来の大和絵《やまとえ》→p.54を融合《ゆうごう》した、狩野派《かのうは》→p.107の狩野《かのう》正信《まさのぶ》・元信《もとのぶ》も現れます。

＊1　増鏡は、『大鏡《おおかがみ》』→p.65・『今鏡《いまかがみ》』・『水鏡《みずかがみ》』などと合わせた「四鏡《しきょう》」の最後となります。

＊2　連歌は和歌から発達した中世の代表的な文学、芸能です。5・7・5の発句《ほっく》に7・7の脇句《わきく》をつけるという形式を繰り返し、集まった一座の人々が即興《そっきょう》で作る集団の芸能です。二条良基が文学としての形式を整え、『菟玖波集《つくばしゅう》』を準勅撰《じゅんちょくせん》の地位に高めました。

書院造や能、茶の湯など、今の日本の伝統文化はこのころできたことをしっかりおぼえておきましょう。

私、お花を習っているんですけど、生花《いけばな》なんかの、書院造の床《とこ》の間《ま》を飾るための立花《たてはな》様式もこのころに始まるんですね。

室町文化の主な著作物

[歴史書]
『神皇正統記』（北畠親房）
※南朝正統論の立場
『増鏡』
[軍記物]『太平記』
『梅松論』※北朝正統論の立場
[思想]『樵談治要《しょうだんちよう》』（一条兼良）
[教科書]『庭訓往来《ていきんおうらい》』
[辞書]『節用集《せつようしゅう》』
[能]『風姿花伝《ふうしかでん》』（世阿弥）
[連歌]『菟玖波集』（二条良基）
『新撰菟玖波集《しんせんつくばしゅう》』（宗祇）
『水無瀬三吟百韻《みなせさんぎんひゃくいん》』（宗祇ら）
『犬筑波集《いぬつくばしゅう》』（山崎宗鑑《やまざきそうかん》）
[その他]『閑吟集《かんぎんしゅう》』※小歌《こうた》集
[御伽草子]『物《もの》くさ太郎《たろう》』
『一寸法師《いっすんぼうし》』

室町文化の主な文化財

建築・庭園
鹿苑寺《ろくおんじ》金閣《きんかく》　※北山文化
慈照寺《じしょうじ》銀閣《ぎんかく》　※東山文化
慈照寺東求堂《とうぐどう》同仁斎《どうじんさい》
竜安寺《りょうあんじ》石庭《せきてい》　※枯山水

絵画
[水墨画]『瓢鮎図《ひょうねんず》』（如拙）
『秋冬山水図《しゅうとうさんすいず》』（雪舟）
[狩野派]
『周茂叔愛蓮図《しゅうもしゅくあいれんず》』（狩野正信）
『大仙院花鳥図《だいせんいんかちょうず》』（狩野元信）

『秋冬山水図』（雪舟）

（国宝、東京国立博物館蔵）

作品一覧にある『物くさ太郎』『一寸法師』って、あの昔話のですか？

そうです。「御伽草子」と呼ばれる文芸です。江戸時代の「仮《か》名草子《なぞうし》」、そして「浮世草子《うきよぞうし》」→p.122につながっていきます。

＊3　猿楽能では、奈良の興福寺《こうふくじ》・春日社《かすがしゃ》を本所《ほんじょ》とした、観世座・宝生座《ほうしょうざ》・金剛座《こんごうざ》・金春座《こんぱるざ》の大和猿楽四座《やまとさるがくしざ》が有名です。

＊4　他、室町時代の民間の歌謡《かよう》は小歌《こうた》と呼ばれ、小歌を集めた『閑吟集《かんぎんしゅう》』が残されています。庶民《しょみん》を含む芸能としては、風流踊《ふうりゅうおど》り・盆踊《ぼんおど》りなどもあります。

35 戦国大名の登場

応仁《おうにん》の乱《らん》→p.84を契機《けいき》に、室町将軍の権威が低下すると、守護大名《しゅごだいみょう》の多くが没落し、実力で一国を支配する戦国大名《せんごくだいみょう》が登場します。

いよいよ、武田信玄《たけだしんげん》とか上杉謙信《うえすぎけんしん》とかが登場ですね！

鎌倉時代の守護→p.66は、室町時代に多くの権限を得て守護大名→p.80に成長しました。次の**戦国大名**の最大の特徴は、実力で自分の国を支配したことです。たとえば、**守護代**《しゅごだい》[*1]が、主人である守護大名を追い出して１国の支配権を奪《うば》う、というかたちの戦国大名が多く見受けられます。中には、安芸《あき》の国人《こくじん》→p.87出身の毛利元就《もうりもとなり》のように、もっと下の身分から成長した者もいます。

戦国大名は、農民をも足軽《あしがる》→p.85として組織し軍事力を高め、一国の平和を保障して人々から支持されました。また、**分国法**《ぶんこくほう》・家法《かほう》と呼ばれる法律を発布する者も現れます。分国法としては、勝手に争いごとを起こすと、その良い悪いを問わず両方共処罰《しょばつ》する**喧嘩両成**《けんかりょうせい》**敗**《ばい》などが、とくに強い家臣団統制策として有名です。他、土地調査として指出検地《さしだしけんち》を行う者もいました。そして、彼らは支配の根拠地として**城下町**《じょうかまち》[*2]を建設していきました。

このような中で、中世の荘園公領制《しょうえんこうりょうせい》の秩序《ちつじょ》が崩れると、経済発展を背景に、様々な自治的な都市が発達しました。

流通がさかんになったので、港町《みなとまち》が次々に現れ、**博多**《はかた》・**堺**《さかい》[*3]などはきわめて豊かな都市として発達します。宗教的な都市としては、寺院や神社を核《かく》に発展し社寺参詣《さんけい》などで栄えた門前町《もんぜんまち》や、一向宗《いっこうしゅう》→p.86の門徒《もんと》達が集住して道場《どうじょう》を中心に形成された寺内町《じないまち》などが現れます[*4]。都市では、**町衆**《ちょうしゅう》と呼ばれる商人たちが自主的に町を運営しました。

＊1　京都に駐留《ちゅうりゅう》し将軍に仕えていた守護の代理として任国を管理した代官です。

＊2　島津《しまづ》氏の鹿児島《かごしま》、北条《ほうじょう》氏の小田原《おだわら》などの城下町は、今日まで続く都市になっています。

＊3　堺は会合衆《かいごうしゅう》という代表的な商人たちが合議で自主的に運営しました。その様子は、イエズス会→p.100の宣教師たちが記した『耶蘇会士日本通信《やそかいしにほんつうしん》』などにも書かれています。

＊4　一向一揆《いっこういっき》の拠点となった一向宗の教主《きょうしゅ》が住むところも、大きな町として発展します。現在の大阪につながる石山本願寺《いしやまほんがんじ》なども寺内町の大きなものと言えます。

1560年ごろの主な戦国大名

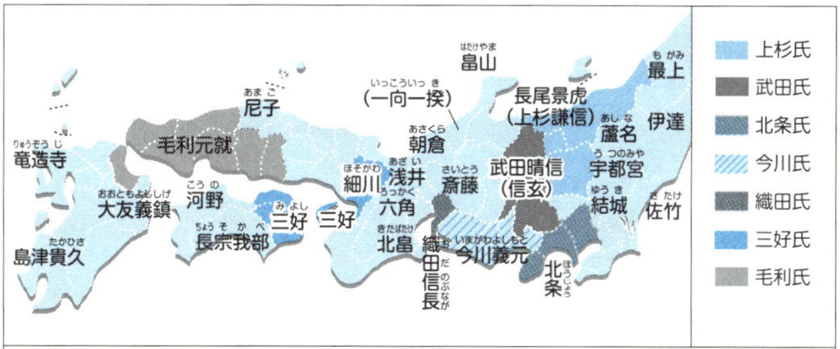
畠山《はたけやま》
最上《もがみ》
(一向一揆《いっこういっき》)
尼子《あまご》
長尾景虎
(上杉謙信)
蘆名《あしな》
伊達
朝倉《あさくら》
竜造寺《りゅうぞうじ》
毛利元就
細川《ほそかわ》
浅井《あざい》
斎藤《さいとう》
武田晴信
(信玄)
宇都宮《うつのみや》
大友義鎮《おおともよししげ》
河野《こうの》
三好《みよし》
三好
六角《ろっかく》
結城《ゆうき》
佐竹《さたけ》
長宗我部《ちょうそかべ》
北畠《きたばたけ》
織田信長《おだのぶなが》
今川義元《いまがわよしもと》
北条《ほうじょう》
島津貴久《たかひさ》
上杉氏
武田氏
北条氏
今川氏
織田氏
三好氏
毛利氏

- 北条早雲《ほうじょうそううん》…伊豆《いず》から関東の広い範囲に支配を及ぼした小田原北条氏の初代。
- 武田晴信《はるのぶ》（信玄）…甲斐《かい》の守護で、鎌倉以来の源氏の名門武田氏の出身。
- 長尾景虎《ながおかげとら》（上杉謙信）…越後《えちご》の守護代から戦国大名になる。
- 毛利元就…安芸の国人出身。名門守護大内《おおうち》氏の実権を握《にぎ》った陶《すえ》氏を破って戦国大名になる。

※他、九州では、鎌倉以来の守護である島津氏、東北では、伊達《だて》氏が強力な戦国大名として現れます。

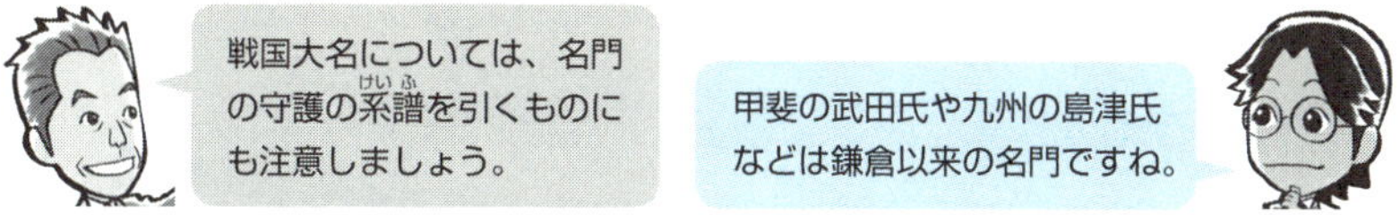
戦国大名については、名門の守護の系譜《けいふ》を引くものにも注意しましょう。
甲斐の武田氏や九州の島津氏などは鎌倉以来の名門ですね。

史料 (部分要約) 分国法

『朝倉孝景条々《あさくらたかかげじょうじょう》』
一、当家の城郭《じょうかく》の他は、領国内に城郭を作ってはいけない。全ての重要な家臣は**一乗谷《いちじょうだに》へ引越**（一乗谷へ引っ越せ）、村には代官《だいかん》だけを置くこと。

『甲州法度之次第《こうしゅうはっとのしだい》』
一、**喧嘩《けんか》の事、是非《ぜひ》に及《およ》ばず成敗を加ふべし**（喧嘩はどちらが良い悪いに関わらず、両方とも処罰する）…

『朝倉孝景条々』は、越前《えちぜん》の戦国大名・朝倉氏の分国法です。重要な家臣団はその城下町・一乗谷に集住しなさい、と自分の根拠地を捨てて城下町に住むことを命令したもので、城下町集住令の代表として有名なものです。

『甲州法度之次第』は武田信玄が定めた分国法です。「両方とも成敗する」とは両者とも死刑ということでしょう。強力な家臣団統制を示すもので、こうして戦国大名は裁判権を確立していったのです。

チャレンジ！ センター試験問題

問　室町時代の戦乱に関して述べた次の文Ⅰ～Ⅲについて、古いものから年代順に正しく配列したものを、下の①～⑥のうちから一つ選べ。

（2010年　本試）

Ⅰ　細川勝元と山名持豊の対立が、大きな戦乱に発展した。

Ⅱ　周防国など６か国の守護を兼任していた大内義弘が、討たれた。

Ⅲ　将軍による守護への弾圧に危機感を抱いた赤松満祐が、将軍を殺害した。

①　Ⅰ―Ⅱ―Ⅲ　　②　Ⅰ―Ⅲ―Ⅱ　　③　Ⅱ―Ⅰ―Ⅲ

④　Ⅱ―Ⅲ―Ⅰ　　⑤　Ⅲ―Ⅰ―Ⅱ　　⑥　Ⅲ―Ⅱ―Ⅰ

古いものから年代順に正しく配列するタイプの問題です。

えーと、Ⅰは細川《ほそかわ》と山名《やまな》だから応仁《おうにん》の乱《らん》！　Ⅱは大内義《おおうちよし》弘《ひろ》だから応永《おうえい》の乱《らん》！　Ⅲは赤松満祐《あかまつみつすけ》だから嘉吉《かきつ》の変《へん》！

おー、よくおぼえてるなー。……それで、順番は？

ううっ……。応仁の乱は８代将軍の足利義政《あしかがよしまさ》→p.84の時ってことと、応永の乱と嘉吉の変がそれより前ってことはおぼえてるんだけど……。

でもそれなら、Ⅰが最後の、④か⑥の二択だよな。応永の乱は足利義満《よしみつ》の時、嘉吉の変は足利義教《よしのり》の時って言えば、もうわかるかな。

３代将軍の義満→p.80と、６代将軍の義教→p.84、謀殺《ぼうさつ》された将軍ね。Ⅱ―Ⅲだから、答えは④ですね！

その通りです。センター試験の年代配列問題は、大きな時代の違いがわかれば解ける問題が多いので、身構えずに解いてみましょう。

答　④

第三章 近世

日本史4コマ劇場

太平編

近世！まず初めは！
信長《のぶなが》・秀吉《ひでよし》・家康《いえやす》三人の英雄がついに登場！
……でもそれが終わって江戸《えど》時代になると、なんか急にテンション下がるよね……。
……えーと、江戸時代の文化だと、歌舞伎《かぶき》とか浮世絵《うきよえ》とか、結構いろいろ今でも有名なのが多くて面白いわね！
江戸時代の江戸って世界一の人口だった時期もあるって聞いたことあるけど、すごいことなんじゃねえの？
二百年以上平和な時代が続いたって肯定的な評価も多いからな。
でも平和な時代かもしれないけども格好良い武将とかいなくてつまんないなー、って……。
……その発言はさすがにどうかと思うぞ……。

この章で扱う主な出来事

時代	年	出来事
室町 / 戦国	1543	種子島《たねがしま》に鉄砲《てっぽう》が伝わる
	1549	ザビエルがキリスト教を伝える
	1573	織田信長《おだのぶなが》、室町幕府《むろまちばくふ》を滅ぼす
安土桃山	1582	本能寺《ほんのうじ》の変《へん》で信長が倒れる
	1590	豊臣秀吉《とよとみひでよし》が全国を統一する
	1592	豊臣秀吉の朝鮮侵略（文禄《ぶんろく》の役《えき》）
	1600	関ヶ原《せきがはら》の戦《たたか》いが起こる
江戸	1603	徳川家康《とくがわいえやす》、征夷大将軍《せいいたいしょうぐん》に就任する
	1609	薩摩藩《さつまはん》、琉球王国《りゅうきゅうおうこく》を征服する
	1612	幕府直轄地《ちょっかつち》に禁教令《きんきょうれい》が出される
	1615	大坂夏《おおさかなつ》の陣《じん》、豊臣家が滅びる 武家諸法度《ぶけしょはっと》・禁中並《きんちゅうならびに》公家諸法度《くげしょはっと》制定
	1635	日本人の海外渡航を禁止する 参勤交代《さんきんこうたい》を定める
	1637	島原《しまばら》の乱《らん》が起こる
	1639	ポルトガル船の来航が禁止される
	1641	オランダ商館を出島《でじま》に移す
	1669	シャクシャインの戦《たたか》いが起こる
	1709	新井白石《あらいはくせき》の政治（～16）
	1716	徳川吉宗《よしむね》の享保《きょうほう》の改革《かいかく》（～45）
	1732	享保《きょうほう》の飢饉《ききん》が起こる
	1767	田沼意次《たぬまおきつぐ》の政治（～86）
	1782	天明《てんめい》の飢饉《ききん》が起こる（～87）
	1787	松平定信《まつだいらさだのぶ》の寛政《かんせい》の改革《かいかく》（～93）
	1792	ラックスマンが根室《ねむろ》に来航する
	1808	フェートン号事件《ごうじけん》が起こる
	1825	異国船打払令《いこくせんうちはらいれい》が出される
	1832	天保《てんぽう》の飢饉《ききん》が起こる（～38）
	1837	大塩平八郎《おおしおへいはちろう》の乱《らん》が起こる
	1841	水野忠邦《みずのただくに》の天保《てんぽう》の改革《かいかく》（～43）

織田信長・豊臣秀吉・徳川家康という強力な支配者が現れ、戦国時代が終わって統一政権が誕生します。長い、徳川幕府による支配の始まりです。幕藩《ばくはん》体制《たいせい》と呼ばれる江戸時代は大名知行制《だいみょうちぎょうせい》を骨格とする分権国家ですが、将軍家・幕府支配の体制は強固なものでした。それが崩《くず》れていくのが19世紀以降です。

江戸時代って、本当にあんまり大きな戦いが起こってなかったんだなー。

一揆《いっき》とかはあるけども、他の時代に比べると確かにそうよね。

36 南蛮貿易とキリスト教

16世紀半ば、東アジアにヨーロッパ人が本格的に進出してきます。いわゆる大航海時代です。

ポルトガル・スペインなどが、新航路を開拓《かいたく》し交易を拡大した時代ですね。

大航海時代、日本に最初に来たのは**ポルトガル**人でした。1543年、種子島《たねがしま》に漂着《ひょうちゃく》した船に乗っていたポルトガル人から、種子島時《たねがしまとき》堯《たか》が**鉄砲**《てっぽう》を2丁《ちょう》買いました。鉄砲は間もなく、紀伊《きい》国の根来《ねごろ》などで国産化され、やがて戦国大名→p.94の間の戦争にも大きな影響を与えるようになります。

ポルトガルにやや遅れて**スペイン**（イスパニア）も貿易と布教のためにやってきます。日本では彼らを**南蛮人**《なんばん》と呼び、その貿易を**南**《なん》**蛮貿易**《ばんぼうえき》と呼びます。

貿易は**平戸**《ひらど》や長崎、豊後府内《ぶんごふない》などで行われ、ポルトガル船は日本が一番欲しがった生糸《きいと》を中国から大量にもたらします。一方で、日本では金銀鉱山の開発が進んだ時代だったので、銀が大量に輸出されました。

南蛮人の日本来航の目的は、貿易と、そしてカトリック（旧教）[*1]のイエズス会宣教師《せんきょうし》による布教でした。宣教師**フランシスコ=ザビエル**が鹿児島《かごしま》に上陸したのは1549年です。そして布教と貿易が一体化して進められました。

キリスト教の布教では、セミナリオやコレジオのような教育施設が作られたり、宣教師ヴァリニャーニが、**天正遣欧使節**《てんしょうけんおうしせつ》[*2]と呼ばれる少年4人を連れて、ローマ教皇に会いにヨーロッパまで行くという、大規模な使節団の派遣《はけん》も行われたりしました。

そして様々な新しい文物が南蛮人たちによってもたらされます。この文化を**南蛮文化**と呼ぶようになります。

＊1　キリスト教の宗教改革で、誕生した新教（プロテスタント）に対して、従来のローマ・カトリック教会を中心とするキリスト教をカトリック（旧教）と呼びます。

＊2　この天正遣欧使節で少年たちを送ったのは、大友義鎮《おおともよししげ》（宗麟《そうりん》）・大村純忠《おおむらすみただ》・有馬晴信《ありまはるのぶ》などの九州の大名でした。彼らのような、キリスト教に入信した大名のことを**キリシタン大名**《だいみょう》と呼びます。

勘合《かんごう》貿易や琉球《りゅうきゅう》の貿易→p.82はどうなったのですか？

勘合貿易は大内《おおうち》氏が滅《ほろ》んで断絶し、琉球王国の中継《なかつぎ》貿易は大型のポルトガル船の登場によって衰退《すいたい》してしまいます。

16世紀末の世界

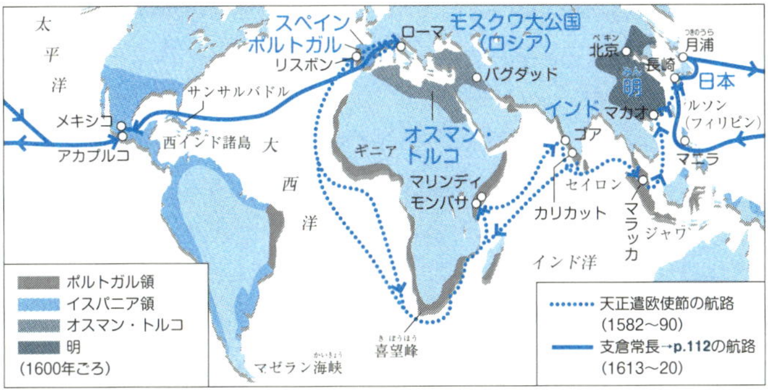

ポルトガルは、ゴア→マラッカ→マカオと拠点を築きます。マカオには1557年、明より居住を許されていました。

南蛮屏風（神戸市立博物館蔵、部分）

キリシタン版

NIFON NO
COTOBA TO
Historia uo narai xiran to
FOSSVRV FITO NO TAME-
NI XEVA NI YAVA RAGVETA-
RV FEIQE NO MONOGATARI.

IESVS NO COMPANHIA NO

M.D.L.XXXXII.

◀『天草版平家物語』（大英図書館蔵）

南蛮文化では、その風俗を派手に描いた華麗な南蛮屏風《びょうぶ》が有名です。また、ヴァリニャーニが天正遣欧使節を伴《ともな》い再来日した1590年、活字印刷機《かつじいんさつき》をもたらします。これが西洋の活字印刷機を使ったキリシタン版《ばん》（天草版《あまくさばん》）の発行につながります。

37 織田信長の統一事業

いよいよ「織豊政権《しょくほうせいけん》」。天下人が現れて戦国時代が終わり、天下統一が進みます。

いよいよ、織田信長《おだのぶなが》ですね！小学校のころから好きだったのよね〜！

尾張《おわり》の戦国大名、**織田信長**は1560年、駿河《するが》・遠江《とおとうみ》・三河《みかわ》を支配していた今川義元《いまがわよしもと》の侵攻を**桶狭間《おけはざま》の戦《たたか》い**で破ります。そして三河の徳川家康《とくがわいえやす》→p.108と同盟を結び、1567年には美濃《みの》の斎藤《さいとう》氏を討ち、岐阜《ぎふ》に城を構えます。そして「天下布武《てんかふぶ》」の印文《いんぶん》を使い、天下統一の意志を示します。

信長は、将軍になりたいと頼ってきた**足利義昭《あしかがよしあき》**を1568年、京に入れ、15代将軍に就任させます。1570年には姉川《あねがわ》の戦《たたか》いで浅井《あざい》・朝倉《あさくら》連合軍を破り、一向宗《いっこうしゅう》→p.86の石山本願寺《いしやまほんがんじ》との戦いが始まります（**石山戦争《いしやませんそう》**）[*1]。翌1571年には抵抗する延暦寺《えんりゃくじ》を焼打《やきう》ちします。

その後、信長に対する包囲網《ほういもう》が築かれ、窮地《きゅうち》に陥《おちい》りますが、1573年に武田信玄《たけだしんげん》→p.95が没すると当面の危機を脱します。そして同年、反信長勢力を育てようとしていた将軍義昭を京から追放し、室町幕府《むろまちばくふ》は滅亡します。

1574年に長島《ながしま》の一向一揆《いっこういっき》を討滅《とうめつ》した後、翌1575年には**長篠合戦《ながしののかっせん》**で、信玄の後を継いだ武田勝頼《かつより》を鉄砲《てっぽう》隊の導入などで撃破します[*2]。

1576年、信長は**安土城《あづちじょう》**の築城に取りかかります。1580年にはようやく石山戦争が終結します。その後も中国攻めなど、全国統一に向けての戦いが進みますが、1582年、部下の明智光秀《あけちみつひで》の謀反《むほん》にあい、信長は京都で死んでしまいます。（**本能寺《ほんのうじ》の変《へん》**）

信長は天下統一の途上にあったので、本格的な政策を展開したわけではありません。しかし**楽市《らくいち》・楽座《らくざ》**という自由な商業・市場を保障するなど、商業流通を重視した政策を行いました[*3]。そして、中世を代表する権力である仏教に厳しい弾圧を加え、一方で、ルイス=フロイスなどキリスト教宣教師の布教は容認しました。

＊1　石山本願寺は現在の大阪にありました。本願寺の11世顕如《けんにょ》の指揮する石山戦争は11年に及びますが、1580年、ついに石山本願寺を明け渡して信長に屈服します。

＊2　この様子は『長篠合戦《ながしののかっせん》図《ず》屏風《びょうぶ》』に描かれています。

＊3　他に、関所《せきしょ》の撤廃《てっぱい》や、自治を誇っていた堺《さかい》→p.94の直轄《ちょっかつ》化などを行いました。

石山合戦は1570年から1580年までかかったんですね。

そのちょうど真ん中の、1575年が長篠合戦です。鉄砲の伝来、1543年とペアでおぼえておきましょう。約30年で、鉄砲を大量に使用した合戦が起こっているんです。

信長の全国統一

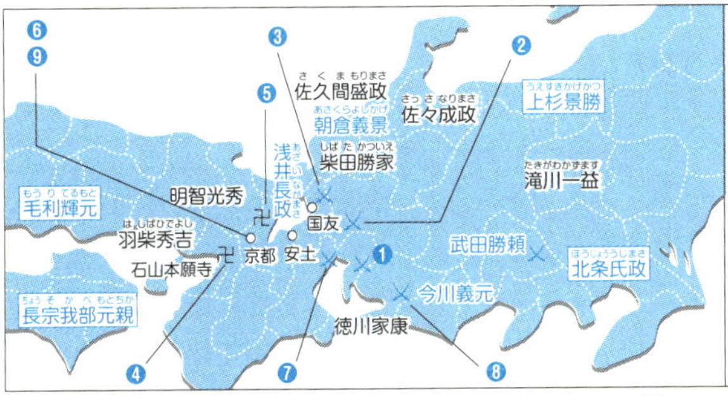

❻
❾
❸
❷
❺
佐久間盛政《さくまもりまさ》
佐々成政《さっさなりまさ》
上杉景勝《うえすぎかげかつ》
朝倉義景《あさくらよしかげ》
浅井長政《あざいながまさ》
柴田勝家《しばたかついえ》
滝川一益《たきがわかずます》
毛利輝元《もうりてるもと》
明智光秀
羽柴秀吉《はしばひでよし》
国友
京都
安土
❶
武田勝頼
北条氏政《ほうじょううじまさ》
石山本願寺
今川義元
長宗我部元親《ちょうそかべもとちか》
徳川家康
❹
❼
❽

❶〜❾—年代順を示す

黒字—親信長・信長配下の大名

青字—信長に滅《ほろ》ぼされた大名

青字・青枠—反信長の大名

1560	桶狭間の戦い❶
1567	美濃の斎藤氏を討つ❷
1568	足利義昭を将軍に擁立
1570	姉川の戦い❸、石山戦争(〜80)❹
1571	延暦寺焼打ち❺
1573	武田信玄没、室町幕府滅亡❻
1574	長島一向一揆討滅❼
1575	長篠合戦❽
1576	安土城築城開始
1577	安土山下町に楽市令
1580	石山戦争終結
1582	本能寺の変❾

安土城は近江《おうみ》（現在の滋賀県）の琵琶湖畔に1576年（長篠合戦の翌年）から築かれました。巨大な天守《てんしゅ》を中心とする城郭《じょうかく》で、近世の城の先駆《さきが》けとなりましたが、本能寺の変の後、焼失しました。

史料（部分要約）**楽市令**…織田信長が出した楽市令です。

> **安土山下町中《さんげちょう》**への定め
>
> 一、この地に、**楽市**を命じ、**諸座《しょざ》**などの様々な特権は全て免除《めんじょ》する。
>
> 一、**上海道《かみかいどう》**（後の中山道《なかせんどう》にあたる道）を通る商人たちは、必ずこの安土城下に一泊していくこと。
>
> 天正五（1577）年六月　日

信長は、1577年には安土城城下の山下町に楽市令を出します。ただし楽市令は、信長以前にすでに戦国大名なども出していました。

38 豊臣秀吉の全国統一

信長《のぶなが》が本能寺《ほんのうじ》の変《へん》で倒れた後、いち早く明智光秀《あけちみつひで》を破り、京都に戻ったのが豊臣秀吉《とよとみひでよし》です。

ここから秀吉の統一事業が始まるわけですね！

豊臣（羽柴《はしば》）**秀吉**は、反逆者の明智光秀との戦い（山崎《やまざき》の戦《たたか》い）に勝利し、信長没後の主導権を握《にぎ》りました。織田家の重臣である柴《しば》田勝家《たかついえ》など反対派との戦い（賤ヶ岳《しずがたけ》の戦い）も秀吉の勝利に終わり、信長の孫を後継者として擁立《ようりつ》しつつ、実際には自らが天下統一の主導権を握っていきます。

秀吉は**大坂城**《おおさかじょう》の築城で拠点を充実させ、1584年の徳川家康《とくがわいえやす》→p.108との争い（小牧《こまき》・長久手《ながくて》の戦《たたか》い[*1]）を乗り越えます。1585年には関白《かんぱく》となり、四国平定後は九州に**惣無事令**《そうぶじれい》[*2]を出し、即時停戦と土地の支配権を秀吉に委《ゆだ》ねることを要求しました。1586年には太政《だいじょう》大臣《だいじん》となり、豊臣姓を天皇から賜《たまわ》ります。そして1587年、本格的に九州平定に乗り出し、島津氏《しまづし》→p.95を屈服させます[*3]。

また、関東から奥州《おうしゅう》にかけて再び惣無事令を発し、1588年には京都の御所《ごしょ》近くに聚楽第《じゅらくてい》を建設、後陽成《ごようぜい》天皇の行幸《ぎょうこう》をあおぎます。そして、1590年、小田原北条氏《おだわらほうじょうし》→p.95も屈服し、奥州の伊達政宗《だてまさむね》も服属し、奥州平定がなりました。この1590年をもって、天下統一が達成されたということになるわけです。

1592年、秀吉は15万人余りの軍をもって朝鮮侵略《ちょうせんしんりゃく》に乗り出します（**文禄**《ぶんろく》**の役**《えき》）。朝鮮・明《みん》→p.82の侵略を企てた秀吉の命令で海を渡った軍隊は、初めは連戦連勝でしたが、やがて戦線が行き詰まり[*4]、休戦協定が結ばれ講和交渉がもたれます。ところが、秀吉の意志と現場の妥協が上手く合致せず、秀吉は再び朝鮮への出兵を命じます（**慶長**《けいちょう》**の役**）。それに対して、朝鮮の抵抗にあい、膠着《こうちゃく》状態の中で秀吉は死んでしまいました。朝鮮ではこの日本軍との戦いを壬辰《じんしん》・丁《てい》酉《ゆう》の倭乱《わらん》と呼びます。[*5]

＊1　信長の同盟者の徳川家康が信長の次男・織田信雄《のぶかつ》と結び、秀吉に抵抗した戦いです。決定的な戦闘は行われず、家康は豊臣秀吉に協力する姿勢をとることになりました。

＊2　惣無事令は、戦闘停止を名目上の目的としたので、豊臣平和令と呼ぶこともあります。

関白になったり、後陽成天皇を聚楽第に招いたり、秀吉は天皇や朝廷《ちょうてい》の権威を借りて全国統一を進めたのですね。

そうです。天皇の権威というものを背景に、諸大名たちを自らに服従させるという形を整えていったわけです。その意味で、「惣無事令」の果たした役割が注目されているのです。

秀吉の全国統一

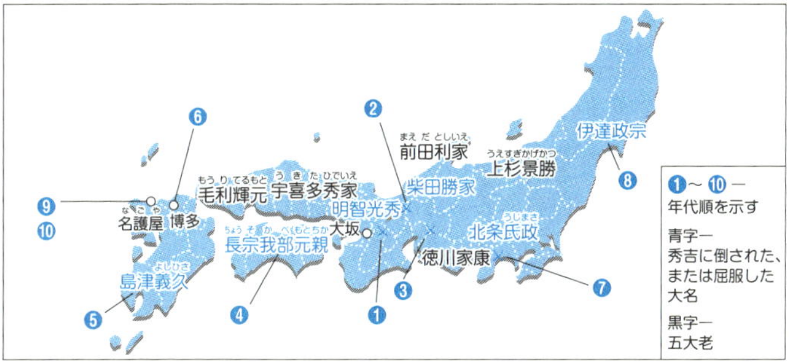
毛利輝元《もうりてるもと》
宇喜多秀家《うきたひでいえ》
前田利家《まえだとしいえ》
上杉景勝《うえすぎかげかつ》
伊達政宗
柴田勝家
明智光秀
大坂
名護屋《なごや》
博多
長宗我部元親《ちょうそかべもとちか》
北条氏政《うじまさ》
徳川家康
島津義久《よしひさ》
❶
❷
❸
❹
❺
❻
❼
❽
❾
❿
❶～❿ー
年代順を示す
青字ー
秀吉に倒された、または屈服した大名
黒字ー
五大老

1582	山崎の戦い❶、太閤検地→p.106
1583	賤ヶ岳の戦い❷ 大坂城築城開始
1584	小牧・長久手の戦い❸
1585	関白就任、四国平定❹ 惣無事令を九州に
1586	太政大臣就任、豊臣姓を賜る
1587	九州平定❺ バテレン追放令❻ 関東・奥州に惣無事令
1588	聚楽第に後陽成天皇行幸 刀狩令→p.106、海賊取締令
1590	小田原攻め❼、奥州平定❽
1592	文禄の役（～93）❾
1597	慶長の役（～98）❿

秀吉は全国平定がほぼ軌道《きどう》に乗ったころから、朝鮮侵略を企てていたとされます。1587年のバテレン追放令《ついほうれい》は、貿易を奨励《しょうれい》したので、キリスト教国の厳しい排斥《はいせき》にはなりませんでしたが、翌1588年の海賊取締令《かいぞくとりしまりれい》で倭寇《わこう》→p.82を鎮圧《ちんあつ》するなど、秀吉は海に対する支配権を確保します。そして近隣諸国に服属を求めますが、応じる国があるはずもなく、朝鮮侵略に乗り出します。

＊3　その帰途、博多《はかた》で、バテレン追放令《ついほうれい》を出して、宣教師の国外追放を行います。

＊4　とくに朝鮮側の海軍の将であった李舜臣《りしゅんしん》の活躍などで戦線が膠着しました。

＊5　文禄・慶長の役の結果、多くの朝鮮人陶工《とうこう》たちが日本に連れて来られ、日本の各地で優れた陶芸が始まります。同時に朝鮮の木活字が戦利品としてもたらされ秀吉から後陽成天皇に献上されました。その結果、慶長勅版《けいちょうちょくはん》と呼ばれる、朝鮮系統の活字印刷が実現しました。

39 豊臣秀吉の内政と桃山文化

豊臣秀吉《とよとみひでよし》というと、あとは
太閤検地《たいこうけんち》と刀狩ですね。

それと、この時期の文化、
桃山《ももやま》文化です。

山崎《やまざき》の戦《たたか》い→p.104の後、秀吉はさっそくその年、1582年に、山城《やましろ》国から検地を開始します。この**太閤検地**[*1]は、1つの土地に1人の耕作者を決める、一地一作人《いっちいっさくにん》の原則で行われました。村単位に**検地《けんち》帳《ちょう》**を作り、その土地の価値を米の量で表示する**石高制《こくだかせい》**をとることで、抜本《ばっぽん》的な土地税制の改革が実現しました。また、このことで荘園公領制→p.56が解消され、近世社会が準備されるわけです。

他に、秀吉は、**刀狩《かたながり》**で農民から刀などの武器を没収します。武士は城下町《じょうかまち》に住み、農村に残った農民は武器を持たないという、**兵農《へいのう》分離《ぶんり》**を進めたのです。これには一揆を防止する意味もありました。そして、身分統制令《みぶんとうせいれい》で、身分ごとに役割が違う近世の社会構造を確立するきっかけを作りました。

ただし、秀吉の政権は、組織と呼べるほどのものは成長していません。圧倒的な財政基盤[*2]を背景に、秀吉の個人的な能力によって維持されていた面が強かったと言われます[*3]。

次に、この時期の文化、**桃山文化**を見ておきましょう。桃山文化は、まさに統一的な権力者の権力と財力を示す、豪華《ごうか》で派手な文化です。

そして、中世から近世に移行する重要な指標である「世俗《せぞく》的な面」、つまり、宗教性がきわめて薄いことも特徴です。経済的には、金銀鉱山がさかんに開発された金銀の時代を背景としています。

また、キリスト教宣教師《せんきょうし》の伝来や南蛮貿易《なんばんぼうえき》→p.100の隆盛《りゅうせい》で流入した多様な外来文化もこの中に溶け込んでいました。

＊1　秀吉の行った検地は、先の関白《かんぱく》などを太閤と呼ぶのにちなみ、太閤検地と呼ばれます。

＊2　豊臣政権の財政基盤は、約200万石の直轄領《ちょっかつりょう》（蔵入地《くらいりち》）や、直轄した主要な金山・銀山からの収入です。また、秀吉は**天正大判《てんしょうおおばん》**という大型の金貨を鋳造《ちゅうぞう》させました。

＊3　秀吉は政権の最後の段階で、徳川家康《とくがわいえやす》→p.108・毛利輝元《もうりてるもと》など重要な5大名を五大老《ごたいろう》として政権メンバーに指定します。浅野長政《あさのながまさ》・石田三成《いしだみつなり》ら五奉行《ごぶぎょう》という秀吉の腹心の部下もいました。また秀吉は自らに協力する豪商《ごうしょう》たちも支配下に組み込みました。

史料（部分要約）**太閤検地**…天下統一がなった1590年、東北地方の検地を命じたものです。

> 一、…この検地に反対する者があれば、…**一人も残し置かず、なでぎり二申し付くべく候《そうろう》**（一人も残さず撫《なで》斬《き》りにせよ）。百姓《ひゃくしょう》以下で反対する者についても、1村でも2村でも全部手当たり次第に斬り殺してしまえ。…**出《で》羽《わ》・奥州迄《おうしゅうまで》**（出羽や奥州まで）検地を粗略《そりゃく》に行ってはいけない。…

この史料の宛先《あてさき》は、五奉行の1人、浅野長政です。厳しい姿勢で、東北地方でも徹底した検地を命じています。

史料（部分要約）**刀狩令**

> 一、**諸国百姓、刀・脇指《わきざし》・弓・やり・てつはう、其外《そのほか》武具**（諸国の百姓は、刀や脇差・弓・やり・鉄砲その他の武器）のようなものは、**堅《かた》く御停止《ごちょうじ》候**（一切持ってはならない。）…
> 一、取り上げた刀などは…**今度《このたび》大仏御建立《こんりゅう》の釘《くぎ》、かすかひ**（当時建造中だった、京都の方広寺《ほうこうじ》の大仏などのための資材）に転用する。…
> 一、**百姓は農具さへもち**（百姓は農具だけを持ち）、農業に専念すれば、平和に長生きできる。…
> 天正《てんしょう》十六（1588）年七月八日

桃山文化の主な文化財

建築
姫路城《ひめじじょう》（白鷺城《しらさぎじょう》）
妙喜庵待庵《みょうきあんたいあん》　※千利休《せんのりきゅう》の茶室

絵画
『唐獅子図屏風《からじしずびょうぶ》』（狩野永徳《かのうえいとく》）
『松鷹図《しょうようず》』（狩野山楽《さんらく》）
『松林図屏風《しょうりんずびょうぶ》』（長谷川等伯《はせがわとうはく》）

唐獅子図屏風（狩野永徳）

（宮内庁蔵、部分）

建築では、巨大な寺院が多かったこれまでに対し、安土城《あづちじょう》→p.102や大坂城《おおさかじょう》→p.104が象徴する、天守閣《てんしゅかく》が伴《ともな》う巨大な城郭建築《じょうかくけんちく》が登場します。

絵画では、それら巨大建築の障子《しょうじ》や襖《ふすま》・壁を飾《かざ》る**障壁画《しょうへきが》**が発達します。金や銀をふんだんに使った**濃絵《だみえ》**と、水墨画《すいぼくが》→p.92の２つが障壁画の画法です。その中で、狩野派《かのうは》の**狩野永徳**が頂点をきわめます。

茶道→p.92は、**千利休**によって完成します。

芸能では、出雲阿国《いずものおくに》が現れ、歌舞伎《かぶき》→p.122の源流となる阿国歌舞伎《おくにかぶき》が流行します。また、三味線《しゃみせん》を伴奏《ばんそう》として物語を語る浄瑠璃節《ぶし》が成立します。隆達節《りゅうたつぶし》などの歌謡《かよう》も流行しました。

40 江戸幕府の成立

豊臣秀吉《とよとみひでよし》の死後、五大老《ごたいろう》→p.106筆頭で実力NO.1の徳川家康《とくがわいえやす》が支配を強めていきます。

そして江戸《えど》時代が始まるのですね。

1600年、**徳川家康**が天下分け目の**関ヶ原《せきがはら》の戦《たたか》い**[*1]に勝つと、豊臣家に対する家康の優位が確立します。家康は1603年に征夷大将軍《せいいたいしょうぐん》に就任し、ここに**江戸幕府《えどばくふ》**が成立しました。

家康は徳川氏の支配の継続を示すため、2年後の1605年には早くも息子の**徳川秀忠《ひでただ》**に征夷大将軍の地位を譲《ゆず》り、全国政治は駿府《すんぷ》で家康が大御所《おおごしょ》として支配し続けました。そして1614～15年の**大坂《おおさか》冬の陣《じん》・夏の陣**で、豊臣秀頼《ひでより》の大坂方を滅亡《めつぼう》させます。

1615年、大坂夏の陣の後、大名たちが守るべき規則として、金地院崇伝《こんちいんすうでん》が作成した**武家諸法度《ぶけしょはっと》**が将軍秀忠の名で発せられます。[*2] そして、3代将軍**徳川家光《いえみつ》**が没する1651年ごろまでに、幕府の支配体制はほぼ整います。[*3]

大名《だいみょう》は、1万石以上の知行地《ちぎょうち》を与えられ、徳川一門《いちもん》の**親藩《しんぱん》**（そのトップが**御三家《ごさんけ》**）、長く家康に仕える**譜代《ふだい》大名**、関ヶ原の戦い前後に徳川氏の支配に服した**外様《とざま》大名**、の3つに区分されます。[*4・5]

大名への統制では、家光の時に**参勤交代《さんきんこうたい》**が義務付けられ、大名は自分の支配地の国元《くにもと》と江戸を1年単位で往復することになりました。

また、大名は御恩《ごおん》に対する奉公《ほうこう》として、軍役《ぐんやく》に従い、普請役《ふしんやく》などの土木工事を課されました。

大名が武家諸法度に違反した場合や後継者がいない場合、幕府はその領地を没収したり（改易《かいえき》）、あるいは所領を削ったり（減封《げんぽう》）、変更したり（転封《てんぽう》）するなど、厳しい処分で大名を統制しました。いわゆる武断政治《ぶだんせいじ》です。

天皇・公家には**禁中並公家諸法度《きんちゅうならびにくげしょはっと》**を発し、天皇は学問・文芸に励《はげ》むことを強制し、政治に関与させないようにしました。

＊1　家康を中心とする東軍《とうぐん》と、五奉行《ごぶぎょう》→p.104の1人で豊臣政権を守ろうとする石田三成《いしだみつなり》を中心として毛利輝元《もうりてるもと》を盟主にする西軍《せいぐん》の戦いです。激戦の末、東軍の勝利で終わりました。

＊2　同じく1615年、幕府は一国一城令《いっこくいちじょうれい》を出し、大名の居城は1つに限定しました。

江戸幕府の機構

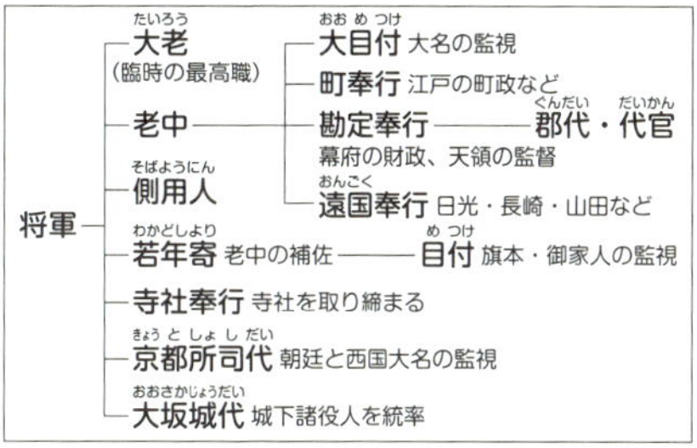
将軍
大老《たいろう》
（臨時の最高職）
老中
側用人《そばようにん》
若年寄《わかどしより》 老中の補佐
寺社奉行 寺社を取り締まる
京都所司代《きょうとしょしだい》 朝廷と西国大名の監視
大坂城代《おおさかじょうだい》 城下諸役人を統率
大目付《おおめつけ》 大名の監視
町奉行 江戸の町政など
勘定奉行
幕府の財政、天領の監督
郡代《ぐんだい》・代官《だいかん》
遠国《おんごく》奉行 日光・長崎・山田など
目付《めつけ》 旗本・御家人の監視

　幕府の中では、三奉行《さんぶぎょう》（寺社《じしゃ》奉行・町《まち》奉行・勘定《かんじょう》奉行）が政権の中枢《ちゅうすう》を担う重職でした。重要な政務では、評定所《ひょうじょうしょ》の会議が開かれ、老中《ろうじゅう》・三奉行などが集まり処理しました。

徳川氏の略系図

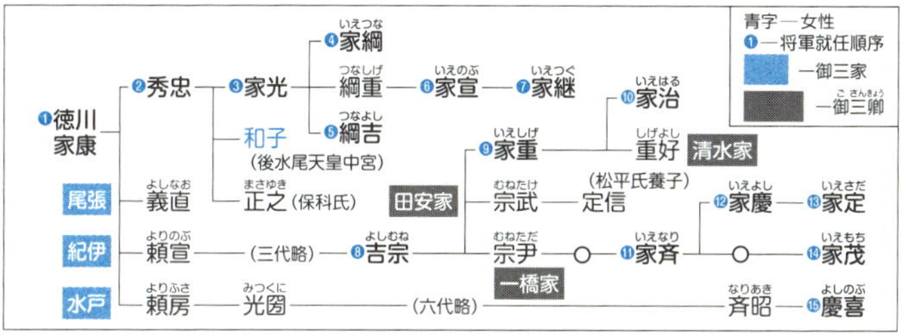
青字 ― 女性
❶ ― 将軍就任順序
― 御三家
― 御三卿《ごさんきょう》
❶徳川家康
❷秀忠
❸家光
❹家綱《いえつな》
綱重《つなしげ》
❺綱吉《つなよし》
❻家宣《いえのぶ》
❼家継《いえつぐ》
和子
（後水尾天皇中宮）
正之《まさゆき》（保科氏）
尾張
義直《よしなお》
紀伊
頼宣《よりのぶ》
（三代略）
❽吉宗《よしむね》
水戸
頼房《よりふさ》
光圀《みつくに》
（六代略）
田安家
❾家重《いえしげ》
宗武《むねたけ》
（松平氏養子）
定信
宗尹《むねただ》
一橋家
❿家治《いえはる》
重好《しげよし》
清水家
⓫家斉《いえなり》
⓬家慶《いえよし》
⓭家定《いえさだ》
⓮家茂《いえもち》
斉昭《なりあき》
⓯慶喜《よしのぶ》

史料（部分要約） 武家諸法度（元和令《げんな》）…1615年の最初の武家諸法度です。

> 一、文武弓馬《ぶんぶきゅうば》の道、専《もっぱ》ら相嗜《あいたしな》むべき事（文武弓馬の道に専念せよ）。…

　制定時の将軍は秀忠ですが、実際には家康が作らせたものです。第一条では大名に武道に励むことが説かれています。

史料（部分要約） 禁中並公家諸法度…1615年に出された、朝廷に対する統制令です。

> 一、天子諸芸能《てんししょげいのう》の事《こと》、第一御学問也《おんがくもんなり》（天皇の責務は芸能のうち、まず第一に学問である）。…

　これは、裏返して言えば、天皇は政治には介入しないように、学問にだけ専念していなさい、ということです。

＊3　幕府の直轄《ちょっかつ》領は天領《てんりょう》（幕領《ばくりょう》）と呼ばれ、約400万石あり、郡代・代官が統治しました。また、主要鉱山も直轄《ちょっかつ》しました。

＊4　将軍直属の武力は**旗本《はたもと》**と**御家人《ごけにん》**です。両者とも１万石未満の知行地《ちぎょうち》を与えられました。旗本は将軍に直接謁見《えっけん》できますが、御家人は謁見できませんでした。

＊5　藩はほぼ幕府と同じ組織でした。藩の知行地は、当初は家臣団に分配される場合もありましたが、やがて多くの藩で家臣団が一定の給料を与えられる俸禄制《ほうろくせい》になりました。

41 幕藩体制の確立

江戸幕府の農民・商人達への統制についても見ておきましょう。

えーと、確か豊臣秀吉《とよとみひでよし》の刀狩《かたながり》→p.106で、武士と農民が分けられたのでしたよね。

近世の社会は、士農工商《しのうこうしょう》という身分制にもとづいた社会で、その下にえた・非人《ひにん》という、いわれなき差別を強いられた人々がいました。

宗教統制では、キリスト教の禁止→p.112を徹底するために仏教が利用されました。寺院は幕府により本末制度《ほんまつせいど》[*1]で組織化され、一般の人々は特定のお寺を決めて、そのお寺からキリスト教徒ではないと証明してもらいました。これを**寺請制度《てらうけせいど》**[*2]と言います。

農民統制では、村が単位になりました。村方三役《むらかたさんやく》と言われる**名《な》主《ぬし》**[*3]・**組頭《くみがしら》**・**百姓代《ひゃくしょうだい》**が村役人《むらやくにん》となり、検地帳に載った田畑を持つ**本《ほん》百姓《びゃくしょう》**とともに村を自治的に運営しました。百姓は全て本百姓ではなく、田畑を持たない**水呑百姓《みずのみびゃくしょう》**や、有力な農民の下に隷属《れいぞく》する名子《なご》・被官《ひかん》もおり、彼らは村政に参加できませんでした。年貢《ねんぐ》などは村を単位に納入する**村請制《むらうけせい》**がとられ、検見法《けみほう》や定免法《じょうめんほう》[*4]によって、厳しく年貢を取り立てられたわけです。

農民には５軒の家が１組となって共同責任を負う**五人組《ごにんぐみ》**の制度もありました。彼らは共同で作業をして助け合う結《ゆい》・もやいを結び、自治に協力しない者は村八分《むらはちぶ》と言って村から排除されました。

江戸、大坂などの都市もまた、町年寄《ちょうどしより》などを中心に、町人たちが自治的に運営していました。ただし、本百姓と同じで、土地や家屋を所有する家持《いえもち》（家主《いえぬし》）の町人たちが町の自治を担《にな》っていました。土地または店を借りていた地借《じがり》・店借《たながり》などは、町政に参加することができませんでした。

＊1　宗派ごとに本山《ほんざん》と末寺《まつじ》の関係を決めていったものです。

＊2　人々は特定の寺院の檀徒《だんと》（檀家《だんか》・檀那《だんな》）と呼ばれ、一生をお寺により管理されました。また幕府は禁教のために宗門改《しゅうもんあらため》を行い、宗門改帳《しゅうもんあらためちょう》の作成を寺院に義務付けました。

＊3　関西では庄屋《しょうや》とも呼ばれる村の代表者で、年貢の徴収《ちょうしゅう》などを義務付けられていました。

＊4　検見法は毎年、その年の収穫状況を見て年貢量を決定する方法で、定免法は、一定の年限の間は年貢量を固定するものです。

厳しい年貢の取り立てって、どれぐらいだったんですか？

当初は四公六民《しこうろくみん》といい、収穫の40%を納めていました。また、自由な農業は許されず、作ることができる農作物も制限されて、生活のさまざまな面で厳しい質素倹約が命じられました。

江戸時代の身分別人口

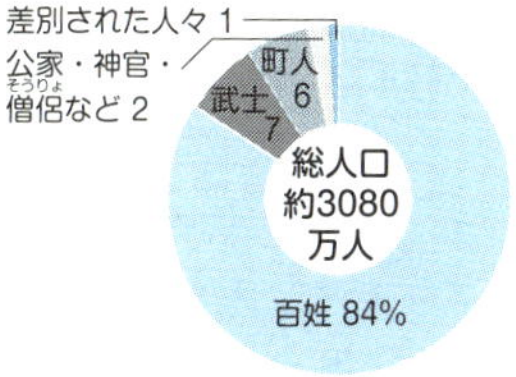
差別された人々 1
公家・神官・僧侶《そうりょ》など 2
町人 6
武士 7
総人口約3080万人
百姓 84%

（関山直太郎『近世日本の人口構造』より）

農民以外に、工（職人）・商（商人）、商人の下で働く奉公人《ほうこうにん》たちもたくさん存在しました。支配層は武士階級で、彼らは苗《みょう》字《じ》・帯刀《たいとう》を許されて、世襲《せしゅう》的に支配者の地位を継承しました。

江戸時代の税

税の中心は、本途物成《ほんとものなり》（本年《ほんねん》貢《ぐ》）です。商人も冥加《みょうが》・運上《うんじょう》などの税を納めましたが、農民に比べると税負担が軽かったことが特徴です。

- 本途物成（本年貢）…田畑・屋敷地にかかる税。
- 小物成《こものなり》…雑税。
- 助郷役《すけごうやく》…五街道《ごかいどう》→p.120など街道沿いの農村にかかる、馬や人を提供し幕府の命ずる運搬などを担う税。

史料（部分要約）**田畑永代売買の禁令**…寛永《かんえい》の飢饉《ききん》の後、1643年に出されたものです。

> 一、**身上《しんしょう》能《よ》き百姓は**（豊かな農民たちは）、**田地《でんち》を買取り**（〈このような飢饉の時に〉田畑を買い取って）、**弥《いよいよ》宜《よろし》く成り**（ますます豊かになり）、**身体《しんたい》成らざる者**（経営がうまくいかない貧農層）は**田畠《でんばた》を沽却《こきゃく》**（売り払って）してしまい、ますます家計が厳しいものになるので、今後、**田畠売買停《ちょう》止《じ》**（田畑の売買を禁止）する。
>
> 寛永二十（1643）年未《ひつじ》三月

1641～42年の寛永の飢饉の後、本百姓が崩壊《ほうかい》して、田畑を売ってしまい、農民が没落していくのを食い止めようとしたものです。幕府にとっては本百姓が安定して存在することが何より重要でした。そのため、このように自由な田畑の売買を禁止する**田畑永代売買《でんぱたえいたいばいばい》の禁令《きんれい》**や、また、所領の土地の細分化を防ぐための**分地制限令《ぶんちせいげんれい》**が出されます。

42 江戸初期の外交と禁教

今回は江戸時代の外交について確認しましょう。

江戸時代って、確か、ずっと鎖《さ》
国《こく》していた……のですよね？

豊臣秀吉《とよとみひでよし》の朝鮮侵略→p.104の後、徳川家康《とくがわいえやす》は和平外交に転じます[*1]。赤い印を押した証明書（朱印状《しゅいんじょう》）を持った朱印船《しゅいんせん》が各地に出向き、呂宋《ルソン》・安南《アンナン》・カンボジアなどで積極的な貿易を行いました[*2]。

また、1600年のリーフデ号[*3]の漂着《ひょうちゃく》を契機《けいき》にオランダ・イギリスも貿易に参入します[*4・5]。

そして、イエズス会などの布教は続いたので、1612年に天領《てんりょう》（直轄《ちょっかつ》領）→p.109に禁教令《きんきょうれい》が出され、1613年には全国に広がります。1616年、家康が死んだ直後、幕府はヨーロッパ船の来航地を平戸《ひらど》と長崎に限定します。1623年にはイギリスが日本から撤退《てったい》、1624年にはスペイン船の来航が禁止されます。

また、朱印状に加えて、老中《ろうじゅう》が発行する奉書《ほうしょ》を持つ奉書船《ほうしょせん》制度が1631年から始まり、1633年には奉書船以外の海外渡航が厳しく禁止されます。1635年には日本人の海外渡航と帰国が全面禁止されました。

そこへ、1637年、島原《しまばら》の乱《らん》が起こります。島原・天草の農民が、領主の過酷《かこく》な徴税《ちょうぜい》とキリシタン弾圧に反発して立ち上がったものです。天草四郎時貞《あまくさしろうときさだ》を指導者とし、原城跡《はらじょうあと》を拠点とする一揆《いっき》軍は、翌1638年に鎮圧《ちんあつ》されました。

乱の鎮圧後、1639年、幕府はポルトガル船の来航を禁止し、ヨーロッパで唯一オランダだけが日本との通商を許されることになりました。このオランダも、1641年には平戸の商館《しょうかん》を長崎の出島《でじま》に移転させられました。

＊1　家康は京都の商人田中勝介《たなかしょうすけ》（勝助）をスペイン領のノビスパン（メキシコ）に送ったり、家康の意を受けた伊達政宗《だてまさむね》が支倉常長《はせくらつねなが》をスペイン、ローマ教皇の下に派遣《はけん》したりもします。しかしこれらは実際の貿易ルートの開設にはつながりませんでした。

＊2　呂宋などには日本人が住み着いて、日本町《にほんまち》が形成されたほどです。有名な朱印船貿易家としては、角倉了以《すみのくらりょうい》→p.120などがいました。

＊3　豊後《ぶんご》の臼杵《うすき》に漂着《ひょうちゃく》したオランダ船です。乗組員のオランダ人ヤン=ヨーステンとイギリス人のウィリアム=アダムズは徳川家康に仕えることになりました。

江戸時代は長崎だけで貿易していたんですか？

いえ、以前は「江戸時代は長崎だけが海外に開かれていた」とされましたが、今日では他の場所との関係も設定されています。それが次回に説明する「四《よっ》つの窓口《まどぐち》」です。

鎖国への歩み

1612	天領に禁教令→翌年全国に
1616	ヨーロッパ船の来航地を長崎・平戸に限定
1623	イギリスの退去
1624	スペイン船来航禁止
1631	奉書船制度開始
1633	寛永《かんえい》十年の鎖国令（奉書船以外の海外渡航の禁止）
1635	寛永十二年の鎖国令（日本人の海外渡航·帰国全面禁止）
1637	島原の乱（～38）
1639	寛永十六年の鎖国令（ポルトガル船の来航禁止）
1641	オランダ商館を出島に移す

「鎖国」という言葉は、オランダ商館の医師ケンペルが帰国後著した『日本誌《にほんし》』を1801年に蘭学者の志筑忠雄《しづきただお》が抄訳《しょうやく》し、その書名を『鎖国論《さこくろん》』としたことから生まれたものです。

また、禁教令によって、キリスト教を捨てなかった元大名の高山《たかやま》右近《うこん》の国外追放なども行われたことも確認しておきましょう。

中国では、満州《まんしゅう》人の建国した後《こう》金《きん》が1636年に清《しん》と改称し、明《みん》にかわり中国を治めます。

史料（部分要約）鎖国令

〈寛永十二年令〉
一、**異国へ日本の船之《これ》を遣《つかわ》すの儀《ぎ》、堅《かた》く停止《ちょうじ》の事**（外国へ日本の船は一切派遣してはならない）。
〈寛永十六年令〉
一、…今後、**かれうた渡海《とかい》**（ポルトガル船の来航）は、これを**停止**（禁止）する。…

寛永十二年令は1635年の鎖国令で、日本人の海外渡航・帰国を全面禁止したものです。寛永十六年令は1639年のもので、「かれうた」とは当時のポルトガル船であるガレー船のことです。これでポルトガル船の来航が禁止され、オランダだけが残ったわけです。「鎖国の完成」とよく言われる史料です。

＊4　オランダは1609年、イギリスは1613年に平戸に商館を開設します。
＊5　ポルトガル船が大量の生糸《きいと》を日本にもたらし、日本から銀などが流出することを抑えようと、1604年には輸入業者を特定し、輸入価格を決める糸割符仲間《いとわっぷなかま》が結成され、京都・堺《さかい》・長崎・江戸・大坂の五カ所商人《ごかしょしょうにん》が選ばれました。

43 「四つの窓口」と寛永期の文化

「四《よっ》つの窓口《まどぐち》」の長崎以外の３つってどことの貿易ですか？

具体的には、朝鮮《ちょうせん》・琉球《りゅうきゅう》王国との貿易、蝦夷《えぞ》地との関係です。

江戸時代の外交関係は、「四つの窓口」、４つのルートがあったと言われます。長崎口・対馬《つしま》口・薩摩《さつま》口・松前《まつまえ》口です。

朝鮮とは、秀吉の朝鮮侵略→p.104で中断していた国交が、**対馬藩《つしまはん》**の**宗氏《そうし》**→p.82の努力で回復し、己酉約条《きゆうやくじょう》が結ばれます。宗氏は、朝鮮貿易の独占を認められるかわりに、**朝鮮通信使《ちょうせんつうしんし》**が将軍の代替わりの際に来日するのを実施する責任を負いました。

琉球王国→p.82は、1609年に**薩摩藩《さつまはん》**の島津《しまづ》氏が武力で制圧し、事実上、その支配地の中に組み込みます。しかし琉球王国は独立国の体裁を存続させられ、中国からの冊封《さくほう》を受けて朝貢する関係を持続します。そして、その貿易は薩摩藩によって厳しく管理されました。琉球王国は将軍の就任を祝う**慶賀使《けいがし》**や、国王が代替わりしたことを報告し将軍に感謝の意を述べる**謝恩使《しゃおんし》**を江戸に派遣《はけん》しました。

アイヌの居住地である蝦夷地《えぞち》では、松前氏《まつまえし》→p.83が幕府から支配を認められ、アイヌとの交易で藩を成立させます。**松前藩**＊1の過酷《かこく》な支配のため、アイヌの大反乱（シャクシャインの戦《たたか》い＊2）も起こります。

江戸初期の文化を、元号の寛永《かんえい》を用いて**寛永期の文化**と呼びます。この文化は、桃山《ももやま》文化→p.106を継承したもので大きな違いはありません。しかし、禁教の影響で、キリスト教的な要素は抜け落ちます。また、家康が**朱子学《しゅしがく》**＊3を重視した結果、**藤原惺窩《ふじわらせいか》**に始まる京学《きょうがく》や、その学者の**林羅山《はやしらざん》**が幕府に登用され、やがて朱子学全盛の時代がもたらされます。

＊１　松前藩の知行《ちぎょう》制は石高《こくだか》制→p.106ではなく、アイヌの人々との交易場所を指定され、その交易の利益を与えられる、商《あきない》場《ば》知行制《ちぎょうせい》でした。18世紀以降は、商人に交易を請《う》け負わせて、その商人から運上《うんじょう》→p.111を上納《じょうのう》させる場所請負制《ばしょうけおいせい》に変わっていきました。

＊２　松前藩の過酷な収奪に対し、1669年に起こった抵抗です。松前藩は津軽《つがる》藩の協力を得て戦いに勝利し、以後、アイヌの人々は全面的な服従を強いられました。

＊３　南宋《なんそう》の朱熹《しゅき》が唱えた儒学《じゅがく》の１派です。朱熹は日本の鎌倉時代初期の中国の儒学者です。

家康はどうして朱子学を重視したんですか？

朱子学は「大義名分論《たいぎめいぶんろん》」を中心に、君臣《くんしん》・父子《ふし》の別《べつ》、礼儀を重んずるといった、封建《ほうけん》支配に合ったものでした。主君に忠義を尽《つ》くし、父などの言うことを守るという道徳性が、将軍の支配を支えるものとみなされたんです。

四つの窓口

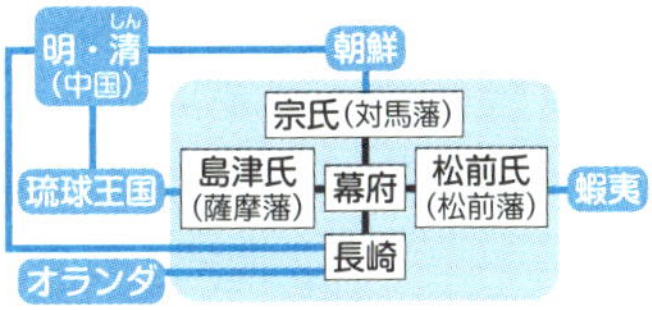

18世紀の末には、幕府は朝鮮・琉球を「通信の国」、中国・オランダを「通商の国」と位置づけています。

寛永期の文化の主な文化財

建築	日光東照宮《にっこうとうしょうぐう》　※権現造《ごんげんづくり》 桂離宮《かつらりきゅう》　※数寄屋造《すきやづくり》
絵画	狩野派《かのうは》…狩野探幽《かのうたんゆう》 土佐派《とさは》…土佐光起《とさみつおき》 『風神雷神図屏風《ふうじんらいじんずびょうぶ》』（俵屋宗達《たわらやそうたつ》）
工芸	『舟橋蒔絵硯箱《ふなばしまきえすずりばこ》』（本阿弥光悦《ほんあみこうえつ》） 酒井田柿右衛門《さかいだかきえもん》　※赤絵《あかえ》を完成

『風神雷神図屏風』（俵屋宗達）

（国宝、建仁寺蔵、部分）

建築では、家康を祀《まつ》る**日光東照宮**が壮麗《そうれい》な権現造で作られます。書院《しょいん》造《づくり》→p.92に茶室建築などを取り入れた数寄屋造も始まります。

絵画では、狩野探幽が幕府お抱《かか》えの御用絵師《ごようえし》となります。朝廷に絵で仕えた朝廷絵師《ちょうていえし》では土佐派の土佐光起がいます。

工芸では、家康から洛北《らくほく》の鷹ヶ峰《たかがみね》を工房として与えられた**本阿弥光悦**が、後の琳派《りんぱ》→p.123のもととなる華麗な芸術活動を行います。

陶芸では、各地で焼き物が起こります。朝鮮侵略の際に大名が朝鮮半島から連れ帰った陶工たちが、大名の地元で新しく土を発見して焼き物を始めたためです。肥前《ひぜん》の有田焼《ありたやき》からは**酒井田柿右衛門**が現れ、赤絵あるいは色絵《いろえ》といった装飾性を高める技法を完成します。

文学では、御伽草子《おとぎぞうし》→p.93から仮名草子《かなぞうし》が現れて、次の元禄《げんろく》文学の浮世草子《うきよぞうし》→p.122の前提となります。

44 文治政治

幕府政治は17世紀後半以降、文治政治《ぶんちせいじ》に転換していきます。

改易《かいえき》、転封《てんぽう》→p.108などで大名《だいみょう》たちを震え上がらせる強い統制策を捨てたんですね。

3代将軍徳川家光《とくがわいえみつ》までの時期の政治を一般的に武断政治《ぶだんせいじ》と呼びます。改易や転封などをくり返して大名たちを統制する強権政治です。しかし、平和が長く続いたこともあり、4代将軍徳川家綱《いえつな》のころからいわゆる文治政治に転換します。

家光が1651年に死ぬと、**由井《ゆい》（比《ひ》）正雪《しょうせつ》の乱《らん》**が起こります。**牢《ろう》人《にん》（浪人）**たちによる幕府転覆《てんぷく》計画が未然に発覚した事件です。これも1つのきっかけとして、家綱が4代将軍に就任すると、**末期養《まつごよう》子《し》**[*1]**の禁止の緩和《かんわ》**が実施《じっし》されたり、戦国時代から続いていた**殉死《じゅんし》を禁止**する法令が出たりします。

5代将軍**徳川綱吉《つなよし》**の初期には厳しい政治（天和《てんな》の治《ち》）が行われますが、やがて側用人《そばようにん》[*2]**柳沢吉保《やなぎさわよしやす》**に政治を任せ、学問を尊重し、仏教を取り入れた政治が広がります。[*3]

しかし、社寺造営がさかんになり、財政難が表面化します。そこで勘定吟味役荻原重秀《かんじょうぎんみやくおぎわらしげひで》の意見で、慶長《けいちょう》以来の小判《こばん》の金の含有《がんゆう》量を減らす貨幣改鋳《かへいかいちゅう》が行われました（**元禄金銀《げんろくきんぎん》**の発行）。また、犬に始まりあらゆる生き物を大事にせよという、極端な生命尊重を命じた**生《しょう》類憐《るいあわれ》みの令《れい》**も出されています。

続く6代将軍家宣《いえのぶ》、7代将軍家継《いえつぐ》の時代[*4]は、**新井白石《あらいはくせき》**を中心とし、側用人間部詮房《まなべあきふさ》が支えた、「正徳《しょうとく》の治《ち》」と称される学者主導の政治でした。白石は朝鮮通信使《ちょうせんつうしんし》→p.114が持ってくる国書で、将軍のことを「日本国大君《たいくん》」としていたのを「日本国王」に改めさせるなど、将軍の権威を上昇させようとしました[*5]。長崎貿易では、金銀流出を抑えるための**海舶互市新例《かいはくごししんれい》**[*6]という統制策をとりました。

＊1　後継者のいない大名が死の間際に養子を決めることです。この禁止のため、後継ぎがいないことを理由に多くの改易が行われ、牢人増加の原因になっていました。

＊2　将軍の近侍《きんじ》（側近）で、老中などの意見を取次いだ役職です。

＊3　綱吉の時期には、日本人が自ら観測にもとづいて作った最初の暦《こよみ》（貞享暦《じょうきょうれき》）を渋川春海《しぶかわはるみ》（安井算哲《やすいさんてつ》）→p.123が完成させて、幕府の初代天文方《てんもんかた》に任命されています。

貨幣改鋳で、幕府の財政難は解消したのですか？

貨幣価値が下がったため物価が上昇するインフレーションが生じました。経済は活性化しますが、混乱も生じました。綱吉の時期の財政難の直接の原因としては、４代家綱のころ、明暦《めいれき》の大火《たいか》で江戸がほぼ全焼、再建に多大な費用がかかったこともありました。

江戸時代の金貨成分比の推移

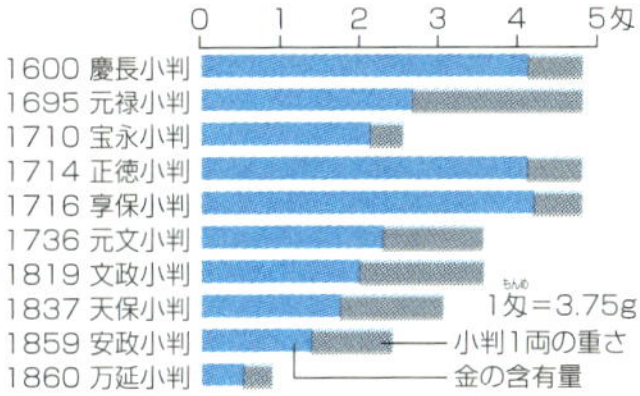
0
1
2
3
4
5匁
1600 慶長小判
1695 元禄小判
1710 宝永小判
1714 正徳小判
1716 享保小判
1736 元文小判
1819 文政小判
1837 天保小判
1859 安政小判
1860 万延小判
1匁＝3.75g
小判1両の重さ
金の含有量

元禄小判では金の含有量が大きく減り、銀などの比率が増えます。光り方も鈍くなり、あきらかに価値が下がります。正徳小判で金の含有量は戻り価値は上昇しましたが、通貨量が減り、デフレになりました。

史料（部分要約）武家諸法度（天和令《てんな》）

> 一、**文武忠孝《ぶんぶちゅうこう》を励《はげま》し、礼儀を正すべきの事**（文武を尊《とうと》び忠義・孝行を大切にし、礼儀を重んぜよ）。

以前の武家諸法度《ぶけしょはっと》（元和令《げんな》→p.109・寛永令《かんえい》）は、最初が「文武弓馬《ぶんぶきゅうば》の道」とされていましたが、天和令では上記のように大きく改定されました。

好学の大名

- 池田光政《いけだみつまさ》（岡山）…陽明学《ようめいがく》者の熊沢蕃山《くまざわばんざん》→p.123を家老格《かろうかく》で迎える。藩学花畠教場《はんがくはなばたけきょうじょう》→p.135、郷学《ごうがく》閑谷学校《しずたにがっこう》を設ける。
- 徳川光圀《とくがわみつくに》（水戸《みと》）…『大日本史《だいにほんし》』→p.123編纂を彰《しょう》考館《こうかん》で始める。完成は明治時代。
- 前田綱紀《まえだつなのり》（加賀《かが》）…朱子学《しゅしがく》者の木下順庵《きのしたじゅんあん》→p.123に師事。『東寺百合文書《とうじひゃくごうもんじょ》』の整理を行う。

綱吉・家宣・家継の時期も文治政治の傾向が続いたため、各地にも学問を好み尊重する大名が現れます。

＊４　綱吉は養子で将軍家を継ぎましたが、本人も実子に恵まれず、再び養子の６代将軍家宣が継ぎます。その家宣は早世《そうせい》し、７代将軍家継は子供のまま将軍になります。

＊５　白石は新しい宮家《みやけ》（閑院宮家《かんいんのみやけ》）の創設を認めるなど、朝廷との融和《ゆうわ》策もとっています。

＊６　海船互市新例（正徳新令《しょうとくしんれい》・長崎新令）は、1715年に実施された長崎貿易の統制策です。中国（清《しん》）に対しては年間の船数を30隻《せき》、銀高6000貫《かん》、オランダについては船数２隻、銀高3000貫とし、金銀の流出を抑制しようとしたものです。

45 産業の発達

農民にとって、年貢《ねんぐ》の取り立ては重かったんですよね。

米を中心とする税制ですから、厳しいものでしたが、一方で、新田開発や農具の改良など、生産量の拡大も進みました。

戦国時代以来の耕地拡大は、17世紀にもさかんに行われました。有力商人による町人請負新田《ちょうにんうけおいしんでん》もあり、17世紀初頭に160万町歩《ちょうぶ》と推定される耕地面積は、18世紀初頭には300万町歩と、約２倍弱に拡大しました。ただし19世紀には、耕地開発は限界に達します。洪水が頻発したこともその背景にあります。

農業では、農具の改良が進み、農作業を簡便化し効率化する道具が次々に登場しました。肥料でも自給肥料に加え、お金を出して商人から買う**金肥《きんぴ》**[*1]と言われる購入肥料が普及《ふきゅう》します。農学についても、宮崎安貞《みやざきやすさだ》の**『農業全書《のうぎょうぜんしょ》』**のような、農業技術を解説した**農書《のうしょ》**が著されています[*2]。

商品作物《しょうひんさくもつ》の栽培《さいばい》も広まります。戦国時代以来、三河《みかわ》から始まった**木綿《もめん》**の栽培が西日本に広がり、主要な作物の１つとなりました。他の商品作物としては漆《うるし》や茶《ちゃ》、また染料《せんりょう》のための**藍《あい》**・**紅花《べにばな》**なども各地域でさかんに栽培されました。

漁業では、上方漁法《かみがたぎょほう》と呼ばれる網《あみ》を使ったさまざまな漁法が東日本沿岸部に広がります。捕鯨《ほげい》も各地で行われ、土佐の鰹漁《かつおりょう》や、蝦夷地の鰊《にしん》・昆布《こんぶ》などの地域の特色のある漁業も発達しました[*3]。製塩《せいえん》業では入浜式塩田《いりはましきえんでん》が発達します[*4]。

鉱山業では、主要鉱山は幕府の直轄《ちょっかつ》でした。佐渡《さど》の相川《あいかわ》金山、但馬《たじま》の生野《いくの》銀山などがあります。

商品作物の発達に伴《ともな》い、手工業も発達します。中世以来の絹織物業は関東北部辺りに導入され、足利《あしかが》絹や桐生《きりゅう》絹などの生産も発展します。酒・醤油《しょうゆ》などの醸造《じょうぞう》業も発展します。

＊1　油粕《あぶらかす》、干鰯《ほしか》などが金肥の代表例です。

＊2　全国の優れた農業がこのような書物で紹介され、他の地域にも広がりました。19世紀には、発展した農業の成果をまとめた大蔵永常《おおくらながつね》の『広益国産考《こうえきこくさんこう》』なども現れます。

幕府は全国の鉱山をすべて直轄したんですか？

いいえ、全てではありません。秋田藩は院内《いんない》銀山・阿仁《あに》銅山を、大坂の銅商《どうしょう》、泉屋《いずみや》（住友《すみとも》家）は伊予《いよ》の別子《べっし》銅山を経営していました。他にも多くの藩が銅山などを経営しています。

江戸時代の主な農具

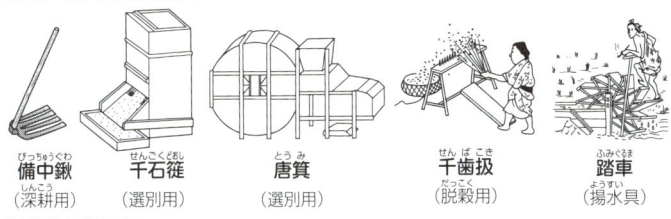

備中鍬《びっちゅうぐわ》
（深耕《しんこう》用）

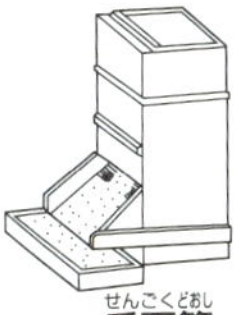

千石簁《せんごくどおし》
（選別用）

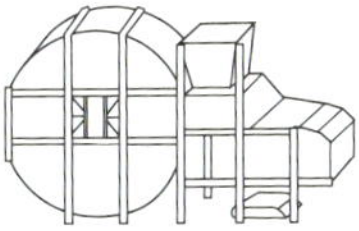

唐箕《とうみ》
（選別用）

千歯扱《せんばこき》
（脱穀《だっこく》用）

踏車《ふみぐるま》
（揚水《ようすい》具）

近世の特産品

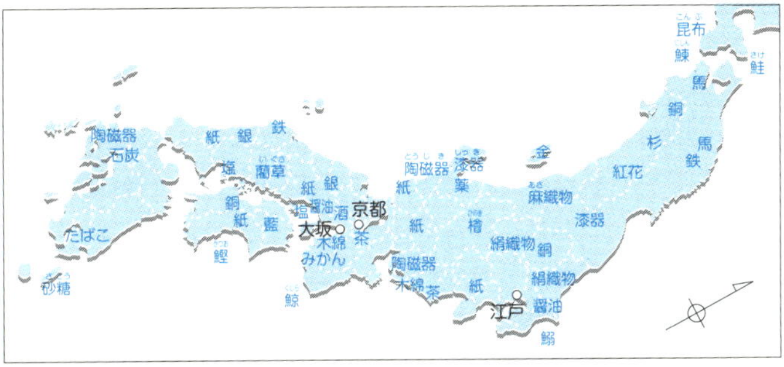

近世の特産品はたくさんあって、おぼえるのは大変ですね。

特産品には中世以来のものもあります。まずは、製紙《せいし》業で越前《えちぜん》の鳥《とり》の子紙《こかみ》、播磨《はりま》の杉原紙《すいばらがみ》などの高級紙、美濃《みの》の美濃紙《みのがみ》あたりからおぼえていきましょう。出羽《でわ》（最上《もがみ》地方）の紅花《べにばな》、阿波《あわ》の藍《あい》なども、入試ではよく問われます。

＊3　とくに九十九里浜《くじゅうくりはま》の地曳網《じびきあみ》はイワシの豊漁に恵まれ、これが金肥の１つである干鰯となって、綿作などを支えました。

＊4　播磨の赤穂《あこう》などを中心に、瀬戸内海沿岸がその先進地域となります。

46 交通と金融の発達

金融《きんゆう》だと、中世は宋銭《そうせん》・明銭《みんせん》→p.88など、輸入銭を使っていましたよね。

江戸時代になると、幕府は自国で貨幣《かへい》を鋳造《ちゅうぞう》できる体制を整えました。

陸上交通の中心は、幕府直轄《ちょっかつ》で江戸日本橋《にほんばし》を基点とする**五街道《ごかいどう》**[*1]です。この他にも、脇街道《わきかいどう》（脇往還《わきおうかん》）が発達します。

陸上交通が主に人の移動に使われるのに対し、水上交通は大量の物資を運ぶために発達しました。まずは内陸部の物資を沿岸部の港に運ぶ河川交通が整備され、17世紀初め、角倉了以《すみのくらりょうい》が富士川《ふじがわ》や、高瀬川《たかせがわ》という京都と伏見《ふしみ》を結ぶ運河などを開削《かいさく》します。次に港と港を結ぶ沿岸航路が重要になります。これは河村瑞賢《かわむらずいけん》（瑞軒）が17世紀後半に**東廻《ひがしまわ》り航路《こうろ》**、**西廻《にしまわ》り航路《こうろ》**を整備します[*2]。

都市では、幕府直轄の**三都《さんと》**が発達します。政治の中心の**江戸**と、経済の中心で「天下の台所《だいどころ》」と呼ばれた**大坂**、そして**京都**です。[*3]

参勤交代《さんきんこうたい》→p.108で江戸での生活を送る大名《だいみょう》たちは、自藩で集めた税金である本途物成《ほんとものなり》→p.111（主に米）の一部を大坂に送り、換金し、そのお金を江戸に送って生活していました。大名たちが集めた年貢《ねんぐ》（**蔵物《くらもの》**）を扱う藩の出張所が、大坂などに各藩が置いた**蔵屋敷《くらやしき》**です。ここには藩から出張した役人が駐在《ちゅうざい》し、商人である蔵元《くらもと》に年貢米を売却させます。換金したお金の送金などは、掛屋《かけや》という金融業者が扱《あつか》います。[*4]

商業では、商人が業種や扱う物資ごとに同業者組合（仲間《なかま》）を作ります。18世紀以降は幕府に公認され株仲間《かぶなかま》と呼ばれます[*5]。

消費や流通を支えたのが貨幣と金融です。貨幣は主に金・銀・銭の３種類の金属貨幣（三貨《さんか》）が使用されました。また、江戸中心の取引きは金中心（金遣《きんづか》い）、上方《かみがた》→p.122は銀中心（銀遣《ぎんづか》い）の経済で、金貨と銀貨の交換を行う必要から、**両替商《りょうがえしょう》**[*6]が発達しました。

＊1　東海道《とうかいどう》・中山道《なかせんどう》・甲州道中《こうしゅうどうちゅう》・日光道中《にっこうどうちゅう》・奥州道中《おうしゅうどうちゅう》の５つの街道のことです。

＊2　また、大坂から江戸に送る物資（下《くだ》り物《もの》）を輸送する**菱垣廻船《ひがきかいせん》**や**樽廻船《たるかいせん》**など、定期的な海上物資の輸送ルートの海運業が成立します。

＊3　市場では、大坂には全国経済の中心である堂島《どうじま》の米市《こめいち》・野菜などを扱う天満《てんま》の青物市《あおものいち》・魚を扱う雑喉場《ざこば》の魚市《うおいち》、江戸には神田《かんだ》の青物市・日本橋の魚市がありました。

江戸時代の交通

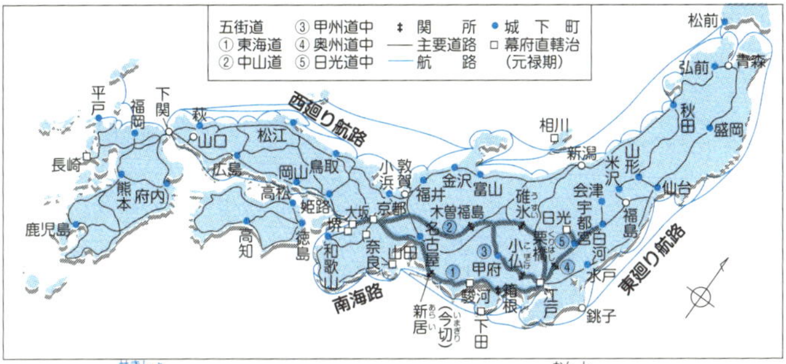

街道には関所《せきしょ》が設けられ、治安維持のために幕府の監視《かんし》の目が光っていました。また旅行のための宿駅《しゅくえき》（宿場《しゅくば》）が一定間隔で設けられ、その中心は荷物や人を次の宿駅に送る、今の駅のような役割をしていた問屋場《といやば》でした。宿泊施設では、参勤交代の時に使う本陣《ほんじん》、これに準ずる脇本陣《わきほんじん》、一般人が使う旅籠屋《はたごや》、もっと安い木賃宿《きちんやど》などがあります。幕府の公式の郵便制度の継飛脚《つぎびきゃく》、江戸の藩邸《はんてい》と国元を結ぶ大名単位の大名飛脚《だいみょうびきゃく》、民間の町飛脚《まちびきゃく》など、飛脚《ひきゃく》制度も発達します。

江戸時代の貨幣

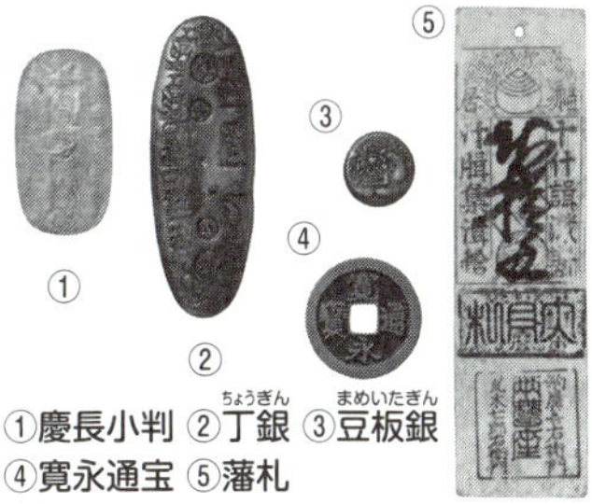

①慶長小判 ②丁銀《ちょうぎん》 ③豆板銀《まめいたぎん》
④寛永通宝 ⑤藩札
（写真提供・貨幣博物館）

慶長小判《けいちょうこばん》などの金貨《きんか》は何両《りょう》・何分《ぶ》・何朱《しゅ》という4進法で数えて使用する計数貨幣《けいすうかへい》で、銀貨は重さで価値を表す秤量貨幣《しょうりょうかへい》です。銭では寛永通宝《かんえいつうほう》が大量発行され、中世以来の輸入銭時代が終わります。各藩では藩札《はんさつ》など紙幣《しへい》を発行するところもありました。幕府の命で貨幣を発行した金座《きんざ》・銀座《ぎんざ》・銭座《ぜにざ》も確認しましょう。

＊4　江戸には旗本《はたもと》・御家人《ごけにん》などの米を扱う札差《ふださし》という米商人がいました。また、全国の流通《りゅうつう》網《もう》に乗った物資は蔵物だけなく、商人から商人の手を経る納屋物《なやもの》もあります。

＊5　江戸では10の問屋《といや》（問丸《といまる》→p.88の発展したもの）仲間が団結した十組問屋《とくみといや》、大坂では江戸に向かって荷物を送り出す二十四組問屋《にじゅうしくみといや》が成立しました。

＊6　豊かな商人（豪商《ごうしょう》）は、多く両替商を営みます。鴻池《こうのいけ》家や三井《みつい》家がその代表です。

47 元禄文化

元禄《げんろく》文化は、徳川綱吉《とくがわつなよし》→p.116の時代を中心とする、17世紀後半から18世紀前半ぐらいまでの文化です。

「華やか」で、松尾芭蕉《まつおばしょう》・井《い》原西鶴《はらさいかく》・近松門左衛門《ちかまつもんざえもん》が活躍した文化ですよね。

元禄文化の特色は、大坂や京都など上方《かみがた》と呼ばれる関西方面の町人を中心とすることと、現実主義的で合理主義的なことです。

学問では朱子学《しゅしがく》→p.114が台頭、特に京学《きょうがく》派が幕府に用いられます。5代将軍綱吉の時、林家《りんけ》の経営する孔子《こうし》を祭る孔子廟《びょう》（聖堂《せいどう》）が湯《ゆ》島《しま》に移され、林家の林信篤《はやしのぶあつ》（鳳岡《ほうこう》）が大学頭《だいがくのかみ》の称号を許されます。

一方、朱子学に対し、行動を重視し「知行合一《ちこうごういつ》」を唱える陽明学《ようめいがく》は、中江藤樹《なかえとうじゅ》が本格的に受容します。孔子・孟子《もうし》の儒学《じゅがく》の原典を直接学ぶ古学派《こがくは》も登場します。京都の伊藤仁斎《いとうじんさい》の古義堂《こぎどう》→p.135が中心の古義学《こぎがく》派が有名です。古学派の1派でより進んだ古文辞学《こぶんじがく》派（蘐園《けんえん》学派《がくは》）も現れます。その祖《そ》は荻生徂徠《おぎゅうそらい》です[*1]。

理系の学問では、戦国時代以来発達した検地《けんち》などを背景に数学が発達します。これを和算《わさん》と呼びます。

文学では、まず国文学、古典の研究が進みます。俳諧《はいかい》では松永貞《まつながてい》徳《とく》の貞門《ていもん》派、西山宗因《にしやまそういん》の談林《だんりん》派に続いて、松尾芭蕉《まつおばしょう》が現れ、正風《しょうふう》（蕉風《しょうふう》）が確立します。小説では、世俗《せぞく》的な小説を描いた浮世草子《うきよぞうし》が成立します。その代表は井原西鶴《いはらさいかく》です。

芸能では、三味線《しゃみせん》を使った語りに合わせて人形を操る人形浄瑠璃《にんぎょうじょうるり》が発展します。とくに近松門左衛門《ちかまつもんざえもん》の出現が画期となりました。[*2]

絵画では、現世の世俗的な題材を描いた浮世絵《うきよえ》が登場します。その最初が菱川師宣《ひしかわもろのぶ》で、『見《み》返《かえ》り美人図《びじんず》』という肉筆《にくひつ》画《が》で有名ですが、浮世絵版画も始めます。

＊1　徂徠が江戸に開いた蘐園塾《けんえんじゅく》→p.136は、多くの学者志望者たちを集めました。徂徠の系統からは太宰春台《だざいしゅんだい》が現れ、経世済民《けいせいさいみん》の術、今で言えば経済を重視する学問を主張します。太宰春台の『経済録《けいざいろく》』は、経世論→p.129の最初の重要な著作です。

＊2　歌舞伎《かぶき》では、出雲阿国《いずものおくに》に始まった阿国《おくに》歌舞伎→p.107が、女《おんな》歌舞伎、さらに若衆《わかしゅ》歌舞伎と、幕府の弾圧を受けながら形を変え、元禄期に野郎《やろう》歌舞伎として成立します。江戸では荒《あら》事《ごと》を得意とした市川団十郎《いちかわだんじゅうろう》が、上方では和事《わごと》の名人の坂田藤十郎《さかたとうじゅうろう》が脚光《きゃっこう》を浴《あ》びます。

儒学者の系統図

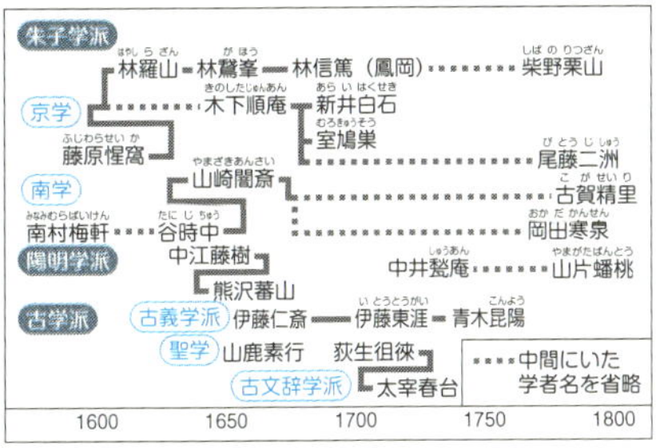
朱子学派
林羅山《はやしらざん》－林鵞峯《がほう》－林信篤（鳳岡）……柴野栗山《しばのりつざん》
京学
木下順庵《きのしたじゅんあん》
新井白石《あらいはくせき》
室鳩巣《むろきゅうそう》
尾藤二洲《びとうじしゅう》
藤原惺窩《ふじわらせいか》
山崎闇斎《やまざきあんさい》
南学
古賀精里《こがせいり》
南村梅軒《みなみむらばいけん》……谷時中《たにじちゅう》
岡田寒泉《おかだかんせん》
陽明学派
中江藤樹
中井甃庵《しゅうあん》……山片蟠桃《やまがたばんとう》
熊沢蕃山
古学派
古義学派 伊藤仁斎－伊藤東涯《いとうとうがい》－青木昆陽《こんよう》
聖学 山鹿素行
荻生徂徠
古文辞学派 太宰春台
……中間にいた学者名を省略
1600
1650
1700
1750
1800

陽明学は朱子学批判を強めて弾圧を受けます。熊沢《くまざわ》蕃山《ばんざん》は『大学或問《だいがくわくもん》』などを理由に下総《しもうさ》に幽閉《ゆうへい》されます。古学派の１つの聖学《せいがく》を主張した山鹿素行《やまがそこう》も、『聖教要《せいきょうよう》録《ろく》』で朱子学が空理空論《くうりくうろん》だと批判し、播磨《はりま》の赤穂《あこう》に流されます。

元禄文化の主な著作物・文化財

学問

［歴史書］『大日本史』（水戸藩）
『読史余論』・『古史通《こしつう》』（新井白石）
［儒学］『大学或問』（熊沢蕃山）
『聖教要録』（山鹿素行）
『政談《せいだん》』（荻生徂徠）
『経済録』（太宰春台）
［古典研究］
『源氏物語湖月抄』（北村季吟）
『万葉代匠記』（契沖）
［本草学《ほんぞうがく》］　※植物学のこと
『大和本草《やまとほんぞう》』（貝原益軒《かいばらえきけん》）
［和算］『塵劫記』（吉田光由《よしだみつよし》）
『発微算法』（関孝和《せきたかかず》）

文学

［俳諧］『奥《おく》の細道《ほそみち》』（松尾芭蕉）
［浮世草子］　井原西鶴の作品
『好色一代男《こうしょくいちだいおとこ》』、『日本永代蔵《にっぽんえいたいぐら》』、
『世間胸算用《せけんむねさんよう》』など
［脚本］　近松門左衛門の作品
『国性《こくせん》(姓)爺《や》合戦《かっせん》』※時代物
『曽根崎心中《そねざきしんじゅう》』※世話物　など

絵画　住吉派…住吉具慶
琳派…尾形光琳の活躍
『紅白梅図屏風《こうはくばいずびょうぶ》』、『燕子花図屏風《かきつばたずびょうぶ》』
［浮世絵］『見返り美人図』（菱川師宣）

儒学は歴史学にも影響を及ぼし、水戸《みと》藩は『大日本史《だいにほんし》』→p.117を編纂《へんさん》し、新井白石→p.116は『読史余論《とくしよろん》』という日本史概説《がいせつ》書を著します。

古典研究では、北村季吟《きたむらきぎん》の『源《げん》氏物語湖月抄《じものがたりこげつしょう》』は現在の『源氏物語』→p.54研究の基礎となった業績です。他に、契沖《けいちゅう》の『万葉代匠記《まんようだいしょうき》』（『万葉集』→p.46の注釈《ちゅうしゃく》書）もあります。

和算は天体観測などに生かされ、渋川春海《しぶかわしゅんかい》（安井算哲《やすいさんてつ》）→p.116は元《げん》の暦《こよみ》をもとに誤差を修正し、貞享暦《じょうきょうれき》を作成しました。

また、和算の普及《ふきゅう》に貢献《こうけん》した『塵劫記《じんこうき》』や、高等数学の水準を示す『発微算法《はつびさんぽう》』にも注目しましょう。

浮世絵以外では、住吉《すみよし》派の住吉具慶《ぐけい》が御用絵師《ごようえし》になりますが、琳《りん》派《ぱ》の尾形光琳《おがたこうりん》の活躍が有名です。

陶芸では、尾形乾山《おがたけんざん》や野々村仁《ののむらにん》清《せい》が活躍します。また現在に伝わる染め物、友禅染《ゆうぜんぞめ》が宮崎友禅《みやざきゆうぜん》たちにより開発されます。

48 享保の改革と社会の変化

今回は江戸の三大改革の最初、享保《きょうほう》の改革《かいかく》ですね。

当時の幕府は財政難に加えて、「米価安《べいかやす》・諸色高《しょしきだか》」という厄介《やっかい》な問題も抱えていました。

年貢《ねんぐ》増徴《ぞうちょう》策は限界に達し、金銀産出量も激減する中で、1716年、8代将軍**徳川吉宗**《とくがわよしむね》が登場し、財政難を克服《こくふく》するための抜本《ばっぽん》的な政治改革、「**享保の改革**」を始めます。吉宗は優秀な人材を登用して強力な政治を進めるため、足高《たしだか》の制《せい》[*1]をとり入れます。

財政再建の1つは、改革期には常にとられる**倹約令**《けんやくれい》です。そして、**相対済し令**《あいたいすま》で幕府はお金の貸し借りの裁判を受け付けないとし、さらに、**上《あ》げ米《まい》**で大名《だいみょう》たちに米を上納《じょうのう》させます。また禁止されていた町人請負新田《ちょうにんうけおいしんでん》→p.118を復活し、耕地の拡大を図ります。株仲間《かぶなかま》→p.120や堂島《どうじま》米市場も公認します。

改革の後期には、法典の整備として**『公事方御定書』**《くじかたおさだめがき》なども編纂《へんさん》されます。江戸の都市対策としては、**目安箱**《めやすばこ》という投書箱に入れられた意見から、小石川養生所《こいしかわようじょうしょ》が設立されました。[*2・3]

一方、当時、飢饉《ききん》で多くの農民の経営が破綻《はたん》し、独立した農家(本百姓《ほんびゃくしょう》→p.110)が続けられず、小作農《こさくのう》に転落する状況が現れます。18世紀に入ると、農民層が村役人《むらやくにん》→p.110などを務める豊かな農民(豪農《ごうのう》)と、貧農《ひんのう》に分解していくのです[*4]。

農民は経営破綻《はたん》や年貢の増徴などに対し、**百姓一揆**《ひゃくしょういっき》という抗議行動を展開します。初期のものは代表越訴型一揆《だいひょうおっそがたいっき》[*5]と呼びますが、一般的には農民がほぼ全員で抗議を行う惣百姓一揆《そうびゃくしょういっき》が行われます。また、一部の支配者層の豪農に対して一般農民が抗議する**村方騒動**《むらかたそうどう》も起こりました。

都市では米価高などの物価高が庶民《しょみん》生活を直撃し、下層町民が米《こめ》問屋《といや》を襲う打《う》ちこわしが江戸でも起こりました。

＊1　役職の基準額を決め、2,000石の下級の旗本《はたもと》を登用した場合、その役職の基準額が3,000石なら差額の1,000石を在職中のみに限り支給し、役職を降りれば元に戻すというかたちで人材登用をはかったものです。登用された代表的な人物には、江戸の町の財政を立て直し、町火消《まちびけし》を整備した大岡忠相《おおおかただすけ》などがいます。

「米価安・諸色高」って何ですか？

米の値段は安く、他の物価は上昇していく状況です。農民から年貢米を多く取っても米価は上がらず安値のままで、売った価格も安く、その他の物価は上がるため、消費物資を商人から買わなければならない幕藩領主の財政はどんどん苦しくなったのです。

史料（部分要約）上げ米の制

…**御旗本《おんはたもと》・御家人《ごけにん》**に対する俸禄米《ほうろくまい》が不足してきており、解雇しなければいけない状況であるので、**万石《まんごく》以上の面々より**（大名たちより）**八木差上《はちぼくさしあげ》候様《よう》**（米を上納してもらうよう）に命じようとお考えになった。…（中略）…。**高《たか》一万石《ごく》に付《つき》八木百石《ごく》**（石高一万石につき米百石）上納せよ。…これによって**在《ざい》江戸半年充御免成《あてごめんな》され**（〈参勤交代での〉江戸での居住一年のうち、半年は免除《めんじょ》する）…

緊急の財政難を乗り切るために、幕府が大名に１万石につき100石の米の上納を命じたものです。八木とは米のことです。

江戸時代の百姓一揆の推移

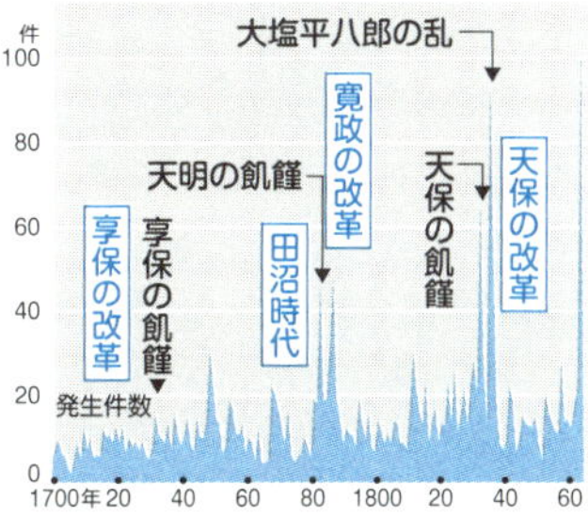

享保の改革中の1733年、江戸で初めて**打ちこわし**が起きます。

享保の飢饉は１年で終わり、大きな影響を与えませんが、**天明《てんめい》の飢饉**→p.126では1783年に**浅間山《あさまやま》が大噴火《だいふんか》**し、関東一円が壊滅《かいめつ》的な状況になります。

また天保《てんぽう》の飢饉→p.130も社会に重大な影響を与えます。

＊2　吉宗は実学《じつがく》を奨励《しょうれい》し、輸入が禁止されていた漢訳洋書《かんやくようしょ》（漢文に訳された西洋の書物）でもキリスト教に関わらなければ輸入を許し、洋学→p.134の受容の契機《けいき》となりました。他にも甘藷《かんしょ》（さつまいも）・朝鮮人参《にんじん》の栽培などで農民生活を豊かにし、税収を確保しようとしました。

＊3　改革は一定の成果を上げ、財政の危機的状況は脱しましたが、抜本《ばっぽん》的な再建にはならなかったとされます。ただ、学問の多様化が進むなど新しい政策が実現したのは事実です。

＊4　貧農の一部は都市に流出し、無宿人《むしゅくにん》の増加など、都市の治安悪化の原因となりました。

＊5　代表越訴型一揆とは、義民《ぎみん》と呼ばれる村を代表する農民が、自分の命と家族の命を犠牲《ぎせい》に、上級の支配者（天領《てんりょう》→p.109ならば将軍、一般の大名領なら大名）に直接訴《うった》える形です。ただ、これは伝説的な一揆となっており、実態はあまりよくわかりません。

49 田沼時代と寛政の改革

享保《きょうほう》の改革《かいかく》の次は、田沼《たぬま》時代ですね。

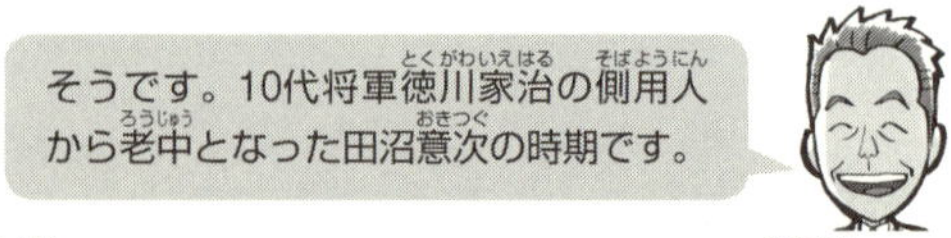
そうです。10代将軍徳川家治《とくがわいえはる》の側用人《そばようにん》から老中《ろうじゅう》となった田沼意次《おきつぐ》の時期です。

田沼意次は、商業・貨幣《かへい》を重視した政治を進めました。まず株仲間《かぶなかま》→p.120を積極的に公認し、さらに専売制《せんばいせい》をとります。計数《けいすう》貨幣→p.121の銀貨、南鐐二朱銀《なんりょうにしゅぎん》も発行します。長崎貿易でも、単に金の流出を抑えるのではなく、**俵物**《たわらもの》*1を大量に生産して清《しん》などに売ろうとします。蝦夷地《えぞち》開発にも乗り出します*2。

しかし田沼時代は政治腐敗が進行したとされ、また、**天明の飢饉**《てんめいのききん》で百姓一揆《ひゃくしょういっき》や打《う》ちこわしが激増、印旛沼《いんばぬま》・手賀沼《てがぬま》の干拓《かんたく》も失敗し、田沼は失脚《しっきゃく》します。

田沼時代に続くのが**寛政の改革**《かんせいのかいかく》です。天明の飢饉の被害から社会を復興させることが目標です。将軍は11代**徳川家斉**《とくがわいえなり》で、奥州白河《おうしゅうしらかわ》藩主、老中**松平定信**《まつだいらさだのぶ》が改革の中心人物です。定信は朱子学《しゅしがく》を尊重し、林家《りんけ》→p.122に朱子学を守るように命じます*3。

飢饉対策としては、緊急の物資援助のための蓄《たくわ》えとして、大名たちに命じて囲米《かこいまい》（囲籾《かこいもみ》）を進め、社倉《しゃそう》・義倉《ぎそう》などの整備を奨励《しょうれい》します。江戸の町には、町入用《ちょうにゅうよう》（江戸の１年間の予算）の倹約《けんやく》を命じ、倹約分の７割を積み立てる**七分積金**《しちぶつみきん》を始めます。また、天明の飢饉で江戸に流入した農民たちを郷里に戻し、再び農業に従事させようと旧里帰農令《きゅうりきのうれい》を出します。

治安対策としては、石川島《いしかわじま》に**人足寄場**《にんそくよせば》を設け、無宿人《むしゅくにん》などの教育を行い、社会復帰を助けようとします。旗本《はたもと》・御家人《ごけにん》も経済的に困窮していたので、一定期間以上過ぎた札差《ふださし》（米商人）→p.121からの借金は解消する**棄捐令**《きえんれい》を出して救済をはかりました。

しかし、尊号一件《そんごういっけん》*4をめぐる将軍家斉との対立などもあり、1793年、松平定信は老中を引退してしまいます。

＊1　俵物とは、いりこ・干しアワビ・フカヒレなど、俵に詰められた海産物のことです。

＊2　最上徳内《もがみとくない》→p.131を蝦夷地の調査に派遣《はけん》し、ロシアとの交易を目指したとされます。

＊3　当時、朱子学以外も教えていた林家に朱子学だけを教授せよという命令（寛政異学《かんせいいがく》の禁《きん》）を出します。定信の引退後に林家の昌平坂学問所《しょうへいざかがくもんじょ》は幕府直轄《ちょっかつ》の学校となります。

もう一度、南鐐二朱銀について説明してください。

小判《こばん》など金貨は、両《りょう》・分《ぶ》・朱《しゅ》という単位をもったお金でしたが、銀貨は「何匁《もんめ》」といった重さを量って使うもの→p.121で、交換が厄介《やっかい》でした。そこで、銀貨に「二朱」という単位を表示したのが南鐐二朱銀です。小判１両は16朱だったので、南鐐二朱銀８枚で小判１両と交換できることになったわけです。

史料 狂歌《きょうか》－寛政の改革に対する批判

❶世の中に 蚊《か》ほどうるさき ものはなし ぶんぶぶんぶと 夜もねられず
❷白河《しらかわ》の 清きに魚の 住みかねて もとの濁《にご》りの 田沼こひしき

❶の「うるさきもの」とは寛政の改革による厳しい倹約令などを、「ぶんぶぶんぶ」という蚊の飛ぶ音は文武弓馬《ぶんぶきゅうば》の道→p.109の「文武」を指し、厳しい道徳的な生活を強《し》いられてうるさい、と言っています。

❷は、「白河」は白河藩主の松平定信を指し、こんなに厳しくあれこれ言われる清らかな政治よりも、濁った政治でも田沼時代の方がマシだった、ということを言っています。

中期の藩政改革と藩学

各大名《だいみょう》も財政難で、幕府の改革と同様の政策をとったのが中期の藩政《はんせい》改革です。主な事業は、人材を育成する藩学《はんがく》(藩校《はんこう》)→p.135の設立、その地域で取れる産物を指定した専売制の実施などです。右のような名君とされる藩主が現れた藩では顕著《けんちょ》な成果を上げたとされます。

- 熊本藩：細川重賢《ほそかわしげかた》…時習館《じしゅうかん》
- 米沢《よねざわ》藩：上杉治憲《うえすぎはるのり》（鷹山《ようざん》）
  …興譲館《こうじょうかん》（再建）
- 秋田藩：佐竹義和《さたけよしまさ》…明徳館《めいとくかん》

定信は1792年、『海国兵談《かいこくへいだん》』で幕府の海外政策を批判したことで林子平《はやししへい》→p.129を罰しますが、その年に皮肉なことに、ロシアの使節、ラックスマン→p.130が根室に来航しています。

定信の引退はその翌年、1793年ですね。

＊4　尊号一件とは、光格《こうかく》天皇が父親に太上《だいじょう》天皇の尊号を与える許可を求めたのを定信が拒絶、反幕的な公家が立ち上がったのを逆に処罰《しょばつ》した、朝廷《ちょうてい》への強硬《きょうこう》策でした。

50 経済の発展と経世論

19世紀に入ると、社会や経済の変容がかなり進んできます。

17世紀の幕藩体制の在り方が通用しなくなっていた、ということですね。

19世紀に入ると、経済発展が進み、特に貨幣《かへい》経済が農村のすみずみに行き渡ります。そのため、江戸の周辺には豊かな生産地も展開していきます。

この関東地方などを中心とした、江戸を取り巻く経済圏のことを江戸地回《えどじまわ》り経済圏《けいざいけん》と呼びます。ここには都市ではなく、農村で商業活動を行う在郷商人《ざいごうしょうにん》などが多数存在しました。また、活発な物資の流通に伴《ともな》い、人の行き来もさかんになっていました。

そこで、都市型の犯罪が関東地方に広がっていきます。賭博《とばく》なども横行し、無宿人《むしゅくにん》も増加するなど、個々の領主では対応できない治安問題が発生します。そのため、幕府は1805年に関東取締出役《かんとうとりしまりしゅつやく》[*1]という強力な警察組織を創出します。

農村では手工業生産が活発になってきたため、農家が自分の家のために作った物の余りを売るという農村家内工業《のうそんかないこうぎょう》を超えて、都市の商人などが貧農層などに資金や道具を与えて生産を委託《いたく》し、農家の手工業生産を商人がコントロールして製品を買い取るという、**問屋《といや》制《せい》家内工業**が普及《ふきゅう》します。

さらに、農村部に工場を設け、そこに農民を労働者として集め、分業・協業によって生産する**マニュファクチュア**（**工場制《こうじょうせい》手工業**）[*2]も現れてきます。大坂・尾張《おわり》の綿織物、足利《あしかが》・桐生《きりゅう》の絹織物→p.118などでこのような形態が行われるようになります。

＊1　俗《ぞく》に「八州廻《はっしゅうまわ》り」と呼ばれる、江戸周辺の関東8か国を巡回《じゅんかい》する特別警察です。幕領《ばくりょう》・私領をまわり、無宿人や博徒《ばくと》を取り締まりました。

＊2　マニュファクチュアは、近代的な蒸気機関と大型機械を使う生産形式ではなく、道具・技術レベルは手工業段階です。

『尾張名所図会』

（『尾張名所図会下巻』大日本名所図会刊行会／1919年　千代田区立図書館蔵、部分）

上の図は『尾張名所図会《おわりめいしょずえ》』の一場面で、織屋《おりや》の内部を図示したものです。尾張は綿織物の発達した地域で、この絵は各種の道具が大きな工場内に設置され、女性の労働者たちによって分業、協業体制がとられていることを示しています。

経世論

- 海保青陵《かいほせいりょう》『稽古談《けいこだん》』…商品経済を重視し、売買を肯定し、藩による専売制などを提唱した。
- 工藤平助《くどうへいすけ》『赤蝦夷風説考《あかえぞふうせつこう》』…北海道方面に対する関心から執筆。田沼意《たぬまおき》次《つぐ》→p.126に影響を与える。
- 林子平《はやししへい》『海国兵談《かいこくへいだん》』…海からの外国の侵略への備えが不十分だと説く。松平定信《まつだいらさだのぶ》→p.126の弾圧の対象となる。
- 安藤昌益《あんどうしょうえき》『自然真営道《しぜんしんえいどう》』…奥州八戸《はちのへ》の医者。ユートピアのような平等社会を構想する。

藩《はん》の専売制《せんばいせい》などを主張した太宰《だざい》春台《しゅんだい》→p.122などの前期の経世論《けいせいろん》に対して、後期には本多利明《ほんだとしあき》や佐藤信《さとうのぶ》淵《ひろ》が、藩単位ではなく日本全体が貿易に乗り出すべきだ、すなわち、海外貿易の必要性を説いています。

51 列強の接近

18世紀以降、ロシアが北方に登場します。イギリス、アメリカも接近してきます。

そして最終的に、ペリー→p.142がやってきて開国ということになるんですね。

1792年、ロシアのラックスマンが根室《ねむろ》に来航します[*1]。幕府はその要求を退けますが、北方に注意を向けざるを得なくなり、松前《まつまえ》藩《はん》→p.114に預けていた蝦夷地《えぞち》のうち東の方を直轄《ちょっかつ》化します。

1804年、ラックスマンに与えた信牌《しんぱい》（長崎入港許可証）を持ってレザノフが長崎に来航しますが、幕府はロシアとの国交を拒絶《きょぜつ》します。レザノフは怒り、日本を襲撃する事件も起こります。

そこで外国とのトラブルを防ぐため、幕府は、困った船には食料や水を与え穏和に帰ってもらえという、文化《ぶんか》の薪水給与令《しんすいきゅうよれい》を1806年に出します。そして1807年には全蝦夷地を直轄し、松前奉行《まつまえぶぎょう》を設置します。

ところが、1808年、イギリスの軍艦《ぐんかん》フェートン号《ごう》が長崎に強制入港し、乱暴を働いて帰る事件が起こります。1811年には、ロシアとの間でゴローウニン事件《じけん》[*2]が起こります。この事件は平和的に解決しましたが、その後イギリス船などが近づいて来たため、1825年、幕府は異国船打払令《いこくせんうちはらいれい》を出し、「外国船を見たら全て追い払え」という強硬《きょうこう》姿勢をとります。

国内では、1832年ごろから1838年ごろまで、長い天保《てんぽう》の飢饉《ききん》に見舞われます。そして元幕臣の大塩平八郎《おおしおへいはちろう》の乱《らん》や、大塩に触発された生田万《いくたよろず》の乱《らん》など、幕府の権威に対する反発が公然と起こるようになってきます。

1837年にはアメリカの商船モリソン号《ごう》が、日本人漂流民《ひょうりゅうみん》の返還などを理由に国交開始の交渉を始めようと浦賀《うらが》に来ますが、幕府は異国船打払令を理由にこれを打払います[*3]。

＊1　ラックスマンは、漂流《ひょうりゅう》した伊勢《いせ》の船頭《せんどう》、大黒屋光太夫《だいこくやこうだゆう》を送り届けてきましたが、国交を開き港を使わせてくれと要求しました。幕府は回答を保留し、長崎に改めて来てくれと、ラックスマンに一応帰ってもらいました。

＊2　ロシアの軍人ゴローウニンを国後《くなしり》島で日本側が捕まえ、その後日本の商人高田屋嘉兵衛《たかだやかへえ》がロシア側の捕虜《ほりょ》になり、最終的には両者がともに解放されて解決した事件です。

このころから、たくさん外国船がやって来ていたんですね。

そして、1840年には東アジアの危機、アヘン戦争が起こります。ヨーロッパの勢力が本格的に東アジアに登場するのです。

列強の接近　＊は北方探検

	〈田沼時代…蝦夷地開発計画〉
1786	＊最上徳内…蝦夷地探査
	〈寛政の改革〉
1792	ラックスマン根室来航
	〈大御所時代〉
1798	＊近藤重蔵…択捉島探査
1799	東蝦夷地直轄
1804	レザノフ長崎来航
1806	文化の薪水給与令
1807	全蝦夷地直轄、松前奉行設置
1808	＊間宮林蔵…樺太探査
	フェートン号事件
1811	ゴローウニン事件
1825	異国船打払令
1832	天保の飢饉（～38ごろ）
1837	大塩平八郎の乱・生田万の乱
	モリソン号事件（39蛮社の獄）
1840	アヘン戦争（42南京条約）
	〈天保の改革〉

北方探検

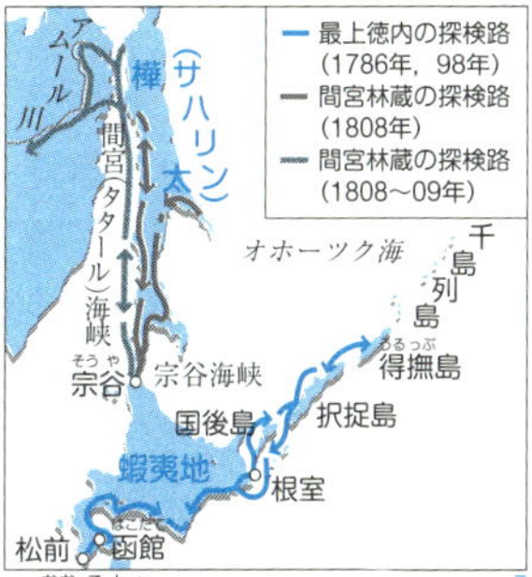
最上徳内の探検路（1786年，98年）
間宮林蔵の探検路（1808年）
間宮林蔵の探検路（1808～09年）
アムール川
樺太（サハリン）
間宮（タタール）海峡
オホーツク海
千島列島
宗谷《そうや》
宗谷海峡
得撫島
国後島
択捉島
蝦夷地
根室
松前
函館《はこだて》

大御所時代《おおごしょ》→p.132には、幕臣の近藤重蔵《こんどうじゅうぞう》が最上徳内《もがみとくない》→p.126とともに択捉島《えとろふ》に大日本恵登呂府《だいにほんえとろふ》の碑《ひ》を建てます。さらに北方を探検した間宮林蔵《まみやりんぞう》は樺太《からふと》を島だと確認しました。

史料（部分要約）**異国船打払令**…「二念無く《にねんな》」から、無二念打払令《むにねんうちはられい》とも呼ばれます。

> …イギリスだけでなく、**南蛮《なんばん》・西洋の儀《ぎ》**（南蛮・西洋の国）は、禁止されている邪教《じゃきょう》の国（キリスト教という邪な宗教の国）である。今後、…**有無《うむ》に及《およ》ばず、一図《いちず》に打払ひ**（ああだこうだと考えず、これを追い払ってしまえ）、…**二念無く、打払ひ**（迷うこと無く、打払い）を心掛け、…

異国船打払令は、西洋の国を「邪教の国」と決めつけ、非常に強い排外政策を命じたものです。

清《しん》とイギリスが戦ったアヘン戦争の結果、清は敗北し、1842年には南京《ナンキン》条約が結ばれます。清は香港《ホンコン》をイギリスに譲《ゆず》り渡《わた》し、上海《シャンハイ》などを開港することになります。

＊3　モリソン号を打払ったことが伝わると、高野長英《たかのちょうえい》は『戊戌夢物語《ぼじゅつゆめものがたり》』で、渡辺崋山《わたなべかざん》は『慎《しん》機論《きろん》』でこれを批判し、1839年、幕府から弾圧を受けます（蛮社《ばんしゃ》の獄《ごく》）。

52 天保の改革と雄藩の台頭

アヘン戦争→p.131の最中、幕府は天保《てんぽう》の改革《かいかく》に乗り出します。

天保《てんぽう》の飢饉《ききん》→p.130がようやく終わったころですね。

19世紀前半は、将軍職を譲《ゆず》った後もずっと徳川家斉《とくがわいえなり》→p.126が大御《おおご》所《しょ》として権力を握《にぎ》っていました（大御所時代）。しかしアヘン戦争中の1841年に家斉が没すると、12代将軍家慶《いえよし》の下で老中《ろうじゅう》**水野忠邦**《みずのただくに》を中心に、改革が始まります。これが**天保の改革**です。

まず、物価高が大きな問題でしたので、本来ならばもっと安く売れるものを同業者集団の株仲間《かぶなかま》→p.120が値下げをせず高く売っているのではと考え、**株仲間の解散**を命令します*1。

また、異国船打払令《いこくせんうちはらいれい》→p.130によって外国との戦争になる危険を避けるため、1842年には**天保**《てんぽう》**の薪水給与令**《しんすいきゅうよれい》で、文化《ぶんか》の薪水給与令→p.130と同じように、外国船には穏和に帰ってもらえという指示を出します。

さらに、天保の飢饉《ききん》でまたも都市に流入した農民などを郷里に戻し、今後は出稼《でかせ》ぎも禁止することとした、**人返**《ひとがえ》**しの法**《ほう》（**人返し令**）を出します。

ところが、1843年、水野は江戸・大坂の周辺を全て直轄《ちょっかつ》領にしようとする**上知**《あげち》**（地**《ち》**）令**《れい》を出しましたが、反発をうけて引退に追い込まれます。改革はあっさり挫折《ざせつ》してしまいました。

一方、19世紀には、各藩でも再び藩政改革《はんせいかいかく》が行われています。これに成功した藩を俗《ぞく》に**雄藩**《ゆうはん》と言います*2。

この後期の藩政改革では、中・下級の藩士で優秀な者を抜擢《ばってき》し、大きな権限を与えるかたちが目立ちます。目標は財政再建ですが、列強《れっきょう》の接近という大きな環境の変化を受けて、洋式軍備の導入を行う藩が多いのも特徴です。もちろん専売制《せんばいせい》の強化なども行います。幕府はそのような流れに乗り遅れたわけです。

＊1　しかし、物価の上昇を食い止めるどころか、かえって経済の混乱を招きます。結局、幕府は1851年、株仲間の再結成を命じます（株仲間《かぶなかま》再興令《さいこうれい》）。

＊2　中期の藩政改革→p.127が名君の統治するあちこちの地域に起こったのに対して、雄藩は主に西日本に多いのが特徴です。そのため西南雄藩と呼ぶこともあります。

えっと、確か1853年が、有名なペリーの来航ですよね。天保の改革の終わった1843年のちょうど10年後なのですね。

そうです。10年後の嘉永《かえい》6年、1853年に、ペリーが浦賀に来航します。

江戸時代の三代改革

享保《きょうほう》の改革《かいかく》→p.124		田沼《たぬま》時代と寛政《かんせい》の改革《かいかく》→p.126		天保《てんぽう》の改革《かいかく》	
1716	徳川吉宗《とくがわよしむね》将軍就任	1767	田沼《たぬま》意次《おきつぐ》側用人《そばようにん》に	1841	徳川家斉没
1719	相対済《あいたいすま》し令《れい》発布	1782	(天明《てんめい》の飢饉、~87)		天保の改革開始
1721	目安箱《めやすばこ》設置	1783	（浅間山《あさまやま》大噴火）		株仲間解散令
1722	上《あ》げ米《まい》実施(~30)	1787	松平定信《まつだいらさだのぶ》老中就任	1842	天保の薪水給与令
1723	足高《たしだか》の制《せい》	1789	棄捐令《きえんれい》発布	1843	人返しの法
1732	（享保の飢饉）	1790	石川島人足寄場《いしかわじまにんそくよせば》設置		上知令
1742	『公事方御定書《くじかたおさだめがき》』編纂《へんさん》		寛政《かんせい》異学《いがく》の禁《きん》		

雄藩

- **薩摩藩**（**鹿児島藩**）…調所広郷《ずしょひろさと》を登用。琉球《りゅうきゅう》王国を事実上植民地支配しているため→p.114、琉球密貿易《みつぼうえき》で利益を上げた。他に洋式工場の設営、佐賀藩にならった反射炉《はんしゃろ》の建設などを行う。とくに島津斉彬《しまづなりあきら》は名君中の名君と言われる。
- **長州藩**（**萩《はぎ》藩**）…村田清風《むらたせいふう》を登用。専売制に反対する大規模な一揆があったため専売制を緩和《かんわ》、また越荷方《こしにかた》という商社・金融業のような機構を拡大し利益を上げた。
- **佐賀藩**（**肥前《ひぜん》藩**）…長崎の防衛をもともと幕府から命ぜられており、大砲を作る必要から反射炉をいち早く導入。また、陶磁器の専売制を強化し利益を上げた。

薩摩藩《さつまはん》・長州藩《ちょうしゅうはん》に共通する特筆すべき施策《しさく》は、莫大《ばくだい》な藩の借金の再建策を確立し、商人と話を付け、財政再建のための道筋を確立したことです。ほかには**土佐《とさ》藩**（**高知藩**）も雄藩として台頭します。

水戸《みと》藩は、財政再建にはあまり成功しませんが、徳川斉昭《なりあき》→p.144は、幕末の政治に大きな影響力を発揮します。

53 化政文化1

18世紀後半から19世紀、11代徳川家斉《とくがわいえなり》→p.132の時期を中心とする文化が化政《かせい》文化です。

文化《ぶんか》・文政《ぶんせい》の元号《げんこう》から取られた名称ですよね。

江戸後期は、町人文化の最盛期でした。元禄《げんろく》文化→p.122は豪商《ごうしょう》たちが中心でしたが、**化政文化**は一般的な都市の住人たちが中心の、庶《しょ》民《みん》的な文化でした。

江戸中心の経済圏《けいざいけん》→p.128が発達した時期なので、文化の中心も江戸ですが、京都・大坂にも独自の文化が発達します。地方にも多様な文化が醸成《じょうせい》され、江戸と地方の交流がさかんに行われました。また、幕藩体制の動揺《どうよう》、列強の接近などを受け、批判的な精神が表面に出てきたことも特徴です。

学問では、中国に発する儒学《じゅがく》に対して**国学**《こくがく》が成立します。国文学研究は江戸の初期に始まりましたが、やがて日本の古い美しい在り方を求める動きが起こります。荷田春満《かだのあずままろ》に始まり、賀茂真淵《かものまぶち》を経て、**本居宣長**《もとおりのりなが》の**『古事記伝』**《こじきでん》で国学は完成します。[*1·2]

次に、ヨーロッパの学問を導入する動きが本格化します。これを**洋学**《ようがく》と呼びますが、最初はオランダ中心なので**蘭学**《らんがく》でした[*3]。これは、**前野良沢**《まえのりょうたく》、**杉田玄白**《すぎたげんぱく》らの**『解体新書』**《かいたいしんしょ》の訳出で成立します。また、長崎の出島《でじま》→p.112のオランダ商館に勤務したドイツ人の**シーボルト**は、**鳴滝塾**《なるたきじゅく》で西洋医学を教えました。医学だけでなく、天文学・地理学でも西洋の学問が重視されました。

教育では、洋学系統の塾や、各藩が人材養成のために置いた**藩学**《はんがく》（**藩校**《はんこう》）があります。都市では**寺子屋**《てらこや》が普及《ふきゅう》し、読み・書き・そろばんの初等教育が行われました。[*4]

学問の発達の中で、国学や神道《しんとう》の影響から尊王論《そんのうろん》[*5]が起こり、やがて幕藩体制そのものを批判する思想も現れました。

＊1　その後を継いだ**平田篤胤**《ひらたあつたね》は、ここに神道を加えて復古神道《ふっこしんとう》を唱え、幕末の尊王攘夷《そんのうじょうい》運動→p.146に大きな影響を与えます。

＊2　一般的な日本についての学問は和学《わがく》と呼ばれます。盲人《もうじん》の大学者・塙保己一《はなわほきいち》が和学講談《わがくこうだん》所《しょ》を設けて、日本の古典を全て出版しようと『群書類従《ぐんしょるいじゅう》』を発刊します。

主な蘭学者とその著書・業績

- 前野良沢・杉田玄白…『解体新書』※解剖書《かいぼうしょ》の翻訳《ほんやく》
- 大槻玄沢《おおつきげんたく》…『蘭学階梯《らんがくかいてい》』※蘭学入門書
- 稲村三伯《いなむらさんぱく》…『ハルマ和解《わげ》』※オランダ語辞書
- 志筑忠雄《しづきただお》…『暦象新書《れきしょうしんしょ》』※天文・物理学書
- 高橋至時《たかはしよしとき》…寛政暦《かんせいれき》の作成　※西洋の暦法を取り入れた暦
- **伊能忠敬《いのうただたか》**…『大日本沿海輿地全図《だいにほんえんかいよちぜんず》』※全国の地理調査
- **平賀源内《ひらがげんない》**…エレキテル（摩擦起電器《まさつきでんき》）などの作成

多才な才能を発揮した平賀源内は、西洋画なども習得して人々に伝えました。

各地の教育施設

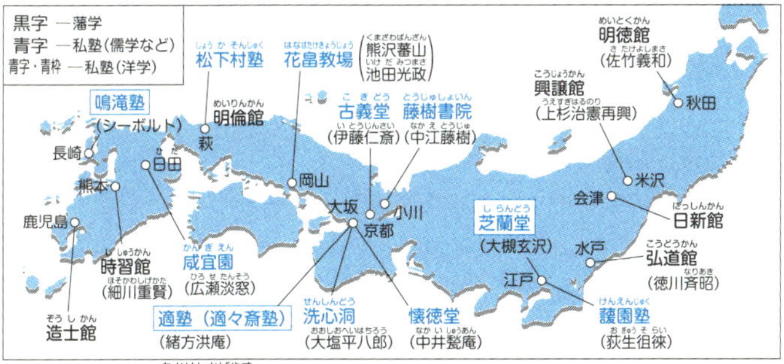
黒字 ―藩学
青字 ―私塾(儒学など)
青字・青枠 ―私塾(洋学)
松下村塾《しょうかそんじゅく》
花畠教場《はなばたけきょうじょう》
熊沢蕃山《くまざわばんざん》
池田光政《いけだみつまさ》
明徳館《めいとくかん》
(佐竹義和《さたけよしまさ》)
興譲館《こうじょうかん》
(上杉治憲《うえすぎはるのり》再興)
秋田
鳴滝塾
(シーボルト)
明倫館《めいりんかん》
萩
古義堂《こぎどう》
藤樹書院《とうじゅしょいん》
(伊藤仁斎《いとうじんさい》)
(中江藤樹《なかえとうじゅ》)
長崎
日田《ひた》
岡山
米沢
熊本
大坂
小川
京都
会津
日新館《にっしんかん》
鹿児島
芝蘭堂《しらんどう》
(大槻玄沢)
水戸
弘道館《こうどうかん》
(徳川斉昭《なりあき》)
時習館《じしゅうかん》
(細川重賢《ほそかわしげかた》)
咸宜園《かんぎえん》
(広瀬淡窓《ひろせたんそう》)
江戸
造士館《ぞうしかん》
適塾（適々斎塾）
(緒方洪庵)
洗心洞《せんしんどう》
(大塩平八郎《おおしおへいはちろう》)
懐徳堂
(中井甃庵《なかいしゅうあん》)
蘐園塾《けんえんじゅく》
(荻生徂徠《おぎゅうそらい》)

シーボルトは高橋景保《たかはしかげやす》（高橋至時の息子）から贈られた日本地図を本国に持ち出そうとして国外追放になります（シーボルト事件《じけん》）。その後、蘭学教育では、大坂の**緒方洪庵《おがたこうあん》**の**適塾《てきじゅく》**（**適々斎塾《てきてきさいじゅく》**）が中心になります。幕府も蛮書《ばんしょ》和解御用《わげごよう》を置き、積極的にヨーロッパの学問を導入しようとします。

大坂の商人たちが建てた懐徳堂《かいとくどう》は、最初は朱子学《しゅしがく》の研究をしますが、やがて富永仲基《とみながなかもと》・山片蟠桃《やまがたばんとう》など、徹底《てってい》した合理主義で神や仏などを否定する独自の学問を生み出します。

＊3　蘭学が本格化する大きな契機《けいき》は、享保《きょうほう》の改革《かいかく》→p.124の時の漢訳洋書《かんやくようしょ》の輸入禁止の緩和《かんわ》や、将軍吉宗《よしむね》の命で青木昆陽《あおきこんよう》たちがオランダ語の習得を命ぜられたことです。

＊4　京都では石田梅岩《いしだばいがん》が通俗《つうぞく》道徳を説いて商人・町人など多くの支持を集めました。この学問・思想を心学《しんがく》と言い、手島堵庵《てしまとあん》、中沢道二《なかざわどうに》たちがこれを広げました。

＊5　尊王論の早い段階では、竹内式部《たけのうちしきぶ》が宝暦事件《ほうれきじけん》、そして山県大弐《やまがただいに》が明和事件《めいわじけん》で処罰《しょばつ》されるなど、幕府による弾圧がありました。

54 化政文化2

次は化政《かせい》文化の文学や絵画などですね。

教育の普及《ふきゅう》を背景に、庶民《しょみん》も文字を通して文学に親しむようになったのがこの時期です。

　文学では、**化政文化**の特徴である批判精神という意味で**狂歌《きょうか》**・**川《せん》柳《りゅう》**が注目されます[*1]。一時活発ではなかった俳諧《はいかい》は、**与謝蕪村《よさぶそん》**・**小《こ》林一茶《ばやしいっさ》**が新しい境地を開きます。和歌は良寛《りょうかん》が現れます。

　小説では、井原西鶴《いはらさいかく》が確立した浮世草子《うきよぞうし》→p.122からジャンルが分かれ、遊里《ゆうり》を描いた**洒落本《しゃれぼん》**や風刺絵入りの黄表紙《きびょうし》が成立します。この2つは寛政《かんせい》の改革《かいかく》→p.126で弾圧され、それから逃れるために、次は庶民生活を描く**滑稽本《こっけいぼん》**が脚光《きゃっこう》を浴《あ》びます。**十返舎一九《じっぺんしゃいっく》**の『東海道中膝栗毛《とうかいどうちゅうひざくりげ》』などが有名です。

　大御所時代《おおごしょじだい》→p.132は思想統制がそれほど厳しくなかったので、再び町人の恋愛を描く**人情本《にんじょうぼん》**や黄表紙をまとめた合巻《ごうかん》が登場します。しかし、天保《てんぽう》の改革《かいかく》→p.132で弾圧を受けます。それでも庶民は広くさまざまな文学に親しむようになりました。

　また、**読本《よみほん》**[*2]という一種の歴史小説、長大なストーリーの本もあります。上田秋成《うえだあきなり》と**滝沢《たきざわ》（曲亭《きょくてい》）馬琴《ばきん》**が中心的な作家です。

　演劇では、浄瑠璃《じょうるり》に**竹田出雲《たけだいずも》**が現れ、『仮名手本忠臣蔵《かなでほんちゅうしんぐら》』という、今でも浄瑠璃、歌舞伎《かぶき》でもっとも有名な脚本を成立させます。歌舞伎には、大劇作家である鶴屋南北《つるやなんぼく》が現れ、『東海道四谷怪談《とうかいどうよつやかいだん》』などで人気を博《はく》しました。[*3]

　絵画では、浮世絵《うきよえ》→p.122に**鈴木春信《すずきはるのぶ》**が現れ、**錦絵《にしきえ》**という多色刷《たしょくず》りの版画を完成させます。美人画《びじんが》の喜多川歌麿《きたがわうたまろ》、役者絵《やくしゃえ》や相撲絵《すもうえ》の東洲《とうしゅう》斎写楽《さいしゃらく》らの大首絵《おおくびえ》という手法は今日でも親しまれています。そして風景版画の全盛期になります。**葛飾北斎《かつしかほくさい》**の『富嶽三十六景《ふがくさんじゅうろっけい》』、**歌川《うたがわ》（安藤《あんどう》）広重《ひろしげ》**の『東海道五十三次《とうかいどうごじゅうさんつぎ》』などが有名です。

＊1　川柳では柄井川柳《からいせんりゅう》、狂歌では大田南畝《おおたなんぽ》が代表的な人物です。

＊2　読本は儒教道徳に合致した勧善懲悪《かんぜんちょうあく》が特徴で、最後には善が勝ち悪が懲《こ》らしめられるため、幕藩体制の支配者からも許容され、小説好きの人々に愛好されました。

＊3　幕末から明治にかけて活躍した河竹黙阿弥《かわたけもくあみ》は、白浪物《しらなみもの》（盗賊《とうぞく》を主人公とする脚本）で次々にヒット作を生み出しました。

化政文化の主な著作物・著者

[俳諧] 与謝蕪村、小林一茶	[人情本]『春色梅児誉美《しゅんしょくうめごよみ》』（為永春水《ためながしゅんすい》）
[和歌] 良寛	[合巻]『偐紫田舎源氏《にせむらさきいなかげんじ》』（柳亭種彦《りゅうていたねひこ》）
[狂歌] 大田南畝	[読本]『雨月物語《うげつものがたり》』（上田秋成）
[川柳]『誹風柳多留《はいふうやなぎだる》』（柄井川柳ら撰）	『南総里見八犬伝《なんそうさとみはっけんでん》』（滝沢〈曲亭〉馬琴）
[洒落本]『仕懸文庫《しかけぶんこ》』（山東京伝《さんとうきょうでん》）	[浄瑠璃]『仮名手本忠臣蔵』（竹田出雲）
[黄表紙]『金々先生栄花夢《きんきんせんせいえいがのゆめ》』（恋川春町《こいかわはるまち》）	[歌舞伎]『東海道四谷怪談』（鶴屋南北）
[滑稽本]『東海道中膝栗毛』（十返舎一九）	
『浮世風呂《うきよぶろ》』（式亭三馬《しきていさんば》）	

化政文化の主な画家と作品

[浮世絵]『弾琴美人《だんきんびじん》』（鈴木春信）

『ポッピンを吹《ふ》く女《おんな》』※美人画

（喜多川歌麿）

『市川鰕蔵《いちかわえびぞう》』 ※役者絵

（東洲斎写楽）

『富嶽三十六景』 ※風景版画

（葛飾北斎）

『東海道五十三次』 ※風景版画

（歌川〈安藤〉広重）

[文人画]『鷹見泉石像《たかみせんせきぞう》』（渡辺崋山《わたなべかざん》）

『十便十宜図《じゅうべんじゅうぎず》』（池大雅《いけのたいが》・与謝蕪村）

[写生画]『雪松図屏風《ゆきまつずびょうぶ》』（円山応挙）

[銅版画]『不忍池図《しのばずのいけず》』司馬江漢

富嶽三十六景（葛飾北斎）

（東京国立博物館蔵）

浮世絵以外では、文人画《ぶんじんが》（中国の学者たちの描いた絵、という意味。南画《なんが》ともいう）が日本でもはやります。円山応挙《まるやまおうきょ》も徹底《てってい》した遠近法《えんきんほう》などを取り入れた絵の一派の祖として有名です。さらに西洋画も平賀源内《ひらがげんない》→p.135などにより習得され、司馬江漢《しばこうかん》などの作品につながります。

信仰では、日待《ひまち》・月待《つきまち》・庚申講《こうしんこう》など、講《こう》という、小グループを組んでの信仰が一般化します。伊勢参《いせまい》りや、時々爆発的に起こる伊勢神宮《いせじんぐう》への集団参拝の御蔭参《おかげまい》りなど、さまざまな有名寺社への参詣《さんけい》や札所《ふだしょ》めぐりなども人気を集めました。江戸時代後期は、今日と同じように、多様な宗教がさまざまな階層に受け入れられていたと言えます。

チャレンジ！ センター試験問題

問　江戸時代の村に関して述べた文として正しいものを、次の①～④のうちから一つ選べ。　　(2006年　本試)

①　年貢や諸役は、領主から個々の百姓に対して直接賦課された。
②　結・もやいなどとよばれる、相互扶助の慣行があった。
③　村の運営は、豪農・組頭・百姓代の村方三役によって行われた。
④　村に住む人々はすべて本百姓として把握された。

4択問題で、正文を選択するタイプのものです。4つの中で、明確な間違いの文を3つ、探してみましょう。

えっと、③の「豪農《ごうのう》」は村方三役《むらかたさんやく》じゃないわよね。村方三役って、確か「名主《なぬし》・組頭《くみがしら》・百姓代《ひゃくしょうだい》」だったと思うんだけど→p.110。

④も違うと思うわ。村には、本百姓《ほんびゃくしょう》以外に、田畑を持っていない水呑百姓《みずのみびゃくしょう》などもいたわよね→p.110。

じゃあ①か②だな。①は……江戸時代に納めていたのは年貢《ねんぐ》で問題ないような……。②は……結《ゆい》・もやいってこういう説明でよかったかな……。えーい、こうなったらカンだ！　答えは①！

ま、待った！　①は誤文だと思うぞ。江戸時代の年貢の納め方って、個々の百姓に課されたんじゃなくて、村単位で、村の責任で納める村請制《むらうけせい》じゃなかったか？→p.110

あっ……！　そうか、そこが違うのか！　じゃあ、①と③と④が間違いで、答えは②だな！

その通りです。単純に用語を丸暗記するだけでなく、用語の意味もしっかり確認しておくようにしましょう。

答　②

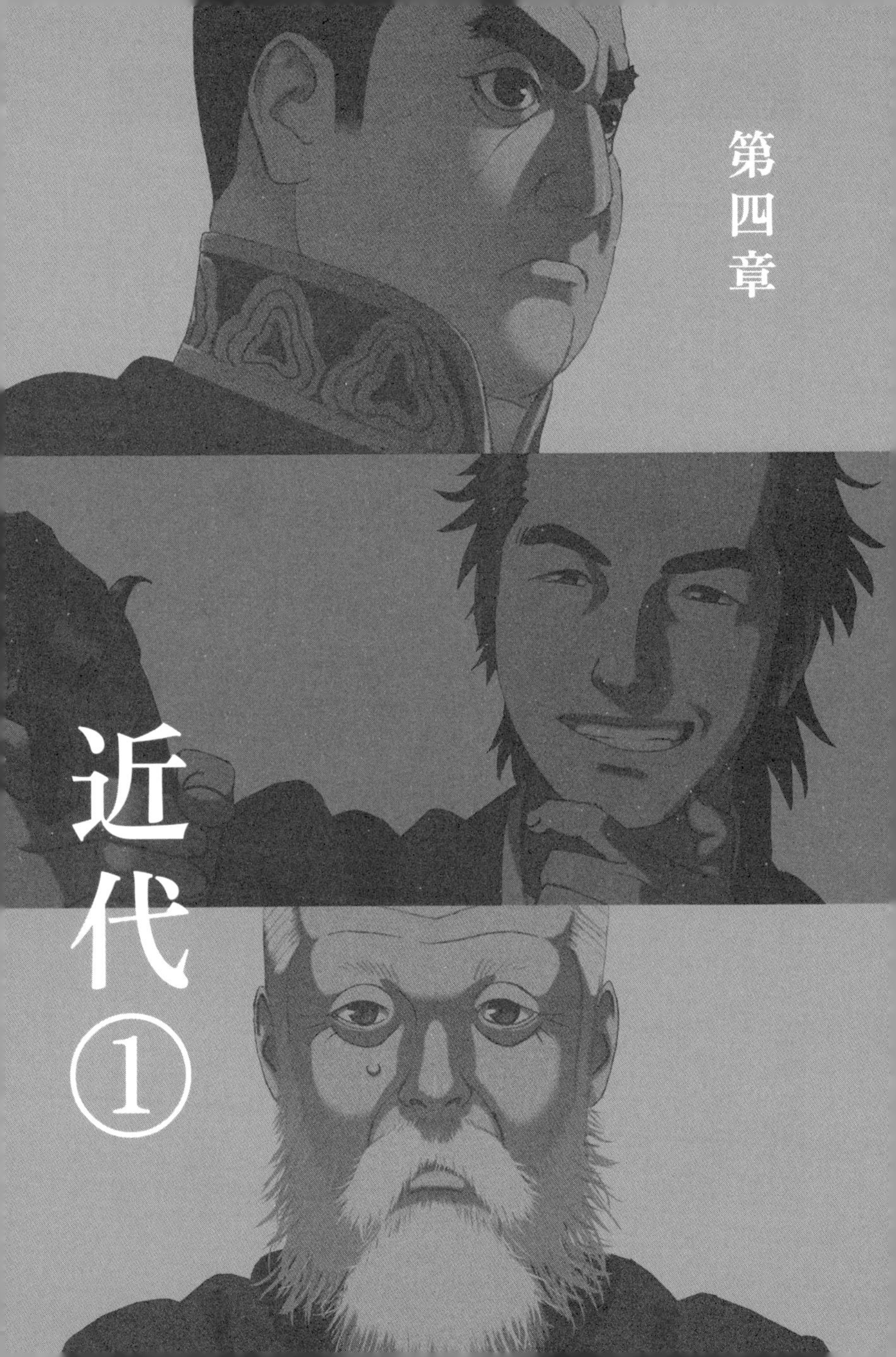
第四章
近代①

日本史4コマ劇場

維新編

近代と言えばもちろんまずは幕末！坂本龍馬《さかもとりょうま》に高杉晋作《たかすぎしんさく》にそして新撰組《しんせんぐみ》の活躍する時代よね！
……新撰組はあんまり出ないって話じゃなかった？
そういえば坂本龍馬ってさー、名前はよく聞くけど、結局いったい何をした人なんだ？
薩長連合《さっちょうれんごう》とか大政奉還《たいせいほうかん》とか……まあ確かに幕末の状況を知らないとわからないかもな。
坂本龍馬は土佐《とさ》藩の出身で、小さい頃は泣き虫だったらしい。だけども江戸で剣術を学んで免許皆伝《めんきょかいでん》されるほどの剣術の腕の持ち主に成長したんだ。で、幼馴染みの武市半平太《たけちはんぺいた》らと尊王攘夷《そんのうじょうい》を目指す土佐勤王党《とさきんのうとう》を結成するけど、その後脱藩し、そして勝海舟《かつかいしゅう》に出会って航海術を学ぶことになる。ここで面白い話があって、最初は勝海舟を斬りに行ったけど、勝の話に感銘《かんめい》を受けて弟子になったって逸話があって、勝の誇張じゃないかと言われるけど俺はこの話龍馬らしくて好きだなー。………
……そ、その辺で止めてあげたら……？
龍馬好き

この章で扱う主な出来事

江戸

1853 ペリーが浦賀《うらが》に来航する
1854 日米和親条約《にちべいわしんじょうやく》の締結《ていけつ》
1858 日米修好通商条約《にちべいしゅうこうつうしょうじょうやく》の締結
安政《あんせい》の大獄《たいごく》が起こる(～59)
1860 桜田門外《さくらだもんがい》の変《へん》が起こる
1862 生麦事件《なまむぎじけん》→薩英戦争《さつえいせんそう》(63)
1863 長州藩外国船砲撃事件《ちょうしゅうはんがいこくせんほうげきじけん》
→四国艦隊下関砲撃事件《しこくかんたいしものせきほうげきじけん》(64)
1866 薩長連合が結ばれる
1867 大政奉還、王政復古《おうせいふっこ》の大号令《だいごうれい》

明治

1868 戊辰戦争勃発《ぼしんせんそうぼっぱつ》(～69)
五箇条《ごかじょう》の誓文《せいもん》、五榜《ごぼう》の掲示《けいじ》
1869 版籍奉還《はんせきほうかん》
1871 廃藩置県《はいはんちけん》、岩倉遣外使節団《いわくらけんがいしせつだん》出発
1872 学制公布《がくせいこうふ》、鉄道開通《てつどうかいつう》
1873 徴兵令《ちょうへいれい》、地租改正《ちそかいせい》
1874 民撰議院設立建白書《みんせんぎいんせつりつけんぱくしょ》提出
1876 日朝修好条規《にっちょうしゅうこうじょうき》締結
1877 西南戦争《せいなんせんそう》勃発
1881 国会開設《こっかいかいせつ》の勅諭《ちょくゆ》、自由党《じゆうとう》結成
1885 内閣制度《ないかくせいど》が成立する
1889 大日本帝国憲法《だいにっぽんていこくけんぽう》の発布
1890 第1回帝国議会《ていこくぎかい》の開催《かいさい》
1894 治外法権《ちがいほうけん》条項の撤廃《てっぱい》に成功
日清戦争《にっしんせんそう》の勃発(～95)
1895 下関条約《しものせきじょうやく》の締結→三国干渉《さんごくかんしょう》
1901 八幡製鉄所《やはたせいてつじょ》が操業《そうぎょう》を始める
1902 日英同盟《にちえいどうめい》が結ばれる
1904 日露戦争《にちろせんそう》の勃発(～05)
1905 ポーツマス条約《じょうやく》の締結
1910 大逆事件《たいぎゃくじけん》が起こる、韓国併合《かんこくへいごう》
1911 関税自主権《かんぜいじしゅけん》の回復に成功

ペリーの浦賀来航と開国。幕府の滅亡という激動期から、薩長中心の明治政府の取り組んだ諸事業を学習していきます。「富国強兵《ふこくきょうへい》」「殖産興業《しょくさんこうぎょう》」が目標です。欧米に追いつくために憲法と議会、産業革命《さんぎょうかくめい》、そして条約改正《じょうやくかいせい》が一応達成される時代です。その中で、明治の日本は日清・日露戦争という大きな戦争を経験しました。

むむむ……幕末は好きなんだけど、その後がさっぱりわからないのよね……。センター試験も幕末までだけにしてくれればいいのに……。

でも実際、センター試験の4割ぐらいは近現代史なのよね……。

55 開国

1840年のアヘン戦争《せんそう》→p.131で、清《しん》がイギリスに敗れたのでしたよね。

そのようなヨーロッパ列強のアジア進出の中、1853年にペリーがやってきます。

1853年、アメリカから東インド艦隊《かんたい》司令長官のペリーが来航します。「黒船」と呼ばれたペリー艦隊に驚いた幕府は、翌年返答するとして、アメリカ大統領フィルモアの国書を受け取ります。[*1]

このときの老中《ろうじゅう》のトップは阿部正弘《あべまさひろ》で、彼はこれまでのように幕府が独断で決定するのではなく、朝廷（天皇）や外様《とざま》を含む諸大名《だいみょう》にも意見を求めます。幕政は開かれたものとなりますが、これといった対応策はなく、幕府は蒸気船の軍事力に恐れをなし、1854年、日米和親条約《にちべいわしんじょうやく》を結びます[*2]。ペリーの要求に対する日米和親条約の締結《ていけつ》を一般的に開国と呼びます。[*3]

和親条約の規定にもとづき、アメリカは総領事《そうりょうじ》ハリスを日本に送り込みます。ハリスは下田《しもだ》に拠点を構えた後、江戸城に乗り込んで、今度は貿易をしようと要求します。時の老中堀田正睦《ほったまさよし》は通商を認めざるを得ないと判断しました。

堀田は、一応、天皇から勅許《ちょっきょ》（許可）を得て正式に通商条約を結ぼうと、京都に上りました。ところが、時の孝明《こうめい》天皇はこれを拒絶します。弱腰《よわごし》な政策を批判された堀田は失脚《しっきゃく》し、強硬《きょうこう》な路線をとる井伊直弼《いいなおすけ》が登場、大老《たいろう》に就任します。

井伊は阿部以来の開かれた政治姿勢を改め、もとの幕府の独裁的な政治を復活させます。そのため勅許はいらないとして、1858年、日米修好通商条約《にちべいしゅうこうつうしょうじょうやく》[*4・5]の締結に踏み切ります。そして、翌年から開港貿易が始まります。

＊1　同年、ロシアのプチャーチンもペリーを追って長崎に来航、開国を要求します。

＊2　和親条約は英・露などとも結ばれます。日露和親条約《にちろわしんじょうやく》には国境協定も含まれます。千島《ちしま》列島《れっとう》は得撫《うるっぷ》島から北がロシア領、択捉《えとろふ》島から南が日本領で、樺太《からふと》は両国雑居《りょうこくざっきょ》（日露両方が支配権を有し、両国人入り交じって住む）という珍しいかたちとされました。

＊3　阿部はまた、幕政改革を行います。江戸の防備のため大砲置場の島（台場《だいば》）を江戸湾に作ったり、大名に対する「500石以上の船を作ってはいけない」という統制を解禁したりします。また洋学研究を重視し、蕃書調所《ばんしょしらべしょ》などの充実が目指されました。

＊4　締結の背景には、清が1856年のアロー戦争で再び英仏軍に敗北したことがありました。

ペリーはどうして日本にやって来たんですか？

いろいろな理由があるでしょうが、まず、イギリスなどが中国貿易に乗り出していることから、アメリカも中国貿易に参入しようと、太平洋航路を確保し、途中で食料や石炭などを補給する寄港地を確保するため。それから、北太平洋の捕鯨《ほげい》業がさかんだったので捕鯨船の寄港地も必要だったとされています。

列強の東アジア進出

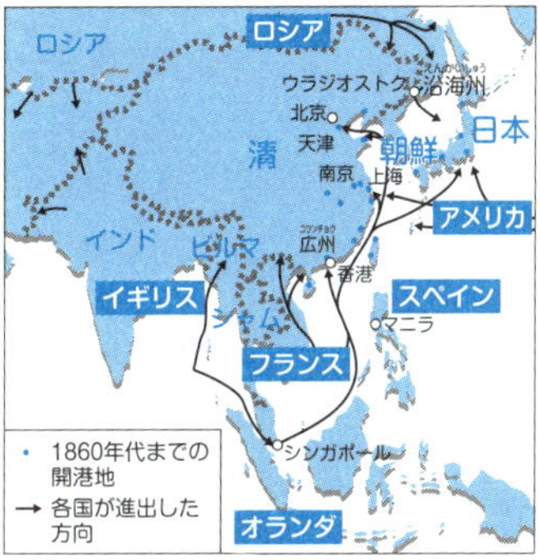

ペリー来航以前、1844年に、オランダ国王ウィレム２世は将軍に対しアヘン戦争での清の敗北を引き合いに出して日本に開国の勧告《かんこく》をします。また、1846年にはアメリカのビッドルが浦賀に来航し通商を要求しますが、幕府はこれらを断っています。

日米和親条約・日米修好通商条約の主な内容

日米和親条約（1854年）	日米修好通商条約（1858年）
● 燃料・水などの供給 ● 下田《しもだ》・箱館《はこだて》の開港 ● 領事の駐在《ちゅうざい》を認める ● 片務的最恵国待遇《へんむてきさいけいこくたいぐう》	● 神奈川・長崎・新潟・兵庫の開港 ● 自由貿易の保障 ● 協定関税制《きょうていかんぜいせい》（**関税自主権**《かんぜいじしゅけん》の欠如《けつじょ》） ● **領事裁判権**《りょうじさいばんけん》を認める（**治外法権**《ちがいほうけん》）

和親条約の最恵国待遇とは、今後、日本が条約で他国に何か有利な条件を与えたら、アメリカにも必ずそれを与えるというものです。

修好通商条約では、協定で関税率が決められ（協定関税制）、一般の独立国が持つ「関税率を自主的に決める」権限がありませんでした。また居留地《きょりゅうち》（外国人の居住が許可された地域）で外国人が犯罪を起こした場合は外国の法律で裁く、領事裁判権を認めました。

最恵国待遇・関税自主権・領事裁判権は、外国だけが権利を持ち、日本には無いという意味で不平等な条約でした。これを対等なものにするのが、明治政府の大きな課題である条約改正→p.166です。

＊5　修好通商条約も当然、他の国とも結びました。米・蘭《らん》・露・英・仏の順番で結ばれたこれらを安政《あんせい》の五カ国条約《ごかこくじょうやく》と呼びます。

56 開港貿易と幕末の政局1

日米修好通商条約《にちべいしゅうこうつうしょうじょうやく》締結を迫られていたころ、幕府では次の将軍を誰にするかという問題で悩んでいました。

幕府は、外交も内政もたいへんだったんですね。

12代将軍徳川家慶《とくがわいえよし》はペリー来航直後に没し、子の**徳川家定《いえさだ》**が後を継ぎますが、家定は病弱で子供もいませんでした。このような時期なので、将軍不在を避けるために、次の将軍を決めておきたい。これが将軍継嗣問題《しょうぐんけいしもんだい》です。

阿部正弘《あべまさひろ》のもとで発言力を得た雄藩《ゆうはん》→p.132などは、次の将軍は有能で自分たちを理解してくれる人物がよいと、水戸《みと》の徳川斉昭《なりあき》の子の**一橋慶喜《ひとつばしよしのぶ》**[*1]を推《お》します。一方、保守派の譜代大名《ふだいだいみょう》や旗本《はたもと》などは、家定に血縁的に近い御三家《ごさんけ》→p.108の徳川慶福《よしとみ》を考えていました。徳川慶福を担《かつ》ぐグループが南紀派《なんきは》、他の一方が一橋派《ひとつばしは》です。

南紀派の井伊直弼《いいなおすけ》は日米修好通商条約を結ぶ一方、慶福を次期将軍（14代将軍**徳川家茂《いえもち》**）とし、一橋派を弾圧します（**安政《あんせい》の大獄《たいごく》**[*2]）。しかしその反発で1860年、井伊は水戸の浪士《ろうし》たちに桜田門《さくらだもん》の前で暗殺されます（**桜田門外《さくらだもんがい》の変《へん》**）。

その前年の1859年から開港貿易が始まっています。当時、日本との貿易で圧倒的なシェアを誇ったのはイギリスでした。幕府は日米修好通商条約で約束した神奈川ではなく、隣の横浜を開港し、貿易はこの横浜に集中します。

そして、金と銀の交換比率が日本と世界で大きく違っていたことが原因で、**金銀比価問題《きんぎんひかもんだい》**が起こります。日本にはどんどん銀が入り、かわりに金が流出する事態となりました。

また、生糸《きいと》など特定の商品が大量に横浜から輸出されたため、物資の流通ルートが混乱し、江戸で急激なインフレが起こりました。幕府はこれを抑えようとして**五品江戸廻送令《ごひんえどかいそうれい》**[*3]を出します。しかし大きな効果はなく、基本的には物価高は収まりませんでした。

＊1　御三卿《ごさんきょう》の１つ、一橋家→p.109の養子になっていた人物です。

＊2　阿部のもと、幕政に参加していた徳川斉昭や越前《えちぜん》の松平慶永《まつだいらよしなが》（春嶽《しゅんがく》）などは退《しりぞ》けられ、藩政からも引退させられます。松平慶永の部下の橋本左内《はしもとさない》や、松下村塾《しょうかそんじゅく》で高杉晋作《たかすぎしんさく》→p.148や伊藤博文《いとうひろぶみ》→p.162らを育て長州藩《ちょうしゅうはん》に大きな影響を与えた吉田松陰《よしだしょういん》などは死刑になります。

金銀比価問題ってどういうことですか？

当時、日本国内では金と銀が１：５ぐらいで交換されましたが、世界では銀の産出量がどんどん増えており、１：15ぐらいで交換されていました。銀15は、海外では金１にしかなりませんが、日本では金３になったのです。そこで、外国人が日本に銀を持ち込み金に替えたことで、日本の金が海外に流出したという問題です。

貿易品目の構成比・横浜港の貿易相手国・輸出入額の変遷

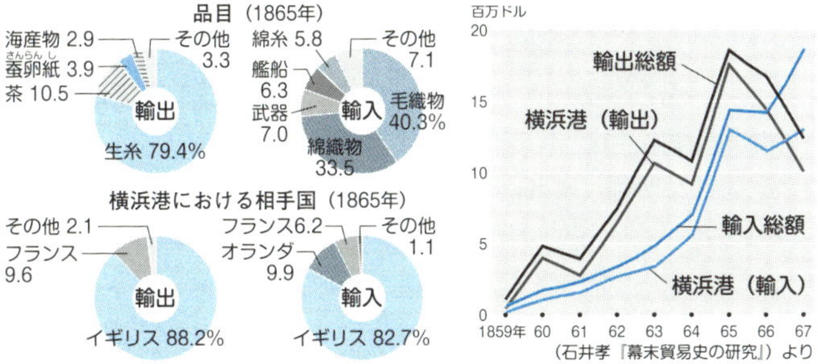

品目（1865年）
海産物 2.9
蚕卵紙《さんらんし》 3.9
茶 10.5
その他 3.3
輸出
生糸 79.4%
綿糸 5.8
その他 7.1
艦船 6.3
武器 7.0
輸入
毛織物 40.3%
綿織物 33.5
横浜港における相手国（1865年）
その他 2.1
フランス 9.6
輸出
イギリス 88.2%
フランス6.2
その他 1.1
オランダ 9.9
輸入
イギリス 82.7%
百万ドル
20
15
10
5
0
輸出総額
横浜港（輸出）
輸入総額
横浜港（輸入）
1859年 60 61 62 63 64 65 66 67

（石井孝『幕末貿易史の研究』）より

輸出品としてもっとも売れたのは生糸で、生糸を供給できる北関東を背景に、横浜に貿易が集中しました。輸入品としては、産業革命後の大型機械で作られる毛織物・綿織物などが中心でした。

金の流出に対して、幕府は貨幣改鋳《かへいかいちゅう》で対応したんですよね。

貨幣改鋳のグラフ→p.117でわかるように、金の含有《がんゆう》量を思いっきり減らした万延《まんえん》小判《こばん》などを発行しました。当然、通貨量が急増しますからインフレになります。インフレは庶民層を直撃し、庶民の生活が苦しくなりますから、一般の町人などにも攘夷《じょうい》論→p.146が広がりました。

＊3　雑穀《ざっこく》・水油《みずあぶら》・蠟《ろう》・呉服《ごふく》・糸（生糸）をまず江戸の問屋《といや》に売り、余ったものを横浜に回せという法律です。しかし厳しくやると自由貿易の協定に違反して列強から反発され、また、実際にそれを完全に実施するだけの余裕がありませんでした。

57 開港貿易と幕末の政局2

桜田門外《さくらだもんがい》の変《へん》で幕府の権威が落ちた後、幕府はどうしたんですか？

天皇の権威を利用して、将軍の権威を補強しようと考えます。

井伊《いい》暗殺後、幕府は老中《ろうじゅう》安藤信正《あんどうのぶまさ》を中心に、朝廷《ちょうてい》との関係を修復するため公武合体《こうぶがったい》の政策をとります。14代将軍家茂《いえもち》に孝明《こうめい》天皇の妹の和宮《かずのみや》が嫁ぎ、幕府と朝廷が協力する体制をとろうとしたのです。

このころ、天皇を尊《たっと》ぶ「尊王《そんのう》」と、外国を武力で追っ払う「攘《じょう》夷《い》」を合わせた尊王攘夷運動が盛り上がっていました。天皇の利用ともとれる公武合体策に対し尊攘派は反発、安藤は襲撃され（坂下《さかした》門外《もんがい》の変《へん》）、老中を辞職します。

そこへ、公武合体の路線を維持しようと考える薩摩藩《さつまはん》の島津久光《しまづひさみつ》が軍隊を率《ひき》いて京都[*1]、江戸に向かい幕政改革を要求し、幕府は文《ぶん》久《きゅう》の改革《かいかく》[*2]を実施します。

京都では、久光が江戸にいる間に長州藩《ちょうしゅうはん》が勢力を伸ばし、過激派の公家たちとともに朝廷を攘夷論に導いていました。結果、公武合体路線を取る幕府・薩摩藩と、長州藩の主導する攘夷を目指す朝廷という対立が深刻化します。

孝明天皇は幕府に攘夷を促《うなが》し、幕府はやむを得ず、1863年５月10日に攘夷を決行するという約束をします。幕府が本当に攘夷を行ったわけではありませんが、長州藩だけは当日に攘夷を決行して、関門海峡《かんもんかいきょう》を通る外国船を砲撃します（長州藩外国船砲撃事件《ちょうしゅうはんがいこくせんほうげきじけん》）。

外国との関係がこじれる可能性が出てきたので、幕府側は朝廷の尊攘派と長州藩を京都から追放します（八月十八日《はちがつじゅうはちにち》の政変《せいへん》）。そして第一次長州征討《ちょうしゅうせいとう》が決定されます。また外国側も、下関を攻撃します（四国艦隊下関砲撃事件《しこくかんたいしものせきほうげきじけん》[*3]）。苦境に陥《おちい》った長州藩は結局、幕府と４カ国の連合艦隊に屈服します。

一方の薩摩藩も、薩摩藩士がイギリス人を殺傷した生麦事件《なまむぎじけん》を原因とする薩英戦争《さつえいせんそう》[*4]で、1863年、イギリス艦隊に屈服していました。

＊1　薩摩藩の尊攘派は、久光が攘夷を決行するのだと思い、京都郊外の伏見《ふしみ》の寺田屋《てらだや》に集まってきました。これを久光が弾圧したのが寺田屋事件《てらだやじけん》です。

有名な新撰組《しんせんぐみ》って、幕府側の部隊ですよね！

旗本《はたもと》・御家人《ごけにん》の部隊ではなく、近藤勇《こんどういさみ》など浪士《ろうし》たちが幕府の許可を得て自発的に結成したものです。京都守護職《きょうとしゅごしょく》のもとで尊王攘夷派の取り締まりを行いました。彼らが尊攘派を急襲した池《いけ》田屋事件《だやじけん》が、長州征討につながる禁門《きんもん》の変《へん》の原因になります。

幕末の動き①

1844	オランダ国王の開国勧告
1846	ビッドル来航
1853	ペリー、プチャーチン来航
1854	日米和親条約
1856	ハリス来日
1858	日米修好通商条約、安政の大獄
1860	桜田門外の変
	五品江戸廻送令
1862	坂下門外の変
	和宮、江戸に降嫁
	寺田屋事件
	文久の改革、生麦事件
1863	幕府、攘夷を約束
	長州藩外国船砲撃事件
	薩英戦争
	八月十八日の政変
1864	池田屋事件、禁門の変
	第一次長州征討
	四国艦隊下関砲撃事件

八月十八日の政変で、一橋慶喜などを中心とする、京都における幕府側の出先となる政権が確立します。孝明天皇のもと、尊攘運動を進めていた三条実美《さんじょうさねとみ》など７人の公家たちは、長州藩兵とともに長州に逃げます（七卿落《しちきょうお》ち）。長州藩は再び政権の回復を狙い、体制を立て直して京都に進撃しますが、京都の幕府方がこれを撃退しました（禁門の変）。この時、長州藩が御所《ごしょ》に向かって攻撃したことが理由となって、第一次長州征討に至るわけです。

「馬関戦争《ばかんせんそう》」とも呼ばれた四国艦隊下関砲撃事件と薩英戦争は、幕末史の中でも特に重要です。長州藩と薩摩藩は、列強の海軍に攻撃され屈服しました。実際に戦って「攘夷」は不可能だとはっきり悟《さと》ったのです。開国路線はもはや否定できない。そこで、開国、そして倒幕に向かっていくわけです。

＊2　一時政権から遠ざけられていた一橋慶喜《ひとつばしよしのぶ》が将軍後見職《しょうぐんこうけんしょく》、越前《えちぜん》の松平慶永《まつだいらよしなが》が政事総裁職《せいじそうさいしょく》になり、治安の悪化した京都を守る京都守護職に会津《あいづ》の松平容保《まつだいらかたもり》が任命されます。

＊3　下関の砲台から関門海峡を封鎖している長州藩に対し、イギリス公使オールコックの主導のもと、米・蘭・英・仏の4カ国が連合艦隊を組んで砲撃した事件です。

＊4　文久の改革の後、横浜近くで島津久光の家来がイギリス人を殺傷した生麦事件を理由に、イギリス艦隊は鹿児島湾に侵入、薩摩藩と砲撃戦を行い、薩摩藩は屈服しました。

58 江戸幕府の滅亡

薩摩藩《さつまはん》と長州藩《ちょうしゅうはん》が武力倒幕《とうばく》を目指すようになる一方、土佐藩《とさはん》などは天皇に政権を返還したうえで、幕府主導の大名連合政府を作り出そうとします。

天皇をトップとし、開国を容認するという基本は共通するわけですね。

外国との戦いの中で薩摩・長州藩は攘夷《じょうい》が不可能だと悟り、開国と尊王《そんのう》・倒幕路線をとるようになります[*1]。薩摩では**西郷隆盛**《さいごうたかもり》・**大**《おお》**久保利通**《くぼとしみち》、長州では**桂小五郎**《かつらこごろう》（**木戸孝允**《きどたかよし》）・**高杉晋作**《たかすぎしんさく》[*2]たちが台頭します。

そこで、薩摩と長州が協力すべきだという話が持ち上がります。そして**坂本龍馬**《さかもとりょうま》らが間に入り、薩摩が長州の窮地《きゅうち》を救うために軍事力をも行使するという約束に成功します（**薩長連合**《さっちょうれんごう》）。

薩摩を通じて長州が近代的な武器を蓄《たくわ》える中、幕府は**第二次長州**《ちょうしゅう》**征討**《せいとう》を実施しますが、長州を倒せないうちに将軍家茂《いえもち》が急死したために、長州征討を中止します。そして孝明《こうめい》天皇も亡くなり、公武合《こうぶがっ》体《たい》路線の基軸《きじく》が消滅《しょうめつ》します。

薩長とは立場を異《こと》にしていた土佐前藩主の山内豊信《やまうちとよしげ》は、第15代将軍に就任した徳川《とくがわ》（一橋《ひとつばし》）慶喜《よしのぶ》に、幕府存続のため政権を天皇に返すという、公武合体の路線を生かす方策を建言します（**大政奉還**《たいせいほうかん》[*3]）。慶喜はこれを受け入れ、天皇に政権返還を願い出ます。

倒幕路線がとれなくなった薩長側は、起死回生《きしかいせい》の方策として、天皇の名前で王政復古《おうせいふっこ》を宣言します（**王政復古の大号令**《だいごうれい》）。臨時の政府首脳である三職《さんしょく》[*4]が任命され、同日の**小御所会議**《こごしょかいぎ》で、慶喜に政権だけでなく土地も一部を朝廷《ちょうてい》に返し、官職を辞める（辞官納地《じかんのうち》）ように命ずることが決定されます。

大坂城につめていた旧幕府兵はこれに憤激《ふんげき》し、1868年正月早々、京都に向かい、再び政権を回復しようと戦争を仕掛けます。これが**鳥羽**《とば》**・伏見**《ふしみ》**の戦**《たたか》**い**です。

＊1　このころ、イギリス公使がオールコックにかわりパークスになります。また、フランス公使としてロッシュが赴任《ふにん》します。外国はこれまではわりと足並みを合わせていましたが、パークスは薩長側に味方し、ロッシュはそれに反発して幕府側を援助します。

どうして王政復古の大号令が起死回生の方策なんですか？

幕府から朝廷に政権を返されても、朝廷には全国政治を運営するノウハウがないので、結局、政治は慶喜らを中心に運営されるわけです。そこで薩長側としては慶喜の実力を完全に剝《は》ぎ取る必要があったのです。

幕末の動き②

1866	薩長連合成立 第二次長州征討開始 徳川家茂死去 第二次長州征討中止 孝明天皇死去
1867	「ええじゃないか」起こる 大政奉還・討幕の密勅 王政復古の大号令 小御所会議
1868	鳥羽・伏見の戦い 戊辰戦争開始 箱館五稜郭の戦い
1869	戊辰戦争終結

大政奉還の直前、薩長側は天皇のもとの新政府を作るため、幕府を倒せという新天皇（後の明治天皇）の秘密の命令（討幕《とうばく》の密勅《みっちょく》）を得ようとし、実現までこぎつけていたとされます。

またこのころ、**世直《よなお》し**を唱える世直し一揆《いっき》が頻発《ひんぱつ》します。「**ええじゃないか**」という掛け声とともに民衆が乱舞する、社会変革への期待を背景にした騒擾《そうじょう》事件も起こっています。他に天理《てんり》教《きょう》、金光教《こんこうきょう》、黒住教《くろずみきょう》など、今日まで続くような新しい信仰も登場します。

戊辰戦争

旧幕府軍と新政府軍の戦いが**戊辰戦争《ぼしんせんそう》**です。鳥羽・伏見の戦いで旧幕府軍は負け、新政府軍は江戸に進撃します。江戸は戦わず、江戸城は新政府軍に無血開城《むけつかいじょう》されます。しかし東北諸藩は新政府を認めず、**奥羽越列藩同盟《おううえつれっぱんどうめい》**を作り抵抗しますが、屈服します。軍艦で蝦夷《えぞ》地《ち》まで逃げ、抵抗を続けた旧幕府海軍副総裁の榎本武揚《えのもとたけあき》も、箱館五稜郭《はこだてごりょうかく》の戦《たたか》いで降伏します。

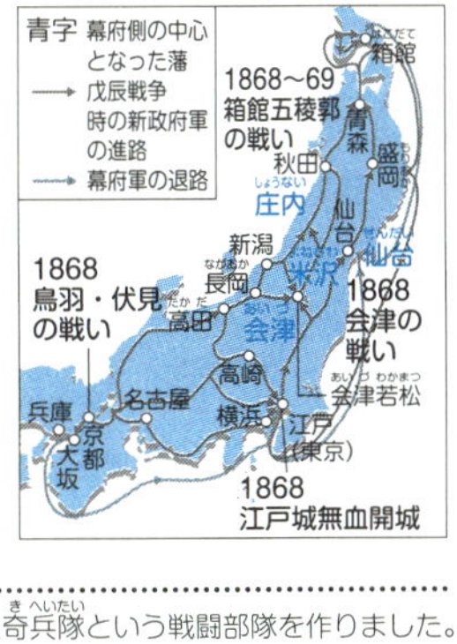

＊2　高杉は、身分にかかわらずやる気のある者を集めた奇兵隊《きへいたい》という戦闘部隊を作りました。長州藩は第一次長州征討に屈服し幕府の命に従っていましたが、奇兵隊を背景に高杉たちが藩政を握《にぎ》り、反幕府の姿勢を表したことが、第二次長州征討のきっかけでした。

＊3　坂本龍馬の船中八策《せんちゅうはっさく》をもとに、後藤象二郎《ごとうしょうじろう》が取り入れ、山内豊信に提言したものです。

＊4　三職は、総裁《そうさい》・議定《ぎじょう》・参与《さんよ》という3つの官職からなりました。

59 明治維新

ここからが、明治《めいじ》時代の始まりですね。

そうです。戊辰戦争《ぼしんせんそう》という内乱が続く中で、新政府は発足したわけです。

戊辰戦争の中、新政府は1868（明治１）年早々、**明治天皇**《めいじ》の名前で出した**五箇条《ごかじょう》の誓文《せいもん》**で、公議世論《こうぎよろん》の尊重・開国和親《かいこくわしん》などの方針を発表しました。また最初の本格的な中央政治組織を規定した政体《せいたい》書《しょ》を出し、幕府から奪《うば》った膨大《ぼうだい》な土地に府《ふ》や県《けん》を設置します。[*1]

戦争勝利後の1869年には、大名《だいみょう》などが持つ土地と人の支配権を天皇に返させます（**版籍奉還**《はんせきほうかん》）。この時は、藩主は知藩事《ちはんじ》として従来通りその地域の支配を行ってよいとしました。

そして、1871年、知藩事（旧藩主）に対し、今後、藩は無くなり各地方は政府の任命する府知事《ふちじ》や県令《けんれい》が統治する、知藩事には年金を渡すので政治的な権力は全部天皇に返せ、という命令を出します（**廃藩置県**《はいはんちけん》）[*2]。

また政府は基本的な方針として**四民平等**《しみんびょうどう》を示します。近代国家の国民は皆平等だとして、士農工商《しのうこうしょう》→p.110の区別を無くしたのです[*3]。

ただ、武士も解体されたため、誰が武力で国を維持し治安を保つのかが問題になります。これも近代国家らしく徴兵制《ちょうへいせい》[*4]をとります。1872年、天皇の名前で国民に、国民の義務として国を守る兵役《へいえき》を負うべきだと知らせ（徴兵告諭《ちょうへいこくゆ》）、1873年の**徴兵令**《ちょうへいれい》で、具体的な徴兵の規則が制定されます。

一番の難題は、四民平等で特権を失った武士（士族《しぞく》）の生活をどうするかでした。最初は一定の経済的な保証（秩禄《ちつろく》）を与えましたが、じょじょに止め、1876年の**秩禄処分**《ちつろくしょぶん》[*5]で全廃しました。同年には刀を差して外を歩いてはいけないという**廃刀令**《はいとうれい》も出され、名誉に関わる特権も奪われた不平士族の反乱が相次ぎます→p.168。

＊1　また戊辰戦争の間、明治天皇は、一世一元《いっせいいちげん》の制《せい》で元号《げんごう》を１人の天皇につき1つにしたり、江戸城に入って実質上の東京遷都《とうきょうせんと》を実行したりしています。

＊2　この際、薩長土《さっちょうど》三藩から選ばれた親兵《しんぺい》を組織し、天皇直属の軍隊を新設しています。

＊3　えた・非人《ひにん》→p.110という蔑称《べっしょう》もやめるということになります。また、平民（農民・商人・職人など）も名字を名乗ってよいとしました。

版籍奉還と廃藩置県の二段階があったのですね。

名目的に土地と人を天皇に返すという版籍奉還をまず行い、その後一挙に廃藩置県を断行したわけです。これで幕府に続いて藩も無くなり、幕藩体制《ばくはんたいせい》は崩壊《ほうかい》しました。

新政府の仕組み（1871年）

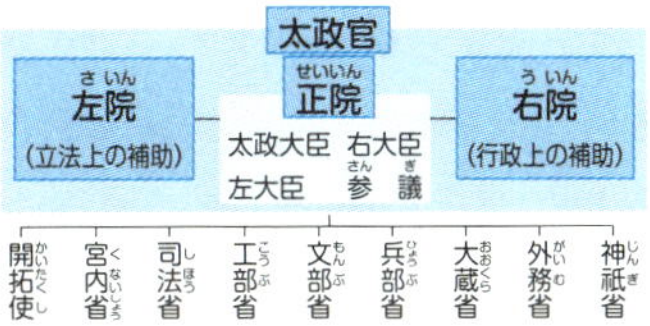

太政官
左院《さいん》
（立法上の補助）
正院《せいいん》
太政大臣　右大臣
左大臣　参議《さんぎ》
右院《ういん》
（行政上の補助）
開拓使《かいたくし》
宮内省《くないしょう》
司法省《しほう》
工部省《こうぶ》
文部省《もんぶ》
兵部省《ひょうぶ》
大蔵省《おおくら》
外務省《がいむ》
神祇省《じんぎ》

1871年の廃藩置県後には本格的な近代化政策が進みます。また、政府の組織も新たに変わりますが、律令《りつりょう》以来の中央政治組織の太政官《だじょうかん》が用いられます。

史料（部分要約）**五箇条の誓文**…明治天皇が政治方針を神々に誓うかたちで発表したものです。

> **一 広ク会議ヲ興《おこ》シ万機公論《ばんきこうろん》ニ決スヘシ**（みんなで議論をして、全てはその結果によって行おう）

1条目では世論尊重の政治を説いています。ただし世論と言っても民衆の意見を反映させるのではなく、多くの人々は藩主たちによる大名会議を意識していました。他の条文も開かれた姿勢を強調していますが、翌日、民衆に対して出された「五榜《ごぼう》の掲示《けいじ》」では、キリスト教を邪宗《じゃしゅう》（悪い宗教）として禁教を継続するなど、江戸時代の民衆統治の思想のままでした。

史料（部分要約）**徴兵告諭**…1872年11月に天皇の名前で発布されたものです。

> **皇国《こうこく》一般ノ民ニシテ国《くに》ニ報《ほう》スルノ道モ固《もと》ヨリ其《その》別ナカルヘシ**（全ての国民は天皇の支配する国に対して、ちゃんと奉仕をしなければいけない）、…**西《せい》人之《じんこれ》ヲ称シテ血税《けつぜい》ト云《い》フ**（西洋人は徴兵義務を血税と呼んでいる）。

戦争に行くと血を流すことから西洋人は徴兵の義務を血税と呼んでいる、と言ったところ、血を絞り取られるのではないかという誤解を生み、血税一《けつぜいいっ》揆《き》という徴兵反対一揆《ちょうへいはんたいいっき》が起こりました。

＊4　徴兵制は大村益次郎《おおむらますじろう》が構想し、山県有朋《やまがたありとも》が実現します。基本的に男子の国民には全て兵役義務があるとします（国民皆兵《こくみんかいへい》）。ただ、最初の徴兵令では代人料《だいにんりょう》270円を支払ったり、家を継ぐ長男である嗣子《しし》であったりすれば、徴兵を免除《めんじょ》されるとなっていました。しかし憲法体制が整うころまでは、事実上、国民皆兵に近づきます。

＊5　秩禄を止め、退職金代わりに金禄公債証書《きんろくこうさいしょうしょ》という有価証券《ゆうかしょうけん》を与える政策を断行します。

60 明治初期の外交

明治初めの外交の課題は、江戸時代の４つの外交窓口の一元化です。

長崎口・対馬《つしま》口・薩馬《さつま》口・松《まつ》前《まえ》口の江戸時代の「四《よっ》つの窓《まど》口《くち》」→p.114ですね。

1871（明治４）年、**岩倉具視《いわくらともみ》らの遣外使節団《けんがいしせつだん》**＊1が条約改正《じょうやくかいせい》→p.166の予備交渉などを目的に出発します。しかし、アメリカとの交渉開始に失敗し、ヨーロッパを視察して帰ってきます。

東アジアでは、清《しん》とは1871年に**日清修好条規《にっしんしゅうこうじょうき》**＊2が結ばれ、正式な国交が始まります。一方、江戸幕府と外交関係があった朝鮮《ちょうせん》は、新政府との外交に拒否反応を示します。

これに対し、日本では、武力で威嚇《いかく》してでも朝鮮を開国させようという**征韓論《せいかんろん》**が起こります。これは**西郷隆盛《さいごうたかもり》**たちが主張しますが、1873年に帰国した岩倉使節団の大久保利通《おおくぼとしみち》・木戸孝允《きどたかよし》たちが反対し、結局、敗れた征韓論派の参議《さんぎ》は一斉《いっせい》に辞職します（**明治六年《めいじろくねん》の政《せい》変《へん》**）。

朝鮮との外交関係は、1875年の**江華島事件《こうかとうじけん》**＊3を利用して、1876年に不平等条約の**日朝修好条規《にっちょうしゅうこうじょうき》**＊4を押し付けることに成功します。

また、1871年、琉球《りゅうきゅう》の漂流民《ひょうりゅうみん》が台湾《たいわん》で殺害された事件に対し、日本は清に賠償金《ばいしょうきん》と犯人の引き渡しを要求しますが、清はこれに応じません。そして1874年、日本は台湾に出兵します（**台湾出兵《たいわんしゅっぺい》**＊5）。これは結局、イギリス公使が間に入って解決し、清国側はやや屈辱《くつじょく》的な条件を飲みました。

しかし根本的な問題は解決していません。清は、清の冊封《さくほう》下にある琉球を日本の領土と認めず、日本は、薩摩藩《さつまはん》の支配下にあった琉球は日本の領土に含まれるとします。日本政府は、1872年に**琉球《りゅうきゅう》藩《はん》**の設置を宣言、琉球国王の尚泰《しょうたい》は藩王《はんおう》と名乗ることになります。そして1879年に琉球に軍隊を送り、**沖縄県《おきなわけん》**の設置を強行しました。この一連の経過を**琉球処分《りゅうきゅうしょぶん》**と呼びます。

＊1　岩倉具視が大使、木戸孝允・大久保利通・伊藤博文《いとうひろぶみ》・山口尚芳《やまぐちなおよし》が副使で、新政府の半分ほどがこの使節団で出発します。残った政府を留守政府《るすせいふ》と言います。

＊2　一応、対等条約ですが、お互いに領事裁判権《りょうじさいばんけん》→p.143を認める変則的な条約です。

外交の一元化といっても、ややこしい関係になったんですね。

清（中国）と同様に欧米列強からは屈辱的な不平等条約を押し付けられ、一方で、朝鮮には不平等条約を押し付け、清（中国）とは対等条約を結ぶという、3つの関係が成立したことになります。

明治初期の外交

1871	日清修好条規
	岩倉遣外使節団の出発
1872	琉球藩設置
1873	明治六年の政変
1874	台湾出兵
1875	樺太・千島交換条約
	江華島事件
1876	日朝修好条規
	小笠原諸島領有の通告
1879	沖縄県設置

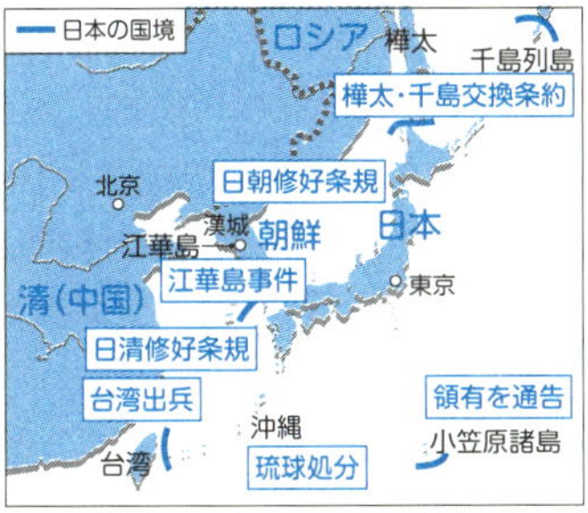

ロシアとは、日露和親条約《にちろわしんじょうやく》→p.142に国境規定がありましたが、日本は樺太《からふと》にまで手が回らず、樺太は完全にロシア領とし、得撫島《うるっぷとう》から占守島《せんしゅとう》までの千島列島を日本の領土とするということで話し合いが付き、1875年、**樺太《からふと》・千《ち》島交換条約《しまこうかんじょうやく》**が成立します。

また、どこの国のものとも決まっていなかった小笠原諸島《おがさわらしょとう》について、明治政府は領有を宣言し、アメリカ・イギリスなども反対せず、1876年に正式に日本の領土となりました。

明治の日本は、やがて、日清・日露という大きな戦争→p.168・172を経験するわけですが、それよりずっと前に海外派兵を行っていることを忘れないように。台湾出兵は1874年、明治７年のことです。

＊3　日本の軍艦が朝鮮の江華島に近づき、砲撃を受けた事件です。

＊4　幕末に日本が押し付けられた不平等条約を上回るような内容で、片務的な領事裁判権や港の使用だけでなく、朝鮮の港では日本との貿易の輸出入品に関税を掛けないという無関税特権まで認めさせます。そして朝鮮とは活発な貿易が始まります。

＊5　西郷従道《さいごうつぐみち》（西郷隆盛の弟）の指揮で行われた、近代日本の最初の海外派兵でした。

61 殖産興業

次は明治初期の、
経済面の話です。

近現代史の経済って、凄く苦手なところなのですよね……。

明治政府は、近代的な経済システムを導入し、政府主導で近代産業を育成しようとします。いわゆる殖産興業《しょくさんこうぎょう》です。豊かな国と強い軍隊を作る富国強兵《ふこくきょうへい》策とも密接に結び付いた政策でした。

土地制度では、近代的な土地私有制度の導入のため、田畑永代売《でんぱたえいたいばい》買《ばい》の禁令《きんれい》→p.111を解禁します。

次に地租改正《ちそかいせい》で税制を抜本《ばっぽん》的に変えます。1873（明治6）年、地租改正条例《ちそかいせいじょうれい》で土地の価値をお金、金額で表すこととし、土地を調査し、地券《ちけん》という土地所有証明書を発行します。

地券には土地の価格（地価《ちか》）と地価の3％を地租《ちそ》という税で納めることも書いてあります[*1]。米ではなくお金で納める、金納《きんのう》とされ、地価で定率の税が決まるため、豊作・不作にかかわらず安定した国税収入が確保されたのです[*2]。

産業では、まずは政府が税金で国営の模範的な工場を作ろうと、官営模範工場《かんえいもはんこうじょう》の富岡製糸場《とみおかせいしじょう》が1872年に開業します[*3]。技術改良などを奨励《しょうれい》する内国勧業博覧会《ないこくかんぎょうはくらんかい》も1877年に開催《かいさい》されました。

通貨制度は、1871年の新貨条例《しんかじょうれい》で、現在と同じ円《えん》・銭《せん》・厘《りん》の十進法の通貨単位になります。また、欧米にならい、一定の重さの金貨と交換できる紙幣《しへい》を発行する金兌換制度《きんだかんせいど》（金本位制《きんほんいせい》）をとります。ただし、場合によっては銀貨との交換でもよいとする金銀複本位制《きんぎんふくほんいせい》でした。1872年には渋沢栄一《しぶさわえいいち》を中心に国立銀行条例《こくりつぎんこうじょうれい》が出されますが、本格的な兌換制度はまだ確立しません。

交通制度では、工部省《こうぶしょう》中心にイギリスから技術協力などを得て、1872年に新橋・横浜間に鉄道が初めて引かれ、以後、東海道線の工事などが進みます。[*4]

＊1　地券は、江戸時代、その土地の年貢《ねんぐ》を払っていた人に発行されました。年貢を払っていない小作人《こさくにん》は地券を与えられず、現物の高率の小作料を払い続けたのです。

＊2　地租の負担率はほぼ江戸時代と同水準に設定されましたが、地域によっては税負担が重くなる場合もあり、地租改正反対一揆《ちそかいせいはんたいいっき》が起こりました。

もう少し詳しく、金本位制を説明してください。

紙幣をいつでも金貨と交換できるという、当時の欧米先進国の制度です。新貨条例では、100円札（紙幣）は150グラムの金貨と交換できるとしました。交換を「兌換」と呼んだので、そのような紙幣を兌換紙幣と呼び、交換される金貨を「正貨」と呼びます。銀貨との交換なら銀本位制《ぎんほんいせい》です。国立銀行条例は、この兌換紙幣を民間の国立銀行から発行させようとしましたが失敗に終わります。

殖産興業

1869	開拓使設置
	蝦夷地を北海道と改称
	東京・横浜間に電信開通
1871	郵便制度開始
	新貨条例公布
	上海・長崎間に電信開通
1872	田畑永代売買解禁
	新橋・横浜間に鉄道開通
	富岡製糸場開業
	国立銀行条例公布
1873	地租改正条例公布
1877	内国勧業博覧会開催

1869年、政府は開拓使《かいたくし》という役所を作り、蝦夷地《えぞち》を北海道《ほっかいどう》と改め、開拓計画を実施します。北海道では、職を失った旧武士に開拓と国境警備隊の役割を果たさせる屯田兵《とんでんへい》制度も実施されます。これは旧武士に仕事を与える（士族授産《しぞくじゅさん》）意味を込めた事業でした。

政商

官営工場や鉱山の経営などは、工部省の管轄下で進められます。政府が興《おこ》した産業には、薩長土肥《さっちょうどひ》の藩閥《はんばつ》出身の商人がコネで参加します。政治家とのつながりで事業を始めて大きくなった商人たちを**政商《せいしょう》**と呼びます。

- 岩崎弥太郎《いわさきやたろう》…土佐《とさ》出身。西南戦争《せいなんせんそう》→p.158の海運などで大きくなった海運会社の三菱《みつびし》の創設者。三菱はやがて総合的な巨大財閥《ざいばつ》に成長する。
- 五代友厚《ごだいともあつ》…薩摩《さつま》出身。関西財界の設立者と言われる。開拓使官有物《かいたくしかんゆうぶつ》払下《はらいさ》げ事件《じけん》→p.160で非難を受ける。
- 三井組《みついぐみ》…江戸以来の豪商《ごうしょう》→p.121。近代化に成功、三井財閥に成長。

＊3　富岡製糸場では、富岡工女《とみおかこうじょ》と呼ばれた旧武士の娘などが、フランス式の器械を使った製糸技術の習得に努めました。

＊4　通信では、前島密《まえじまひそか》によって1871年、**郵便制度《ゆうびんせいど》**が始まります。電信《でんしん》も、1869年には東京・横浜間に早くも電信線が引かれ、やがて全国に広がり、1871年には上海《シャンハイ》・長崎間には海底電線が引かれます。

62 文明開化

文明開化《ぶんめいかいか》ってどんなことですか？

文明開化とは、江戸時代までの前近代的な文化や風俗《ふうぞく》が一挙に欧米化することです。

明治の初期には、まず、江戸時代を否定し、欧米の政治や社会は素晴らしいと教えて人々を無知から覚《さ》まさせようとする、啓蒙思想《けいもうしそう》が現れます。

代表的な啓蒙思想の担《にな》い手は**福沢諭吉《ふくざわゆきち》**[*1]、中村正直《なかむらまさなお》、西周《にしあまね》、森有《もりあり》礼《のり》[*2]などです。特に1873（明治６）年に結成された明六社《めいろくしゃ》は、啓蒙団体として有名です。

教育では、国民は等しく教育を受けるべきだとする「国民皆学《こくみんかいがく》」を目指し、1871年に文部省《もんぶしょう》が設置されます。1872年には**学制《がくせい》**が出され、小学校の義務教育が始まります。その前文の『学事奨励《がくじしょうれい》に関《かん》する太政官布告《だじょうかんふこく》（被仰出書《おおせいだされしょ》）』では、義務教育の必要性が国民に示されます。高等教育も、欧米の思想・科学を学び近代国家運営の高級官僚《かんりょう》を養成するため、1877年に東京大学《とうきょうだいがく》が発足します。

宗教では、これまでの神道と仏教が融合《ゆうごう》した在り方を解消しようと、1868年に**神仏分離令《しんぶつぶんりれい》**が出され、神道《しんとう》と仏教がはっきり分けられます。神仏分離令は全国に波及《はきゅう》し、仏教を排斥《はいせき》する**廃仏毀釈《はいぶつきしゃく》**という運動が急速に広がります。

さらに明治政府は、1870年に大教宣布《たいきょうせんぶ》の詔《みことのり》を出し、神道が日本の国教だとします。しかし、仏教界からの反発もあって修正され、キリスト教も黙認《もくにん》せざるを得なくなり[*3]、神道国教化政策は中途半《ちゅうとはん》端《ぱ》に終わります[*4]。

また、従来の太陰太陽暦《たいいんたいようれき》をやめて**太陽暦《たいようれき》**を採用し、明治５年12月３日を明治６年元旦《がんたん》としました。

＊1　福沢は啓蒙思想家で、慶應義塾《けいおうぎじゅく》の創立者です。「天は人の上に人を造《つく》らず人の下に人を造らず」の言葉で有名な『学問《がくもん》のすゝめ』や『西洋事情《せいようじじょう》』などの多くの著作があります。

＊2　森有礼は明六社の中心で、後に初代の文部大臣《もんぶだいじん》となり、1886年に学校令《がっこうれい》→p.180を制定します。

＊3　1868年の五榜《ごぼう》の掲示《けいじ》→p.151では、キリスト教は禁止のままでしたが、列強の強い反対で改められます。事実上、キリスト教は黙認されたわけです。

義務教育はすぐに定着したんですか？

最初は平均30%弱で、男子の方の就学率が高い状態でした。その後、急速に就学率は上昇して、明治の末には90%を超えました→p.181。

史料（部分要約）**学事奨励に関する太政官布告**

> **人々自《みずか》ラ其身《そのみ》ヲ立テ、其産《さん》ヲ治《おさ》メ、其業《ぎょう》ヲ昌《さかん》ニシテ**（一人の人間が一人前の人となって財産を築き、職業を持ち）、一生を過ごすためにはどうすれば良いか、その根本には、**学《がく》ニアラサレハ能《あた》ハス**（まずは義務教育というものが必要である）。…今、**文部省ニ於《おい》テ学制ヲ定メ**（文部省をおいて義務教育制度の学制を決め）、……全ての人々は、**華士族農工商及《および》婦女子必ス邑《むら》ニ不学《ふがく》ノ戸《こ》ナク、家ニ不学ノ人ナカラシメン事ヲ期《き》ス**（身分に関わらず、女性も、村や家に学校に行かない人がいないようにしたい）。

義務教育が必要であるということを、天皇が国民に向かって発したものです。フランス的な教育思想にもとづいています。全ての人が教育を受けるようにするという部分が、「国民皆学」を宣言するものです。

文明開化

1868	五榜の掲示
	神仏分離令→廃仏毀釈
1870	大教宣布の詔
1871	文部省設置
1872	『学問のすゝめ』刊行
	学制公布
	太陽暦採用
1873	禁教の高札を撤廃
	明六社結成
1877	東京大学設立

銀座通りの景観

（東京都江戸東京博物館蔵、部分）

風俗では、まげを結《ゆ》わなくてもよいということになり、それがだんだん広まって、ざんぎり（散切り）頭が広がります。

ほかにガス灯《とう》、煉瓦造《れんがづくり》の建物が造られ、日本で発明された人力車《じんりきしゃ》や、鉄道《てつどう》馬車《ばしゃ》が行き交うなど、新しい風俗が次々に東京や横浜などで広がっていきます。

＊4　ただ、祝祭日には国学《こくがく》→p.134や神道の影響が色濃く残ります。神話にもとづき神武天皇《じんむてんのう》即位の日とされた紀元節《きげんせつ》、天皇の誕生日の天長節《てんちょうせつ》などが祝日になります。

63 自由民権運動 1

自由民権運動《じゆうみんけんうんどう》って、そもそもどんな運動なんですか？

簡単に言えば、選挙と議会の開設を要求する、政治運動です。

1873年、「明治六年《めいじろくねん》の政変《せいへん》」で政府は分裂します。留守政府《るすせいふ》の西《さい》郷隆盛《ごうたかもり》・板垣退助《いたがきたいすけ》たちは征韓論《せいかんろん》→p.152を唱え対外強硬《きょうこう》策を主張し、帰国した岩倉使節団《いわくらしせつだん》→p.152の大久保利通《おおくぼとしみち》・木戸孝允《きどたかよし》たちは内治優先《ないちゆうせん》を唱えます。結局、大久保たちが西郷たちの強硬策を阻止《そし》し、西郷・板垣たちは政府を辞めます。*1

1874年、板垣・後藤象二郎《ごとうしょうじろう》らは、藩閥政府《はんばつせいふ》を批判し国会開設を要求する民撰議院設立建白書《みんせんぎいんせつりつけんぱくしょ》を左院《さいん》→p.151に提出します。これが多くの不平士族の共感を呼び、反政府運動になります。板垣が郷里の土《と》佐《さ》で立志社《りっししゃ》を作ると、西日本各地に政治結社が次々と誕生、1875年にはこれらの中心人物が大阪に集まり、愛国社《あいこくしゃ》を結成します。

政府の中心の大久保利通は、1875年、大阪で板垣・木戸《きど》*2の2人の政府復帰を求めて話し合います（大阪会議《おおさかかいぎ》）。そして順次憲法体制に移るという天皇の宣言（立憲政体樹立《りっけんせいたいじゅりつ》の 詔《みことのり》）を出し*3、板垣・木戸を政府に復帰させました。

ところが、1876年、廃刀令《はいとうれい》と秩禄処分《ちつろくしょぶん》→p.150に対する不平士族の反乱*4が起こります。1877年には、鹿児島で西郷を擁《よう》した西南戦《せいなんせん》争《そう》が勃発《ぼっぱつ》し、激戦の末、西郷は敗北、自刃《じじん》します。

西南戦争のために政府が不換紙幣《ふかんしへい》を濫発《らんぱつ》した結果、物価が上がるインフレが進行、米価も上昇して経済的に余裕が生まれた豊かな農民（豪農《ごうのう》）たちも民権運動に加わります。

1878年、政府は反政府運動を抑えるため、地方の実情をある程度考慮《こうりょ》した新しい地方制度を実施します（三新法《さんしんぽう》）。しかし豪農たちは三新法で置かれた府県会《ふけんかい》などに集まって反政府の姿勢を強めました。

＊1　その後大久保は、1873年に内治優先のため内務省《ないむしょう》を設置し、その長官になります。

＊2　木戸は、1874年の台湾出兵《たいわんしゅっぺい》→p.152に反対して辞職し、郷里の長州《ちょうしゅう》に戻っていました。

＊3　他に、大久保は、憲法などの審議《しんぎ》のための元老院《げんろういん》を置き、最高裁にあたる大審院《だいしんいん》を設置すること、議会の前提として地方官会議《ちほうかんかいぎ》を開くことを約束します。

＊4　不平士族の反乱は、1876年、熊本で神風連《じんぷうれん》の乱《らん》（敬神党《けいしんとう》の乱《らん》）が起き、これに呼応して福岡県で秋月《あきづき》の乱《らん》、山口県で萩《はぎ》の乱《らん》が起こりましたが、いずれも鎮圧《ちんあつ》されました。

「維新《いしん》の三傑《さんけつ》」って聞いたことがあるんですが、何ですか？

明治新政府は薩摩《さつま》・長州出身者が中心で、「藩閥政府」と呼ばれました。その中で指導的な立場にあった薩摩の大久保利通・西郷隆盛、長州の木戸孝允の３人を「三傑」と呼ぶことがあります。３人は1877・78年に相次いで没し、続く世代が長州の伊藤博文《いとうひろぶみ》・山県有朋《やまがたありとも》、薩摩の黒田清隆《くろだきよたか》・松方正義《まつかたまさよし》など、初期の総理大臣たち→p.182です。

自由民権運動の流れ①

	民権運動	政府	士族反乱
1873		明治六年の政変	
1874	民撰議院設立建白書 ←		→ 佐賀の乱
	土佐で立志社結成		
1875	大阪で愛国社結成 →	大阪会議	
		立憲政体樹立の詔	
		讒謗律・新聞紙条例	
1876		廃刀令・秩禄処分 →	不平士族の反乱
1877	立志社建白	木戸孝允病没	西南戦争
1878		大久保利通暗殺	
		三新法公布	
1880	国会期成同盟結成 →	集会条例	

明治六年の政変で辞職した人物のうち、江藤新平《えとうしんぺい》は郷里の佐賀に帰って、1874年の佐賀《さが》の乱《らん》の首謀者《しゅぼうしゃ》として死刑になります。

1875年、政府は言論活動に制限を加える**讒謗律《ざんぼうりつ》**・**新聞紙条例《しんぶんしじょうれい》**を出し、反政府運動を弾圧します。しかし西南戦争の最中にも、立志社は建白書を出して、国会を早く開けという要求を続けます。愛国社は1880年、**国会期成同盟《こっかいきせいどうめい》**と名前を改め、全国的に国会開設要求が高まります。同年、政府は反政府集会を抑えるため、**集会条例《しゅうかいじょうれい》**という弾圧立法を出します。

史料 (部分要約) **民撰議院設立建白書**…板垣たちが議会制を主張したものです。

我々が現在の政治権力がどこにあるかを見ると、天皇にもない、一般国民にもない、ただ、**有司《ゆうし》**（大久保など一部の役人）だけが権力を握ってしまっている。…このような行き詰《づ》まった状況をどうするか、この政治を打開するためには、ただ**天下ノ公議《こうぎ》ヲ張ルニ在ル而已《のみ》**（世論をもっと喚起し、世論による政治にしなければならない）。そのためには**民撰議院ヲ立《たつ》ルニ在ル而已**（国民が選挙で選んだ議員が議会を構成し、議会で政治をやっていくしかない）。

64 自由民権運動2

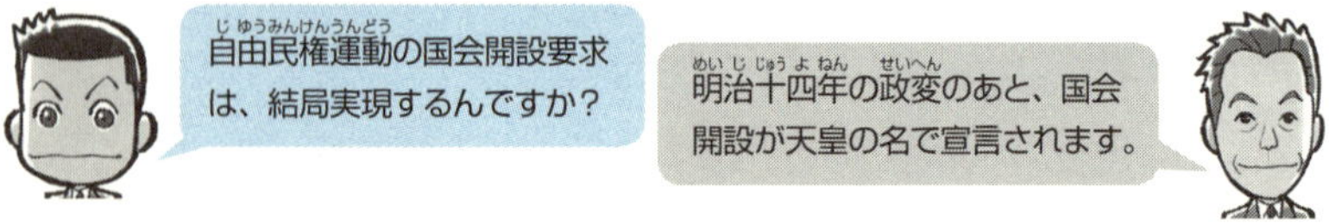
自由民権運動《じゆうみんけんうんどう》の国会開設要求は、結局実現するんですか？
明治十四年《めいじじゅうよねん》の政変《せいへん》のあと、国会開設が天皇の名で宣言されます。

1881（明治14）年、**開拓使官有物払下《かいたくしかんゆうぶつはらいさ》げ事件《じけん》**[*1]で政府が非難を浴《あ》びる中、参議《さんぎ》の**大隈重信《おおくましげのぶ》**が「国会は即時に開くべきだ」と表明します。政府の内部からもそのような意見が出て焦った政府は、払下げを中止、一方で大隈を政府から追い出します（**明治十四年の政変**）。そして、天皇の名前で明治23年の国会開設を宣言します（**国《こっ》会開設《かいかいせつ》の勅諭《ちょくゆ》**）。

国会開設が決まったので、板垣《いたがき》は**自由党《じゆうとう》**、大隈は**立憲改進党《りっけんかいしんとう》**といった政党を設立します[*2]。またこのころ、元老院《げんろういん》で憲法審議《しんぎ》が行われ、民間からも憲法についての私案が発表されます[*3]。

大隈の罷免《ひめん》後、大隈の務めていた大蔵卿《おおくらきょう》には**松方正義《まつかたまさよし》**がつき、1881年以降、**松方財政《まつかたざいせい》**というデフレ政策（松方デフレ）で不景気になります。物価が下がるデフレーションで米価が下がり、定額金納の地租《ちそ》の負担が増え、中堅以下の農民たちが困窮《こんきゅう》します。一定額の地租を払うのに、以前より多くの米を売らなければいけなくなったためです。困窮した農民は激しい暴力を伴《ともな》う激化事件《げきかじけん》[*4]を起こし、地方の自由党員なども関わっていきます。その中で、自由党は解散に追い込まれてしまいます。

松方デフレがほぼ収まり、経済が安定に向かう中で、星亨《ほしとおる》や中江兆民《なかえちょうみん》、後藤象二郎《ごとうしょうじろう》を中心として、反政府派が団結した**大同団結運動《だいどうだんけつうんどう》**が起こります。

大同団結運動は、外務大臣の井上馨《いのうえかおる》が1887年に辞職した→p.166ことで勢いを増し、地租の軽減、言論・集会の自由、外交失策の挽回《ばんかい》を求める**三大事件建白運動《さんだいじけんけんぱくうんどう》**に発展します。政府は**保安条例《ほあんじょうれい》**で反政府的な人物を首都から強制的に排除し、一方で後藤象二郎を説得し政府に復帰させて、これを抑え込みました。

＊1　北海道の開拓使《かいたくし》→p.155長官黒田清隆《くろだきよたか》が、官有物を安価で政商《せいしょう》の五代友厚《ごだいともあつ》→p.155らに払下げようとした事件です。黒田も五代も薩摩《さつま》出身で、藩閥《はんばつ》勢力への批判が噴出したのです。

自由民権運動の流れ②

＊…65「立憲体制の成立」→p.162の内容

	民権運動	政府
1881	開拓使官有物払下げ事件	明治十四年の政変
	自由党結成	国会開設の勅諭
1882	立憲改進党結成	＊伊藤博文、欧州へ憲法調査
		立憲帝政党結成
		日本銀行設立
	福島事件	このころ松方デフレが進む
1884	加波山事件	＊華族令《かぞくれい》制定
	自由党解党、秩父事件	
	大隈重信、立憲改進党から離党	
1885	大阪事件	銀本位制確立
		＊内閣制度《ないかくせいど》成立
1886	大同団結運動起こる	
1887	三大事件建白運動起こる	井上外相の辞任→p.166
		保安条例制定
1889		＊大日本帝国憲法《だいにほんていこくけんぽう》発布

西南戦争《せいなんせんそう》→p.158の戦費の調達のために大量に発行された不換紙幣《ふかんしへい》によって、インフレが生じます。松方財政とは、この不換紙幣（金銀と交換できない紙幣）を減らすために増税して市場に余っているお金を回収し、歳出は軍事費を除いて削減するというものでした。また、中央銀行として**日本銀行**を置き、紙幣が整理されデフレが進行した段階で、ついに銀本位制にもとづく銀兌換券が発行されます。兌換制度が確立して通貨制度は安定しますが、困窮した多くの自作農は小作人に転落して土地を失い、一方で巨大な地主である寄生地主が発生します。

松方財政のもとで日本銀行から銀兌換券《ぎんだかんけん》が発行され、銀本位制《ぎんほんいせい》が確立しましたが、一方で、寄生地主制《きせいじぬしせい》が確立していったことに注意しましょう。土地を失う農民が続出する中、一部の地主が土地を買い集めた結果、広大な土地を保有する寄生地主が誕生しました。小作《こさく》人《にん》から50%近い小作料を現物（米）で取る地主です。

＊2　政府寄りの政党である立憲帝政党《りっけんていせいとう》も福地源一郎《ふくちげんいちろう》らによって作られています。

＊3　民間の憲法草案《そうあん》を**私擬憲法《しぎけんぽう》**と呼びます。交詢社《こうじゅんしゃ》の私擬憲法案《しぎけんぽうあん》がその語源です。他にも植《うえ》木枝盛《きえもり》など、個人や政党名で、あるべき憲法の姿が、世に問われました。

＊4　1882年、福島県の県令《けんれい》三島通庸《みしまみちつね》が県会議長河野広中《こうのひろなか》らを弾圧した**福島事件《ふくしまじけん》**や、1884年の加波山事件《かばさんじけん》（茨城県など）・**秩父事件《ちちぶじけん》**（埼玉県など）など貧窮農民の蜂起《ほうき》があります。自由党は加波山事件直後に解散に追い込まれます。翌1885年には、旧自由党の急進派大井憲太郎《おおいけんたろう》らが朝鮮渡航を企《くわだ》て、大阪で拘束《こうそく》される**大阪事件《おおさかじけん》**も起こります。

65 立憲体制の成立

いよいよ近代国家の基本となる憲法の制定と、その前の内閣制度の発足です。

中心は最初の内閣総理大臣伊《い》藤博文《とうひろぶみ》ですよね。これだけは、小学校でおぼえました。

1882（明治15）年、**伊藤博文**はドイツ流の憲法理論の導入を目的にヨーロッパに憲法調査に向かい、帰国して憲法作成に乗り出します[*1]。

伊藤は、憲法制定前に行政府を確立するため、1885年に**内閣制度**を発足させ、初代総理大臣に就任します。1888年には憲法を最終的に確定するため、黒田清隆《くろだきよたか》に内閣を譲《ゆず》り、**枢密院**《すうみついん》を設置して自《みずか》ら議長となり、最後のまとめを行います。

そして1889年、黒田内閣のもと**大日本帝国憲法**《だいにほんていこくけんぽう》（**明治憲法**《めいじけんぽう》）が欽定憲法《きんていけんぽう》[*2]として衆議院議員選挙法《しゅうぎいんぎいんせんきょほう》などとともに発布されました。

天皇は憲法上、広い範囲の**天皇大権**《てんのうたいけん》を保持していました。法律を作るのは基本的に議会ですが、天皇はいざという時に緊急勅令《きんきゅうちょくれい》で法律を制定できました。

憲法の規定する帝国議会《ていこくぎかい》は、**貴族院**《きぞくいん》と**衆議院**《しゅうぎいん》の二院制で、両院はほぼ対等でした。貴族院は皇族・華族《かぞく》などから選ばれた議員から構成される、選挙のない議会。衆議院は、憲法上は臣民《しんみん》と呼ばれた国民から、選挙で選ばれます。ただし、当時の衆議院議員選挙法では、選挙権は直接国税15円以上の納入者（全人口の１.1%）→p.201にしか与えられませんでした。

また、条約改正《じょうやくかいせい》→p.166のための必要性からも近代的な法律が定められています[*3]。憲法とそれに付随《ふずい》する基本法が一応そろって、法体系上、日本は近代化を実現したわけです。

＊1　ベルリン大学のグナイストやウィーン大学のシュタインなどに意見を求めました。帰国後は、伊藤のもとで、ドイツ人法律顧問《こもん》のロエスレルや、井上毅《いのうえこわし》・伊東巳代治《いとうみよじ》・金子堅太郎《かねこけんたろう》たちが憲法の作成に尽力しました。

＊2　国民が作った憲法（民定憲法《みんていけんぽう》）ではなく、君主が定めた憲法のことです。

＊3　諸法律のうち**民法**《みんぽう》は、フランス人法律顧問ボアソナードの下でフランス流のものが制定されますが、急進的で、日本の伝統的な家族制度が崩《くず》れるのではないかという法律学者穂積八束《ほづみやつか》の反対意見から大論争になります（民法典論争《みんぽうてんろんそう》）。結果、施行は無期延期になり、家族制度を保護する形の新民法が制定・施行されたのはずっと後のことです。

伊藤はどうしてドイツに憲法調査に行ったんですか？

君主のいない共和制のフランスや、市民の権利が確立しているイギリスなどより、君主、日本で言えば天皇の権利を強くして、行政府や議会をコントロールしやすくした方がよいと考えたため、皇帝の権限が比較的強い体制のドイツを選んだわけです。

明治時代の内閣①　＊…諸法律の制定

	1880	＊刑法、治罪法公布
	1884	華族令制定
伊藤1	1885	内閣制度創設
	1888	市制・町村制公布
		枢密院設置
黒田	1889	大日本帝国憲法発布
		衆議院議員選挙法公布
		＊民法典論争
山県1	1890	＊民事訴訟法、商法公布
		府県制・郡制公布
		第1回衆議院議員総選挙
		＊刑事訴訟法公布
		第1回帝国議会

華族令《かぞくれい》は、旧公家や大名などに公《こう》・侯《こう》・伯《はく》・子《し》・男《だん》の爵《しゃく》位《い》を与えたもので、貴族院の議員を旧支配者層から選ぶのが目的でした。

地方行政制度も、ドイツ人法律顧問モッセのアドバイスを得て内務大臣の山県有朋《やまがたありとも》を中心に**市制**《しせい》・**町村制**《ちょうそんせい》、**府県**《ふけん》**制**《せい》・**郡制**《ぐんせい》が制定されます。

史料　大日本帝国憲法

> 第一条　大日本帝国ハ万世一系《ばんせいいっけい》ノ天皇之ヲ統治ス
> 第三条　天皇ハ神聖《しんせい》ニシテ侵《おか》スヘカラス
> 第四条　天皇ハ**国ノ元首**《げんしゅ》ニシテ**統治権**ヲ総攬《そうらん》シ**此**《こ》**ノ憲法ノ条規**《じょうき》**ニ依**《よ》**リ之ヲ行フ**
> 第八条　天皇ハ公共ノ安全ヲ保持シ又ハ其《そ》ノ災厄《さいやく》ヲ避《さ》クル為緊急《ためきんきゅう》**ノ必要**ニ由《よ》リ帝国議会閉会ノ場合ニ於《おい》テ**法律ニ代ルヘキ勅令**《ちょくれい》ヲ発ス…
> 第十一条　天皇ハ陸海軍ヲ統帥《とうすい》ス

第一条では統治権は天皇にあること、第三条では天皇は神聖な存在であることが宣言されています。第四条では、国を支配する権利（統治権）は、全て国家元首である天皇にある、ただし、憲法の規定に従って統治権を行使する、ということになっています。

第八条では、議会閉会時に緊急の必要がある場合、天皇は緊急勅令を出す権利があることを明記しています。

第十一条には、陸海軍を指揮命令する権限（**統帥権**《とうすいけん》）は天皇にあるとされ、統帥権を天皇にかわり実際に行使するのが参謀本部《さんぼうほんぶ》（後に参謀本部と海軍軍《かいぐんぐん》令部《れいぶ》）とされます。これを後に統帥権の独立と称することになります。

66 初期議会

1890年、明治23年に、約束通りに国会は開かれたのですね。

その第一議会から、日清戦争《にっしんせんそう》→p.166勃発《ぼっぱつ》前の第六議会までを初期議会と呼びます。

選挙と議会開設に対して、薩長《さっちょう》出身者が総理大臣を独占《どくせん》していた当時の政府は、超然主義《ちょうぜんしゅぎ》[*1]という態度をとりました。「超然」とは「細かいことにこだわらない」と言う意味で、政府は「選挙の結果が議会にどう反映されても、超然として政治を行う」としたわけです。

しかし、1890年の**第1回総選挙**の結果、復活した**自由党**《じゆうとう》→p.160、活動を続けていた**立憲改進党**《りっけんかいしんとう》→p.160の両党を合わせた議員数が過半数を超え、第一議会で政府と対立します。

予算案は、現在と同じく衆議院が先に審議《しんぎ》する権利（先議権《せんぎけん》）を持っていました。第１次**山県有朋**《やまがたありとも》内閣のもとの第一議会で、**民党**《みんとう》[*2]は「もっと倹約《けんやく》して予算を削れ（政費節減《せいひせつげん》）」、「地租を軽減し、国民の力を養《やしな》わせろ（民力休養《みんりょくきゅうよう》）」と、政府の予算案を阻止《そし》しようとします。政府は裏から手を回して自由党の一派を切り崩《くず》し、ようやく予算案を通しました。

山県は予算を通すと総辞職し、次は薩摩《さつま》の松方正義《まつかたまさよし》内閣が発足します。しかし衆議院の民党優位は変わりませんから、第二議会も争いになり、松方は衆議院を解散、第２回総選挙が行われます。政府の選挙干渉《かんしょう》[*3]があったものの、政府側の政党は勝利せず、松方は第三議会後に総辞職します。そして、元勲《げんくん》総出の第２次伊藤博文《いとうひろぶみ》内閣が誕生、薩長は総力をあげて政権を守ろうとします。

伊藤は第四議会で、天皇の言葉（和衷協同《わちゅうきょうどう》の詔書《しょうしょ》[*4]）を引き出し、議会で予算を無理やり通すという手段に出ます。第五・六議会では、対外硬派連合《たいがいこうはれんごう》という反政府グループが多数を占め、政府の条約改正《じょうやくかいせい》→p.166案を批判し続けました。

第六議会まで続いたこの対立は、日清戦争の勃発で解消します。

＊1　黒田清隆《くろだきよたか》が憲法発布の翌日に公務員に対して行った超然主義演説が有名です。

＊2　自由党・立憲改進党など、藩閥《はんばつ》政府と対立した政党の呼称です。

大日本帝国憲法下の組織図

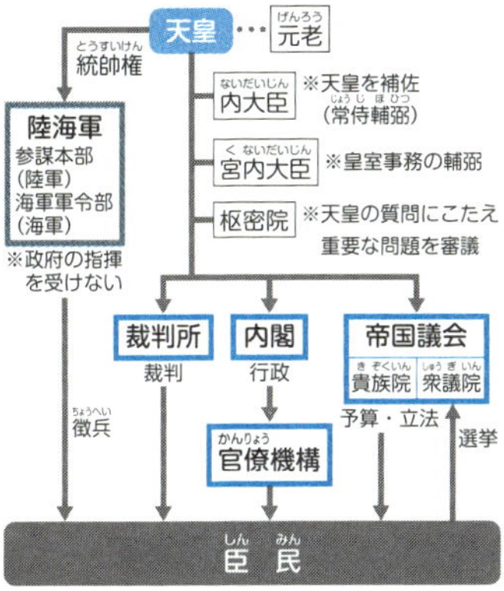
天皇
元老《げんろう》
統帥権《とうすいけん》
陸海軍
参謀本部
(陸軍)
海軍軍令部
(海軍)
※政府の指揮を受けない
内大臣《ないだいじん》
※天皇を補佐
(常侍輔弼《じょうじほひつ》)
宮内大臣《くないだいじん》
※皇室事務の輔弼
枢密院
※天皇の質問にこたえ重要な問題を審議
裁判所
裁判
内閣
行政
帝国議会
貴族院《きぞくいん》
衆議院《しゅうぎいん》
徴兵《ちょうへい》
官僚《かんりょう》機構
予算・立法
選挙
臣民《しんみん》

立法・司法・行政の三権は分立していますが、行政の長である内閣総理大臣などは天皇が任命します。司法も天皇のかわりに裁判所が行います。また、憲法制定後に天皇の最高諮問《しもん》機関となった枢密院《すうみついん》や、参謀本《さんぼうほん》部《ぶ》などが大きな権限を持っていました。

対外硬派連合ってわかりにくいですね。民党ではないんですね。

第五・六議会で多数を占めた、立憲改進党・国民協会《こくみんきょうかい》など、政府の条約改正案に反対した勢力です。「内地雑居《ないちざっきょ》反対」「現行条約励行《れいこう》」を主張しました。第四議会までの民党の中心、自由党は伊藤内閣に協力するようになり、逆に、政府寄りだった国民協会が伊藤内閣に反対の立場をとるようになります。

近代の政党変遷図①

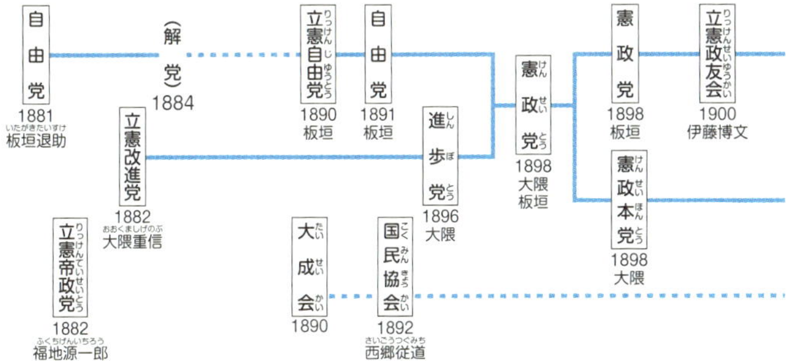
自由党
1881
板垣退助《いたがきたいすけ》
(解党)
1884
立憲改進党
1882
大隈重信《おおくましげのぶ》
立憲帝政党《りっけんていせいとう》
1882
福地源一郎《ふくちげんいちろう》
立憲自由党《りっけんじゆうとう》
1890
板垣
自由党
1891
板垣
大成会《たいせいかい》
1890
国民協会《こくみんきょうかい》
1892
西郷従道《さいごうつぐみち》
進歩党《しんぽとう》
1896
大隈
憲政党《けんせいとう》
1898
大隈
板垣
憲政党
1898
板垣
憲政本党《けんせいほんとう》
1898
大隈
立憲政友会《りっけんせいゆうかい》
1900
伊藤博文

＊3　内務大臣《ないむだいじん》品川弥二郎《しながわやじろう》を先頭に、民党側の弾圧を繰り返したことを指します。

＊4　議会に対し、政府の求める軍艦建造費を認めるように要求した詔勅《しょうちょく》です。

67 条約改正

今回は、条約改正《じょうやくかいせい》です。欧米と対等な立場を築くための外交課題です。

幕末に結んだ不平等条約→p.143を解消しようということですね。

条約改正の目標は、治外法権《ちがいほうけん》条項の撤廃（法権の回復）と、関税《かんぜい》自主権《じしゅけん》を取り戻す（協定関税制を撤廃する・税権の回復）ことです。また、日本だけの義務とされた片務的最恵国待遇《へんむてきさいけいこくたいぐう》の解消もあります。

１度に全部を解決するのは難しいので、最初の条約改正交渉の責任者であった外務卿寺島宗則《がいむきょうてらしまむねのり》は、まず税権の回復を目標にします。しかしこれは成果を見ずに終わります[*1]。

次の井上馨《いのうえかおる》外務卿（内閣制度→p.162発足後は外務大臣）以降は、法権の回復が目標になります。外国側は、外国人が日本の裁判を受ける際には判事《はんじ》（裁判官）に外国人を一部任用することを条件とし[*2]、井上はこれを受け入れようとします。しかし、政府内外から、外国人に裁判を任せることへの批判が起こります[*3]。

欧米並みの外交を行うために井上がとった欧化主義《おうかしゅぎ》への反発もあって、井上は辞任します。その後は大隈重信《おおくましげのぶ》が外務大臣となり、外国人判事の任用を大審院《だいしんいん》に限定しましたが、これも失敗します。

外国人判事を拒否した法権回復交渉は、次の青木周蔵《あおきしゅうぞう》外務大臣の時に実現しそうになりますが、日本を訪問中のロシア皇太子を日本の警察官が襲う事件（大津事件《おおつじけん》）が起こり、中断してしまいます。

その後、陸奥宗光《むつむねみつ》外務大臣のとき、1894（明治27）年、日清戦《にっしんせん》争《そう》→p.168直前に日英通商航海条約《にちえいつうしょうこうかいじょうやく》が締結され、法権が回復します。以後、他の国とも条約が結ばれます。また、この時に片務的最恵国待遇も解消されます。

税権の完全回復は1894年の条約を更新する際のことで、この時は日本の成長が背景となり、何のトラブルもなく進みます。そして1911年、小村寿太郎《こむらじゅたろう》外務大臣のもとで税権が回復します。

＊1　アメリカは関税自主権を認めることで合意したのですが、他の国も同じようにこれを認めることが条件とされており、イギリス・ドイツなどが反対したため実現しませんでした。イギリスなどは、有利な条件での貿易を維持したかったのです。

どうして外国人を裁判官にすることに反対したんですか？

税権の回復は経済的な問題ですが、法権の回復は国の名誉にかかわります。治外法権を撤廃し、日本国内では外国人も日本の裁判を受けるとしても、裁判そのものを外国人の判事に委《ゆだ》ねるのはかえっておかしい、として反対が起こったわけです。

条約改正への道のり

1872	岩倉遣外使節団《いわくらけんがいしせつだん》→p.152
	→交渉失敗、73年帰国
1878	外務卿寺島宗則
	税権の回復を目指す→失敗
1882	外務卿（大臣）井上馨
〜87	法・税権の一部回復を目指す
	→欧化主義・外国人判事に批判、失敗
1888	外務大臣大隈重信
〜89	井上案を引き継ぐ→失敗
1891	外務大臣青木周蔵
	→大津事件で失敗
1894	外務大臣陸奥宗光
	→法権の回復に成功
	日英通商航海条約
1911	外務大臣小村寿太郎
	→税権の回復に成功

寺島の時のように、ある一国が合意しても、他の国々が反対すると条約改正が実現しないため、井上は不平等条約を結んでいる欧米各国を全て招いた条約改正会議《じょうやくかいせいかいぎ》で交渉し、一挙に同じ案で改正する方策をとります。東京が国際会議の会場となるため、井上は**鹿鳴館**《ろくめいかん》という洋式の建物を建て、交渉のための舞踏会や音楽会などを連日連夜行う、欧化主義をとりました。しかしこれが世論の非難を浴《あ》びます。井上の辞任後は、三大事件建白運動《さんだいじけんけんぱくうんどう》→p.160が広がります。

イギリスが法権回復に同意したのはなぜですか？

日本に近代的な法律が整ってきたこともありますが、何より、シベリア鉄道建設など、ロシア帝国の中国東北部・朝鮮方面への進出に対抗するためと考えられています。

＊2　日本に近代的法典がそろっても、法律の専門教育の未発達と近代法を学んだ裁判官の不足を外国側が懸念《けねん》したことが理由です。

＊3　1886年には、イギリスの貨物船が沈没《ちんぼつ》した時に日本人が見殺しにされ、裁判で船長の過失が問われないという**ノルマントン号事件**《ノルマントンごうじけん》が起こり、法権の回復が問題になりました。

68 日清戦争

日本に不平等条約を押し付けられた朝鮮→p.152では、幕末の日本と同様にクーデターが起き、そして、清《しん》の支配が強化されていきます。

そして、ついに、日清戦争《にっしんせんそう》が勃発《ぼっぱつ》するんですね。

1882（明治15）年、朝鮮で壬午軍乱《じんごぐんらん》が起きます[*1]。朝鮮政府は清に救援を依頼し、清国軍がこれを鎮圧《ちんあつ》します。この後、朝鮮政府は清の影響力を強く受け、反日的になります。

しかし、朝鮮にも、日本と同様に近代化政策を進めようとする、金玉均《きんぎょくきん》などの改革派がいました。彼らは欧米に屈服している清を頼りにしていては近代化が実現できないと考えました。そこで、朝鮮政府を親日的な政権に変えるため、日本公使館と金玉均たちが企てたのが1884年の**甲申事変《こうしんじへん》**でした。ところが、これも清に鎮圧されてしまいます[*2]。

その後、朝鮮の人々の生活は苦しくなり、大規模な農民反乱が起こります（**甲午農民戦争《こうごのうみんせんそう》**[*3]）。朝鮮政府はまたも清に救援を依頼します。清は**天津条約《てんしんじょうやく》**[*4]に従って日本に通告し、日本もすぐさま軍隊を送ります。日清両軍が派遣《はけん》されて反乱は鎮静しますが、両国は朝鮮の内政改革で対立します。そして日本は清に宣戦布告し、1894年に**日清戦争**が勃発します。

戦争では近代化していた日本軍が有利で、清国側が屈服、1895年に下関《しものせき》で講和会議が開かれ、講和条約（**下関条約《しものせきじょうやく》**）が結ばれます。清は朝鮮の独立を認め、日本は巨額の賠償金《ばいしょうきん》２億両《テール》（当時の日本円で約３億円）を獲得し、さらに遼東半島《りょうとうはんとう》・台湾《たいわん》・澎湖諸島《ほうこしょとう》を譲《ゆず》られるという、きわめて日本に有利な条約でした[*5・6]。

しかし、東アジア進出を狙っていたロシアは、フランス、ドイツを誘って３国の名前で、遼東半島を中国へ返還することを求め（**三《さん》国干渉《ごくかんしょう》**）、日本政府はこれを受け入れました。

＊1　朝鮮では国王の妻の閔妃《びんひ》とその一族が政権を握《にぎ》っていましたが、国王の実父である大院君《たいいんくん》が政権を奪取《だっしゅ》しようとしたクーデターです。

＊2　日本は朝鮮の日本人保護を名目に軍隊を送り、クーデター鎮圧後も日清両軍がにらみ合う状況でしたが、伊藤博文《いとうひろぶみ》と李鴻章《りこうしょう》の交渉で、撤兵《てっぺい》などが約束されます（天津条約）。

日本と清はどうして朝鮮をめぐって争ったんですか？

清は、朝鮮は清に従属している国だとして、他の国との外交条約は無効だと、日朝修好条規《にっちょうしゅうこうじょうき》→p.152を認めていませんでした。日本としては、万が一、鎖国《さこく》状態の朝鮮が列強の圧力で開国し、対馬《つしま》の目と鼻の先の釜山《プサン》に列強の軍港ができると日本の重大な危機になるとして、朝鮮政府を日本政府のコントロール下に置きたいと考えていました。清国との対立は、根本的なものだったわけです。

1870～90年代の日朝関係

1873	征韓論《せいかんろん》高まる→p.152
1875	江華島事件《こうかとうじけん》→p.152
1876	日朝修好条規
1882	壬午軍乱
1884	甲申事変
1885	福沢諭吉の「脱亜論」
	天津条約
1889	朝鮮が防穀令発令
1893	防穀令事件決着
1894	甲午農民戦争→日清戦争
1895	下関条約→三国干渉

天津条約締結《ていけつ》の直前、福沢諭吉《ふくざわゆきち》→p.156は、朝鮮が清を頼り近代化しないことに腹を立て、「もはや日本は、清や朝鮮はアジアの仲間だという立場を捨て、欧米と同じような姿勢で臨むべきだ」という「脱亜論《だつあろん》」を新聞『時事新報《じじしんぽう》』→p.181に載せています。

また日本に有利な貿易の中、朝鮮で飢饉《ききん》が起こり、朝鮮政府は穀物輸出禁止を命じますが（防穀令《ぼうこくれい》）、日本政府が抗議し撤回《てっかい》させる事件も起こります。

戦争には勝ったのに、三国干渉は受け入れなきゃならないなんて、当時の人々は悔しい気分だったでしょうね。

そのため、政府は、「臥薪嘗胆《がしんしょうたん》（どんな苦しい思いも我慢していずれこの恨みは晴らそう）」という掛け声のもと、賠償金をもとに莫大《ばくだい》な軍事費を費やし、次のロシアとの戦争に備えたのです。

＊3　東学《とうがく》といわれる一種の新興宗教を核とし、一般農民が加わった大反乱です。

＊4　1885年、甲申事変の事後処理として結ばれた天津条約では、日清両軍の朝鮮からの撤兵と、将来の派兵については日清両国とも事前に通告することとされていました。

＊5　さらに重慶《じゅうけい》・沙市《さし》・蘇州《そしゅう》・杭州《こうしゅう》の長江《ちょうこう》流域の港を開くことになりました。

＊6　台湾・澎湖諸島ではこの後、台湾総督府《たいわんそうとくふ》の支配が始まりますが、抵抗もありました。

69 日清戦争後の政治と外交

初期議会《しょきぎかい》→p.164で政府と民党《みんとう》は対立してましたけど、ずっとそんな様子なんですか？

いいえ、日清戦争《にっしんせんそう》後は初期議会から様相が変わり、政府と政党の提携が進むのです。

日清戦争後、第２次伊藤《いとう》内閣には自由党《じゆうとう》→p.164の板垣退助《いたがきたいすけ》が、続く第２次松方《まつかた》内閣には進歩党《しんぽとう》*1から**大隈重信《おおくましげのぶ》**が内閣に入ります。しかし、松方内閣が地租《ちそ》の率を上げようとして政党との提携《ていけい》が崩《くず》れ、内閣は総辞職します。次は第３次伊藤内閣になります。

ここで内閣の目指す地租増徴《ぞうちょう》を阻止するため、自由党と進歩党は合体し、1898（明治31）年に**憲政党《けんせいとう》**が誕生します。伊藤は内閣を投げ出し、日本最初の政党内閣とされる第１次大隈内閣が誕生します。しかし発足早々に尾崎行雄《おざきゆきお》文部大臣が共和演説事件《きょうわえんぜつじけん》*2を起こすと党は分裂し、内閣は総辞職します。

次の第２次山県《やまがた》内閣では、分裂した憲政党*3のうち、旧自由党系の憲政党が地租増徴賛成にまわり、地租は3.3%になります。

一方、内閣を投げ出した伊藤は政党結成を目指し、1900年に**立《りっ》憲政友会《けんせいゆうかい》**（**政友会**）を結成、第４次伊藤内閣が登場しますが、貴族《きぞく》院《いん》の反発から短命で終わりました。

この間、東アジアでは、清が次々に鉄道の敷設《ふせつ》や鉱山の経営などを外国に認めていきました。列強が中国を分割して勢力範囲を設ける**中国分割《ちゅうごくぶんかつ》**が一挙に進んだのです。*4

これに対して、1900年、民衆の大反乱（義和団事件《ぎわだんじけん》）から、**北《ほく》清事変《しんじへん》**が起こります。北京に近づいた**義和団《ぎわだん》***5の軍隊から自国の外交官などを救うため、列強は軍隊を北京《ペキン》に派遣《はけん》し、反乱を鎮圧《ちんあつ》しました。1901年、列強に宣戦布告してしまった清国政府は屈服し、北京議定書《ペキンぎていしょ》*6を結ばされ、さらに多くの利権を奪《うば》われます。

義和団事件で出兵したロシアは、中国東北部（満州《まんしゅう》）を占領し続けました。そして、日露の対立が深刻化していきます。

＊1　進歩党は、立憲改進党→p.164と他の小政党が日清戦争後に合体した党です。

＊2　尾崎が金権政治を批判する際に、仮定とはいえ、「日本が君主のいない共和制の国であったら」という表現を使い、攻撃を受けて辞職に追い込まれた事件です。

明治時代の内閣②　＊…外交関連

内閣	年	出来事
松方1	1892	第2回総選挙→選挙干渉→p.164
伊藤2	1894	日清戦争勃発
	1895	＊下関条約・三国干渉
		＊閔妃殺害事件
	1896	板垣、内閣に入る
松方2		大隈、内閣に入る
伊藤3	1898	憲政党結成
大隈1		共和演説事件→憲政党分裂
山県2		地租増徴案可決
	1899	文官任用令改正
	1900	治安警察法公布
		軍部大臣現役武官制制定
		＊北清事変
		立憲政友会結成
伊藤4		

列強による中国分割

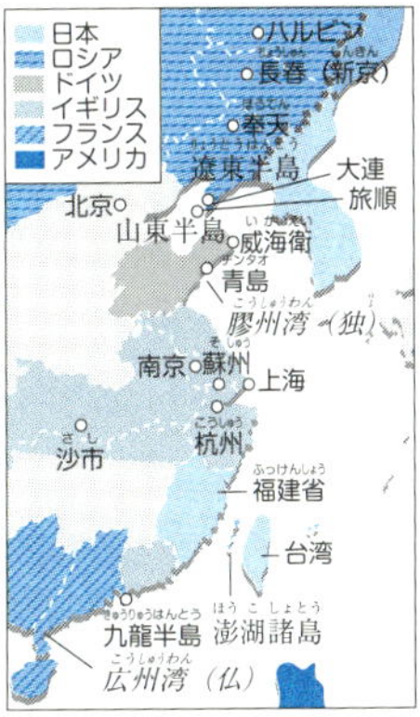

第2次山県内閣は、高級官僚《かんりょう》の中に政党関係者が入るのを抑えようとした文官任用令《ぶんかんにんようれい》の改正や、政党の中から陸軍・海軍大臣が現れないよう陸海軍大臣を現役の大将・中将に限る**軍部大臣現役武官制**《ぐんぶだいじんげんえきぶかんせい》を導入します。このため、陸海軍の現役のトップが内閣に反対して陸海軍大臣が辞任すると欠員になり、内閣が成立しないことになるわけです。

中国分割では、ロシアは、日本に三国干渉《さんごくかんしょう》→p.168で返させた旅順《りょじゅん》・大連《だいれん》を租《そ》借《しゃく》（領土の一部を借りること）します。ドイツも、山東《さんとう》半島の膠州湾《こうしゅうわん》の租借に成功します。

第2次山県内閣はおぼえることがいっぱいありますね。

そうです。地租増徴だけでなく、文官任用令改正、軍部大臣現役武官制導入、そして労働運動などの反政府運動を抑えるための**治安警察法**《ちあんけいさつほう》制定もあり、その後の民主主義的な要求をあらかじめ抑え込む基本政策が続々と実現しているのです。

＊3　旧自由党系はそのまま憲政党を名乗り、進歩党系は憲政本党を名乗ります。

＊4　朝鮮にはロシアが接近し、三浦梧楼《みうらごろう》たちは親露派になった閔妃《びんひ》を殺害します（閔妃殺害事件《びんひさつがいじけん》）が、反発を招き、1897年に朝鮮は国名を日本に対抗して**大韓帝国**《だいかんていこく》と改めます。

＊5　義和団は反政府暴動ではなく「清王朝を助けて外国勢力を追っ払う（扶清滅洋《ふしんめつよう》）」という、日本の尊王攘夷《そんのうじょうい》→p.146と似た標語を掲げていました。清国政府が、義和団が政府を助ける軍事行動だと認識して列強に宣戦布告したことで、北清事変に発展しました。

＊6　この時、列強に北京郊外に軍隊を駐留《ちゅうりゅう》させる権利（北京駐留権）も認めました。

70 日露戦争と桂園時代

1901年、20世紀の最初の年に、第４次伊藤《いとう》内閣が総辞職し、かわって第１次桂太郎《かつらたろう》内閣が成立します。ここからが桂園時代《けいえんじだい》です。

日露戦争《にちろせんそう》から韓国併合《かんこくへいごう》に至る時期ですね。

ロシアの満州占領が続く中、日本ではロシアとの開戦論《かいせんろん》・非戦論《ひせんろん》*1がさかんに議論されました。当時の第１次**桂太郎**内閣は、1902（明治35）年に**日英同盟《にちえいどうめい》**の締結《ていけつ》に成功し、ロシアとの戦争を決意します。

1904年２月、**日露戦争**が勃発《ぼっぱつ》します*2。日本はアメリカなどから多額の借金（外国債《がいこくさい》）を重ね、翌1905年の前半、陸では奉天会《ほうてんかい》戦《せん》、海では日本海海戦《にほんかいかいせん》と、大きな戦いに勝ちます。

ここでアメリカのセオドア=ローズヴェルト大統領の斡旋《あっせん》で、アメリカのポーツマスで講和会議が開かれます。ロシアは日本の韓国に対する指導権を認め、また、日本は様々な権利を獲得しますが、ロシア側のヴィッテは日本側の小村寿太郎《こむらじゅたろう》→p.166との交渉で、賠償金《ばいしょうきん》は絶対に払わないと主張します。戦争を続ける余裕のない日本は、賠償金は無しで条約を結びます（**ポーツマス条約《じょうやく》**）。

ところが、国民はこのことを不満に思い、反露的な感情が爆発し、首都の中心部で講和反対国民大会《こうわはんたいこくみんたいかい》が開かれて暴動化します（**日比谷《ひびや》焼打《やきう》ち事件《じけん》**）。これは警察・軍隊が鎮圧《ちんあつ》しますが、国民の多くが不満を残す結果となりました。

第１次桂内閣の後、戦後経営の課題を背負ったのが、政友会《せいゆうかい》→p.170総裁の**西園寺公望《さいおんじきんもち》**の第１次内閣です。しかし、反政府勢力や革命思想に寛容《かんよう》だと批判されて総辞職し、再び桂が内閣を組織します。第２次桂内閣は、日露戦争後にやや緩《ゆる》んだ藩閥政府《はんばつせいふ》の支配を強化する役割を担《にな》い、**大逆事件《たいぎゃくじけん》**→p.178などで社会主義者を弾圧します。次は再び西園寺が第２次内閣を率います。桂と西園寺が内閣を交互に組織したこの時代を**桂園時代《けいえんじだい》***3と呼ぶわけです。

＊1　幸徳秋水《こうとくしゅうすい》→p.179、内村鑑三《うちむらかんぞう》→p.180、与謝野晶子《よさのあきこ》→p.183などの人々が非戦論を唱えました。

＊2　当時ロシアが建設中のシベリア鉄道が充実し、陸軍を大量に中国東北部に投入できるようになると、日本は戦いに踏み切れなくなるだろうという予想もありました。

どうしてロシアと戦うのに日英同盟が必要だったんですか？

ロシアとの戦争の際、「三国干渉《さんごくかんしょう》→p.168」のように、ドイツやフランスなどの国まで参戦したらたいへんです。そこで、日英同盟では、日本がロシアだけでなく複数の国と戦うことになった場合は、イギリスは日本側となって参戦することとしたのです。その結果、戦争は日露２国間で戦われたわけです。

日露戦争要図

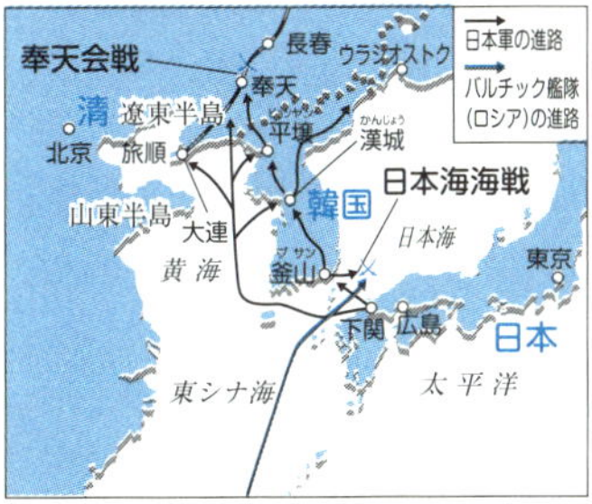

ポーツマス条約の内容

- 旅順《りょじゅん》・大連《だいれん》の租借《そしゃく》権
- 長春《ちょうしゅん》～旅順口間の鉄道の経営権
- 北緯50度以南の樺太《からふと》の譲渡《じょうと》
- 沿海州・カムチャツカの漁業権

因縁のある旅順・大連は、ロシアの租借権を引き継ぎます。長春～旅順口間の鉄道とは、シベリア鉄道の支線である東清鉄道《とうしんてつどう》の南部支線です。

明治時代の内閣③

＊…71「韓国併合」→p.174の内容

桂1	1902	日英同盟締結
	1904	日露戦争勃発
	1905	ポーツマス条約
		日比谷焼打ち事件
		＊統監府《とうかんふ》設置
西園寺1	1906	日本社会党結成→p.178
		鉄道国有法《てつどうこくゆうほう》制定→p.176
		＊南満州鉄道株式会社《みなみまんしゅうてつどうかぶしきがいしゃ》設立
桂2	1908	戊申詔書発布
	1909	地方改良運動
		＊伊藤博文暗殺事件
	1910	大逆事件
		＊韓国併合条約《かんこくへいごうじょうやく》
	1911	工場法公布→p.178
西園寺2	1912	明治天皇没

第２次桂内閣は、日露戦争後、はっきりしてきた思想の多様化や社会の沈滞《ちんたい》に対して、天皇の名前で**戊申詔書《ぼしんしょうしょ》**を発して引き締めをはかります。また**地方改良運動《ちほうかいりょううんどう》**を進めたり、大逆事件など強硬《きょうこう》手段で思想弾圧を行ったりもします。

＊3　桂は陸軍・長州閥《ちょうしゅうばつ》の山県有朋《やまがたありとも》直系の人物です。一方の西園寺は、公家出身で、伊藤博文《いとうひろぶみ》の後に政友会総裁を継いでいました。

71 韓国併合

日露戦争《にちろせんそう》→p.172の後、外国との関係はどうなったのですか？

まず韓国の植民地化を進めます。また日露関係は好転し、日米関係は悪化します。

日露戦争の開戦直後、日本は韓国に日韓議定書《にっかんぎていしょ》で戦争協力を強要します。戦争中には第一次日韓協約《にっかんきょうやく》で、韓国政府の財政・外交に日本人あるいは日本政府の推薦《すいせん》する顧問《こもん》の派遣《はけん》を受諾《じゅだく》させます。

戦争後には、外交権を奪《うば》い韓国を保護国化する第二次日韓協約を結び、韓国の首都・漢城《かんじょう》に統監府《とうかんふ》を置き、韓国政府を厳しく監視しました。初代韓国統監には伊藤博文《いとうひろぶみ》が就任します。

1907（明治40）年には、第三次日韓協約[*1]を強要して内政権も奪い、韓国は国家としての権限をほぼ日本に奪われます。この時には軍隊の解散も強制されます。

韓国内では日本の支配に抵抗して反日抵抗運動（義兵運動《ぎへいうんどう》）が起こりますが、1909年、韓国人の青年・安重根《あんじゅうこん》に伊藤が暗殺され、ついに翌1910年、日本政府は韓国併合条約《かんこくへいごうじょうやく》を締結し、韓国を大日本帝国の領土の一部にします。

以後、朝鮮では、植民地支配のために土地調査事業《とちちょうさじぎょう》などが行われ、朝鮮の多くの土地が日本人資本のもとに没収されていきました。

この時に大韓帝国《だいかんていこく》の韓国という国号を否定し、地域名として再び朝鮮という名前を強要し、韓国統監府に代わって朝鮮総督府《ちょうせんそうとくふ》が置かれます。そして、統監の寺内正毅《てらうちまさたけ》が、そのまま初代朝鮮総督に就任します。

また、日本はポーツマス条約→p.172で得た中国東北部、満州《まんしゅう》の植民地的経営にも着手します。旅順・大連の租借《そしゃく》権を前提に、この地域を関東州《かんとうしゅう》と呼び、その支配のために関東都督府《かんとうととくふ》を置きます。長春《ちょうしゅん》・旅順《りょじゅん》口間の鉄道→p.173については、アメリカなどの経営参加を拒絶し、南満州鉄道株式会社《みなみまんしゅうてつどうかぶしきがいしゃ》（満鉄《まんてつ》）が半官半民で発足します。その結果、以後、日米関係は悪化していきます。[*2]

＊1　オランダで行われた万国平和会議《ばんこくへいわかいぎ》に際し、韓国の皇帝が会議に密使を送って独立の回復を訴《うった》えようとした事件（ハーグ密使事件《みっしじけん》）を利用して結ばれました。

なぜ日露戦争後、日本とアメリカの仲が悪くなるのですか？

1899年以来、アメリカは国務長官《こくむちょうかん》ジョン=ヘイが提唱した中国に対する「門戸開放《もんこかいほう》」「機会均等《きかいきんとう》」という政策をとっていました。要するに、中国市場参入が遅れたアメリカは、他の列強の中国市場の独占に反対したのです。ところが、日露戦争後、中国東北部を日本とロシアが協力して植民地化し、アメリカの参入を排除しようとしたからです。

日露戦争前後の外交と韓国併合

1902	日英同盟締結
1904	日露戦争勃発
	日韓議定書
	第一次日韓協約
1905	桂・タフト協定
	日英同盟改定
	ポーツマス条約締結
	第二次日韓協約
	統監府設置
1906	関東都督府設置
	南満州鉄道株式会社設立
1907	ハーグ密使事件
	第三次日韓協約
	第一次日露協約
	義兵運動本格化
1909	伊藤博文暗殺事件
1910	第二次日露協約
	韓国併合条約調印
	土地調査事業開始
	朝鮮総督府設置
1911	関税自主権の回復→p.166
	辛亥革命
1912	清滅亡、中華民国成立
	第三次日露協約

日露戦争の勝利で、ロシアは朝鮮半島から手を引き、韓国に対する日本の事実上の植民地的支配を認めます。ただし、ロシアとの間だけで合意ができても意味がないため、他の国との調整も日露戦争前後に行われています。

1902年の日英同盟《にちえいどうめい》→p.172は1905年に改定され、適応範囲を中国・朝鮮だけでなくインドから東に拡大されます。

アメリカとの間では1905年の桂《かつら》・タフト協定《きょうてい》で、日本の韓国指導権が認められます。

一方、清では、**辛亥革命《しんがいかくめい》**が起こり、清朝が倒されます。そして**中華民国《ちゅうかみんこく》**が発足し、三民主義《さんみんしゅぎ》を掲げて中国の近代化を目指す**孫文《そんぶん》**が臨時大総統《りんじだいそうとう》になります。しかし、旧勢力である軍閥《ぐんばつ》の代表の袁世凱《えんせいがい》が列強と結んで孫文を追い落とし、孫文は亡命します。ただし、袁世凱の政府には中国全体を統括する力はなく、中国は事実上、分裂状態に陥《おちい》ります。

＊2　満州の利権については、ロシアと日本が再び利害の衝突《しょうとつ》から戦争となることを避けるため、四次にわたる日露協約《にちろきょうやく》で、日露両国で中国東北部の分割を目指しました。

72 産業革命

明治初期の殖産興業《しょくさんこうぎょう》→p.154政策は、その後どうなったんですか？

じょじょに実を結び、官営事業の払《はらい》下《さ》げを受けた政商《せいしょう》も事業を拡大していきました。

産業革命《さんぎょうかくめい》とは、近代的な生産様式で、蒸気機関《じょうききかん》や電力を使った機《き》械制大工業《かいせいだいこうぎょう》で生産を飛躍的に拡大させるものです。日本では、政府が税金で近代的産業を育成しつつ、まずは軽工業《けいこうぎょう》（製糸業《せいしぎょう》・紡績《ぼうせき》業《ぎょう》）中心の産業革命を目指し、日清戦争《にっしんせんそう》→p.168前後に達成します。

生糸《きいと》*1を作る**製糸業**は、江戸時代以来の座繰製糸《ざぐりせいし》という手作業から、フランス製の機械などによる器械製糸《きかいせいし》に転換します。生糸の輸出は伸び続け、そこで得た外貨《がいか》で紡績業の機械を輸入するという貿易構造ができていきます。

綿糸《めんし》を作る**紡績業**は、江戸時代以来の手紡《てつむぎ》という生産方式から機械を使った大工場での生産に切り替えるため、渋沢栄一《しぶさわえいいち》が1882（明治15）年に**大阪紡績会社《おおさかぼうせきがいしゃ》**を設立、イギリス製の機械などを導入して経営に成功したことが、その先駆《せんく》となりました。

松方《まつかた》デフレ→p.160で**寄生地主制《きせいじぬしせい》**が展開する中、貧農層の女性が製糸《せいし》女工《じょこう》になるとともに、寄生地主の富が株式に投資され、1886年ごろから、紡績業・鉄道業の企業勃興《きぎょうぼっこう》期が訪れます。

そして日清戦争の勝利で、工業製品の輸出市場としての朝鮮を確保し、その巨額の賠償金《ばいしょうきん》を金貨にして、1897年に制定された貨幣《かへい》法《ほう》で、銀兌換制度《ぎんだかんせいど》を欧米並みの金兌換制度《きんだかんせいど》（**金本位制《きんほんいせい》**）→p.154に変えます。

重工業《じゅうこうぎょう》では、鉄を大量に国産化する必要があります。そこでドイツから近代的な製鉄技術の提供を受け、官営の**八幡製鉄所《やはたせいてつじょ》***2の設立が決定され、1901年から操業《そうぎょう》を開始します。

鉄道業では、1881年に民間鉄道会社の日本鉄道会社《にほんてつどうがいしゃ》が成立し、その後、各地に民営鉄道が設立されていきます*3。

＊1　幕末以来圧倒的な輸出品は生糸です→p.146。明治を通じて日本の輸出は生糸に頼ります。

＊2　ただし、八幡製鉄所での本格的な生産は日露戦争《にちろせんそう》→p.172後です。日露戦争前は、本格的な重工業の基礎はまだ固まっていなかったということです。

＊3　日露戦争後の1906年には**鉄道国有法《てつどうこくゆうほう》**が施行《しこう》され、主要鉄道は国有鉄道に変わります。

輸出入のグラフのポイントを教えてください。

まず、輸出は常に生糸が主力です。焦点は綿糸と綿花《めんか》で、1885年には綿糸が輸入の第１位だったのが、1899年には輸出の第２位になっています。近代的な機械による紡績業が成立しているのです。そして、輸入の第１位は、その材料の綿花となっています。

綿糸の生産と輸出入

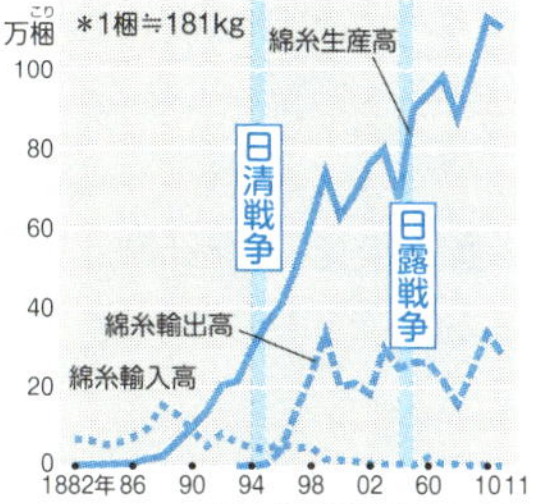
万梱《こり》
＊1梱≒181kg
100
80
60
40
20
0
綿糸生産高
日清戦争
日露戦争
綿糸輸出高
綿糸輸入高
1882年 86 90 94 98 02 60 10 11

(『日本経済統計総覧』より)

品目別輸出入の割合

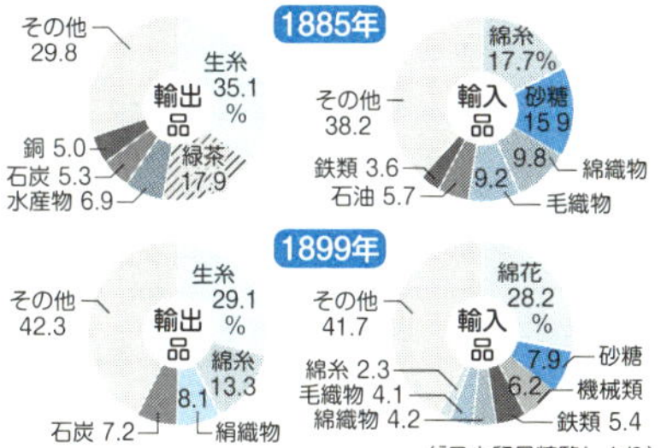
1885年
輸出品
生糸 35.1%
緑茶 17.9
水産物 6.9
石炭 5.3
銅 5.0
その他 29.8
輸入品
綿糸 17.7%
砂糖 15.9
綿織物 9.8
毛織物 9.2
石油 5.7
鉄類 3.6
その他 38.2
1899年
輸出品
生糸 29.1%
綿糸 13.3
絹織物 8.1
石炭 7.2
その他 42.3
輸入品
綿花 28.2%
砂糖 7.9
機械類 6.2
鉄類 5.4
綿織物 4.2
毛織物 4.1
綿糸 2.3
その他 41.7

(『日本貿易精覧』より)

生糸は少量生産の高級品で、多くの労働力を要しました。一方、国民の日常的な衣料である綿織物とそれを支える綿糸は、幕末は両方とも輸入品でしたが、大型の機械による紡績業が発達し、1897年には、綿糸の輸出額が輸入額を超えます。欧米からの輸入綿糸の額よりも、アジア向けの輸出綿糸の額が超えたのです。

恐慌と財閥

- 三井財閥《みついざいばつ》…江戸時代の両替商《りょうがえしょう》の三井家《みついけ》→p.121に始まる。
- 三菱財閥《みつびしざいばつ》…土佐出身の政商・岩《いわ》崎弥太郎《さきやたろう》→p.155に始まる。
- 住友財閥《すみともざいばつ》…江戸時代の銅商人の住友家《すみともけ》→p.119に始まる。

資本主義《しほんしゅぎ》と呼ばれる、私有財産制度にもとづく自由主義的経済では、景気の良い時と、景気が後退する時（不景気）が繰り返し訪れます。特に大きな経済の落ち込みが恐慌《きょうこう》ですが、政商が**財閥**《ざいばつ》に成長する過程がこれに重なります。不景気の時に弱小企業が倒産、それを買収して、一部の強い企業がさらに強くなるのです。大きな契機《けいき》となった恐慌としては、1897年の日清戦争後の恐慌、1900年から01年の恐慌、そして1907年の日露戦争後の恐慌があります。

73 社会運動・労働運動

産業が発達したら、人々の生活も豊かになったんですか？

もちろん、全体として豊かになっていきました。ただし、労働運動や公害問題も起こってきます。

工場労働者が増加する中、労働者が団結して賃金の上昇や労働環境の改善を求める労働組合運動が、高野房太郎《たかのふさたろう》や片山潜《かたやません》がアメリカからもたらしたことで起こります。1897（明治30）年には**労働組《ろうどうくみ》合期成会《あいきせいかい》**[*1]が発足し、本格的な運動が始まりました。

公害問題では、古河市兵衛《ふるかわいちべえ》が払下《はらいさ》げを受けた足尾銅山《あしおどうざん》から鉱毒《こうどく》が流出し、渡良瀬川《わたらせがわ》流域の被害が問題化します（足尾鉱毒事件《あしおこうどくじけん》）。代議士の**田中正造《たなかしょうぞう》**は、この問題を取り上げて天皇への直訴《じきそ》にまで及びます。

社会主義の思想も広まり、1901年に**社会民主党《しゃかいみんしゅとう》**[*2]が結成されます。しかし、反動的な第２次山県《やまがた》内閣→p.171が、1900年に制定した**治安警察法《ちあんけいさつほう》**によって結社禁止とされます。

日露戦争《にちろせんそう》→p.172の後は、強い思想弾圧の姿勢をとらない第1次西園《さいおん》寺《じ》内閣のもと、1906年に日本社会党《にほんしゃかいとう》が結成されます。しかし急進派が台頭して、翌1907年に結社禁止になります。

西園寺からかわった第２次桂《かつら》内閣は、一挙に反政府的な無産主義《むさんしゅぎ》者を弾圧します。これが1910年の**大逆事件《たいぎゃくじけん》**[*3]で、国際的な批判を浴《あ》びながらも強行されました。以後、労働運動などは動きの取れない窮屈《きゅうくつ》な「冬《ふゆ》の時代《じだい》」を迎えます。

ただ、劣悪《れつあく》な労働者の環境を陸軍などが問題視します。農民や労働者の体格が悪いと軍隊が弱くなるという理由から、労働者を保護すべきだという意見が出て、1911年に**工場法《こうじょうほう》**という労働者保護立法が成立します。しかし、富裕階級によって選ばれた衆議院議員たちの抵抗があり、施行は1916年からとなりました[*4]。

＊1　これは労働組合ではなく、労働運動を啓蒙《けいもう》していくための組織で、その結果、鉄工組合《てっこうくみあい》や日本鉄道矯正会《にほんてつどうきょうせいかい》など、初期の組合が登場します。

＊2　片山潜・安部磯雄《あべいそお》・木下尚江《きのしたなおえ》・幸徳秋水《こうとくしゅうすい》など、当時の代表的な社会主義的思想を持った人々が加わっていました。

社会主義って、どういう考えなんですか？

何も手をうたないと、労働者や農民など貧しい人々は生まれてから死ぬまで貧しいままで、資本家や地主・株主など富裕階級はどんどん金持ちになり、両者の差は埋まらないとします。そこで、政策や国の方針として、工場や土地などを社会的に所有する、つまり国の経済の根幹となる産業を国営にしたりすることで、私有財産制を是正《ぜせい》していく考え方で、労働者主体の政治を目指すものです。

明治時代の社会運動・社会問題

1897	労働組合期成会成立
1899	『日本之下層社会』刊行
1900	治安警察法制定
1901	社会民主党結成
	足尾鉱毒事件について田中正造、天皇に直訴
1903	『職工事情』刊行
	平民社結成
1906	日本社会党結成
1910	大逆事件
1911	工場法公布

生糸《きいと》を作る製糸業→p.176は、製糸女工《せいしじょこう》の低賃金・長時間労働が支えていました。1880年代には労働運動というかたちではありませんが、製糸女工たちのストライキなども起こります。

また、労働問題が社会の関心を集めたきっかけは、ジャーナリスト横山源之助《よこやまげんのすけ》の描いた克明《こくめい》な記録『日本之下層社会《にほんのかそうしゃかい》』や、農商務省《のうしょうむしょう》がまとめた『職工事情《しょっこうじじょう》』という報告書でした。

その他、日露非戦論《にちろひせんろん》→p.172を唱えた幸徳秋水・堺利彦《さかいとしひこ》たちは、主張の舞台であった『万朝報《よろずちょうほう》』→p.181が、社長の黒岩涙香《くろいわるいこう》の判断で日露開戦論に転換した際、退社して平民社《へいみんしゃ》を起こし『平民新聞《へいみんしんぶん》』を出して、社会主義的な立場から非戦・停戦を呼びかけました。

＊3 刑法《けいほう》の大逆罪《たいぎゃくざい》を利用し、多くの冤罪《えんざい》を含む容疑者を無理やり逮捕・拘禁《こうきん》、ほとんど秘密裏の裁判で大量の死刑を実行して、労働運動や社会主義運動を完全に抑え込みました。

＊4 また零細《れいさい》工場は対象外とするなど、多くの例外規定があり、欧米の労働者保護の水準からは程遠い、不十分なものでした。

74 近代文化1

明治の初めの文明開化《ぶんめいかいか》→p.156のころは、啓蒙主義《けいもうしゅぎ》とか欧化主《おうかしゅ》義《ぎ》が中心でしたよね。

しかし、やがて日本を大事にしようという、ナショナリズムや国家主義《こっかしゅぎ》が現れます。

明治20年代になると、積極的に日本の伝統を保持しないと日本文化が危ないという思想が現れます。このような思想を国家主義と呼びます。*1

教育では、国民皆学《こくみんかいがく》や義務教育制度の充実を目標としたフランス式の学制《がくせい》→p.156が発布されたあと、アメリカ式の教育令《きょういくれい》が出されますが、あまりうまくいきませんでした。そして初代文部大臣**森有礼**《もりありのり》のもとで、1886（明治19）年に**学校令**《がっこうれい》*2が制定され、憲法に合致《がっち》した教育制度になっていきます。東京大学《とうきょうだいがく》→p.156が帝国大学《ていこくだいがく》と名前を変えたのも、この流れの中です。

教育の基本を明示したのは、1890年に発布された**教育勅語**《きょういくちょくご》という、天皇の言葉による教育目標の宣言でした。井上毅《いのうえこわし》・元田永孚《もとたながざね》らが執筆したもので、万世一系《ばんせいいっけい》の天皇が統治する日本の国の在り方、国体を重んじ、忠君愛国《ちゅうくんあいこく》を国民に要求するものでした。これが、長く日本の教育の基本と見なされます。

また、民間での高等教育も、さまざまな教育機関の活動のもと行われ、今日の名門大学も多く生まれています。福沢諭吉《ふくざわゆきち》→p.156が1858年に作った慶應義塾《けいおうぎじゅく》、1882年に発足した大隈重信《おおくましげのぶ》の東京専門《とうきょうせんもん》学校《がっこう》（後の早稲田《わせだ》大学）、キリスト教徒の新島襄《にいじまじょう》による同志社英学《どうししゃえいがっ》校《こう》（後の同志社大学）などです。岩倉使節団《いわくらしせつだん》→p.152に随行《ずいこう》した女子留学生の**津田梅子**《つだうめこ》は、1900年に女子英学塾《じょしえいがくじゅく》（後の津田塾《つだじゅく》大学）を作ります。

明治時代には学問も発達し、ペスト菌《きん》を発見した細菌学者の北里《きたざと》柴三郎《しばさぶろう》や、歴史学者の久米邦武《くめくにたけ》*3なども現れます。

＊1　また、宗教では、キリスト教も黙認され、特にプロテスタントの布教がさかんになります。その拠点の１つが札幌農学校《さっぽろのうがっこう》で、**内村鑑三**《うちむらかんぞう》などが活躍します。内村は第一高等中学校の教員でしたが、キリスト教徒として教育勅語に最敬礼《さいけいれい》せず、批難を受け、職を失います（内村鑑三不敬事件《ふけいじけん》）。日露戦争《にちろせんそう》前には、『万朝報《よろずちょうほう》』で非戦論《ひせんろん》→p.172を唱えました。

＊2　帝国大学令《ていこくだいがくれい》・師範学校令《しはんがっこうれい》・中学校令《ちゅうがっこうれい》・小学校令《しょうがっこうれい》など、一連の法令の総称です。

国家主義の台頭

徳富蘇峰《とくとみそほう》の平民主《へいみんしゅ》義《ぎ》とは、井上《いのうえ》馨《かおる》の鹿《ろく》鳴館《めいかん》→p.167のような極端な欧化主義への反発で、一部の支配者層だけでなく、一般の普通の国民（平民）が優れた欧米のものを受け入れるべきだという主張です。

人物	団体	機関誌	主張
徳富蘇峰	民友社《みんゆうしゃ》	雑誌『国民之友《こくみんのとも》』	平民主義
三宅雪嶺	政教社《せいきょうしゃ》	雑誌『日本人《にほんじん》』	国粋主義《こくすいしゅぎ》
陸羯南		新聞『日本《にほん》』	国民主義《こくみんしゅぎ》
高山樗牛		雑誌『太陽《たいよう》』	日本主義

三宅雪嶺《みやけせつれい》・陸羯南《くがかつなん》はほぼ同時並行的に、日本の国民性を重視する同じような主張を唱えます。高山樗牛《たかやまちょぎゅう》は日清戦争《にっしんせんそう》→p.170後に日本主義《にほんしゅぎ》を唱えます。基本的には欧化の弊害《へいがい》を指摘し、伝統的な文化の尊重を主張します。

ジャーナリズムの発達

- 『横浜毎日新聞《よこはままいにちしんぶん》』…日本で初めての日刊紙。
- 『日新真事誌《にっしんしんじし》』…民撰議院設立建白書《みんせんぎいんせつりつけんぱくしょ》→p.158の記事を掲載。
- 『万朝報』…内村鑑三らが日露非戦論を唱える。

本木昌造《もときしょうぞう》による鉛活字《なまりかつじ》の創製で、ジャーナリズムが急速に発達しました。新聞だけでなく、雑誌も後の『中央公《ちゅうおうこう》論《ろん》』などが発刊されています。

義務教育の就学率

国民の義務教育への就学率は比較的順調に上がり、明治の末年には義務教育の国民への浸透がほぼ実現します。この過程で、義務教育の教科書は国定教科書制度《こくていきょうかしょせいど》になります。

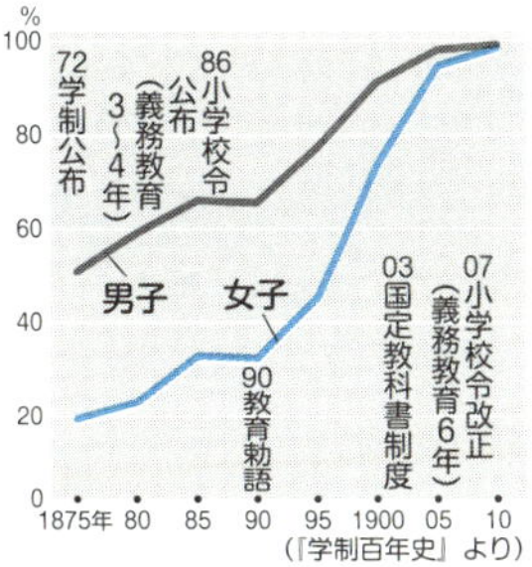

（『学制百年史』より）

＊3　久米邦武は、岩倉使節団の記録『米欧回覧実記《べいおうかいらんじっき》』の筆者で、東京帝大教授として近代的な歴史学研究の先頭に立ちました。しかし「神道《しんとう》ハ祭天《さいてん》ノ古俗《こぞく》」という論文に対し神道家などから攻撃され教授を辞職するという、一種の思想・学問弾圧にあっています。

75 近代文化2

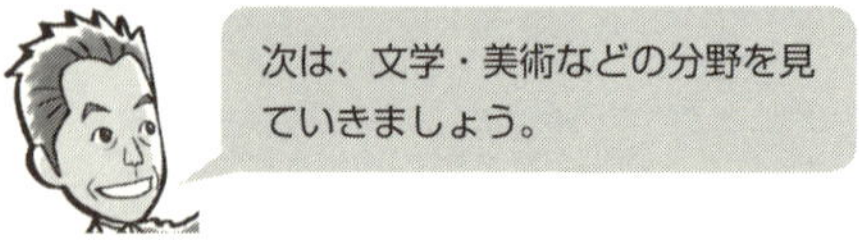
次は、文学・美術などの分野を見ていきましょう。

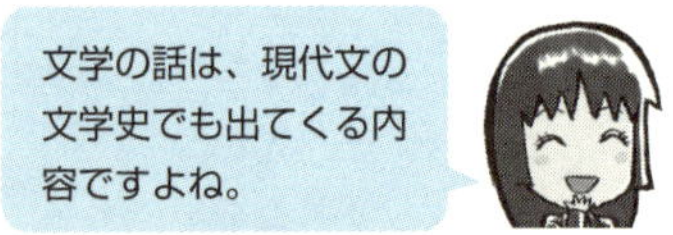
文学の話は、現代文の文学史でも出てくる内容ですよね。

文学では、小説は最初、化政文化《かせいぶんか》→p.136の流れの戯作文学《げさくぶんがく》が現れ文明開化の風俗を取り入れていきます。民権運動のころには政治思想を宣伝するための政治小説《せいじしょうせつ》がさかんに書かれます。そして近代的な文学運動が起こります。

1885・86（明治18・19）年、**坪内逍遙《つぼうちしょうよう》**は**『小説神髄《しょうせつしんずい》』**で、言《げん》文一致体《ぶんいっちたい》を提唱し、あるものをあるがままに表現しようという**写実《しゃじつ》主義《しゅぎ》**を目指します。同じころ、江戸の文学など、伝統文学を復興する動きも、尾崎紅葉《おざきこうよう》たちの硯友社《けんゆうしゃ》から起こります[*1]。

日清戦争《にっしんせんそう》→p.168前後には、好きなものは好き、美しいものは美しいとはっきり言う、感情の解放を重視する**浪漫主義《ロマンしゅぎ》**が生まれ、日露戦《にちろせん》争《そう》→p.172前後には、感情を解放するだけでなく、表面的な美しい言葉の裏側を描き真実に迫《せま》ろうとする**自然主義《しぜんしゅぎ》**が登場します。一方で、余裕派《よゆうは》・知性派《ちせいは》などと呼ばれる**夏目漱石《なつめそうせき》**も登場します。

近代的な短歌では石川啄木《いしかわたくぼく》、俳句では**正岡子規《まさおかしき》**の俳句革新運動《はいくかくしんうんどう》などが有名です。

絵画では、政府主導で西洋画が本格的に導入されます。先頭に立ったのは工部美術学校《こうぶびじゅつがっこう》で、お雇《やと》い外国人《がいこくじん》のイタリア人フォンタネージに学んだ浅井忠《あさいちゅう》[*2]などが登場します。少し遅れて**黒田清輝《くろだせいき》**がフランスに留学し、フランスの印象派《いんしょうは》の明るい絵画を描きます[*3]。

一方で、伝統的な日本美術の再発見も始まります。日本の古い仏像の美の発見にはアメリカ人哲学者**フェノロサ**の影響力が大きく、**岡倉天心《おかくらてんしん》**を中心に日本画の近代化も始まり、橋本雅邦《はしもとがほう》や菱田春草《ひしだしゅんそう》など日本画の画家も登場します[*4]。

＊1　紅葉は、独自の境地を発揮した幸田露伴《こうだろはん》と並んで、紅露《こうろ》時代と呼ばれました。
＊2　浅井たちが設立した団体は明治美術会《めいじびじゅつかい》と言い、俗《ぞく》に脂派《やには》と呼ばれます。当時のイタリアの絵画の傾向を反映した、わりと暗い色の絵でした。
＊3　黒田は外光派《がいこうは》と呼ばれ、黒田清輝中心のフランス流の絵画団体を白馬会《はくばかい》と言います。
＊4　日本画は、**東京美術学校《とうきょうびじゅつがっこう》**が設立され、その出身者は日本美術院《にほんびじゅついん》を組織しました。

明治時代の主な文学作品

[政治小説] 矢野龍溪《やのりゅうけい》『経国美談《けいこくびだん》』
[写実主義] 坪内逍遙『小説神髄』
二葉亭四迷《ふたばていしめい》『浮雲《うきぐも》』
[紅露時代] 尾崎紅葉『金色夜叉《こんじきやしゃ》』
幸田露伴『五重塔《ごじゅうのとう》』
[浪漫主義] 森鷗外《もりおうがい》『舞姫《まいひめ》』
樋口一葉《ひぐちいちよう》『たけくらべ』
北村透谷《きたむらとうこく》『文学界《ぶんがくかい》』 ※文芸誌
島崎藤村《しまざきとうそん》『若菜集《わかなしゅう》』 ※詩集

[自然主義] 田山花袋《たやまかたい》『蒲団《ふとん》』
島崎藤村《しまざきとうそん》『破戒《はかい》』
与謝野晶子《よさのあきこ》『みだれ髪《がみ》』 ※歌集
[知性派・余裕派]
夏目漱石『吾輩《わがはい》は猫《ねこ》である』
[短歌]石川啄木『一握《いちあく》の砂《すな》』 ※歌集
[俳句]正岡子規『病牀六尺《びょうしょうろくしゃく》』 ※随筆

明治時代の主な美術品

絵画
[洋画] 浅井忠『収穫《しゅうかく》』
黒田清輝『読書《どくしょ》』
[日本画] 狩野芳崖《かのうほうがい》『悲母観音《ひぼかんのん》』
橋本雅邦『竜虎図《りゅうこず》』
菱田春草『黒《くろ》き猫《ねこ》』
彫刻 荻原守衛《おぎわらもりえ》『女《おんな》』
建築 コンドル ニコライ堂《どう》
辰野金吾《たつのきんご》 日本銀行本店《にほんぎんこうほんてん》·東京駅《とうきょうえき》
片山東熊《かたやまとうくま》 赤坂離宮《あかさかりきゅう》(現迎賓館《げんげいひんかん》)

『読書』(黒田清輝)

(東京国立博物館蔵)

彫刻では、フランスでロダンに師事した荻原守衛などが現れます。

建築では、イギリス人の建築家コンドルが招かれ、その建築学を学んだ日本最初の近代的建築家が辰野金吾です。またフランス流のバロック的な建築学を日本に紹介し、実践したのが片山東熊です。

演劇では、政治活動家たちなどを描く壮士芝居《そうししばい》で大衆演劇の潮流が生まれ、やがて新派劇《しんぱげき》というかたちになります。西洋の演劇は、新派劇に対して「新しい劇」という意味で新劇《しんげき》と呼びます。まず坪内逍遙が島村抱月《しまむらほうげつ》たちと作った文芸協会《ぶんげいきょうかい》がシェークスピアの劇などを紹介します。続いて、イプセンやチェーホフの劇などを取り入れた小山内薫《おさないかおる》たちの自由劇場《じゆうげきじょう》も設立されます。

西洋音楽(洋楽《ようがく》)は、まず西洋式軍隊の軍楽隊《ぐんがくたい》に取り入れられます。義務教育に洋楽を取り入れたのは伊沢修二《いざわしゅうじ》で、西洋音階による唱歌《しょうか》が採用されます。西洋音楽を学ぶための東京音楽学校《とうきょうおんがくがっこう》も設立され、滝廉太郎《たきれんたろう》など初期の西洋音楽の作曲家が誕生しました。

チャレンジ！センター試験問題

問　明治時代の後半に成立した第１次大隈内閣について述べた文として正しいものを、次の①～④のうちから一つ選べ。　　　（2010年　本試）

①　民党と対立して衆議院を解散し、選挙干渉を行った。
②　条約改正に取り組んだが、外国人判事採用案が国民の非難をあびた。
③　藩閥勢力に対抗するため、板垣退助と連携して内閣を組織した。
④　日英同盟を理由として、第一次世界大戦に参戦した。

「第１次」大隈重信《おおくましげのぶ》内閣についての正文を選ぶ問題です。

①は、大隈は政党の立憲改進党《りっけんかいしんとう》→p.160を作ったんだから、民党《みんとう》側の人。「民党と対立」は間違いじゃないかな？

それに、選挙干渉《かんしょう》を行ったのは、第１次松方正義《まつかたまさよし》内閣の第二議会解散後じゃなかったかしら→p.164。

あと、④の「第一次世界大戦に参戦」は、大隈内閣でも、第２次の時、次の大正時代だな→p.188。

じゃあ②か③か……。②の条約改正《じょうやくかいせい》で、確か大隈重信は批難されて失敗したんだよな→p.166。あれ、でも、この時って大隈が総理大臣じゃなかったような……。

②の大隈重信の条約改正は、黒田清隆《くろだきよたか》内閣の時だ。だから正文は③。大隈重信はいろんなことをやっているから、ちゃんと整理しておく必要があるなー。

正解です。1898年、憲政党《けんせいとう》を基盤に、大隈重信が内閣総理大臣兼外務大臣、板垣退助《いたがきたいすけ》が内務大臣となって誕生した内閣で、隈板《わいはん》内閣と呼ばれます→p.170。政党内閣ですが、大隈は肥前《ひぜん》、板垣は土佐《とさ》の藩閥《はんばつ》出身なので、本格的政党内閣とは言えません。

答　③

第五章
近代②

日本史4コマ劇場

激動編

近代史も残り半分、次は大正・昭和時代に入るわけだけど……。
ぶ～
ぶー
……なんかかなり苦悩してるわね。
内閣かわり過ぎ！あと同じ人が何回もやり過ぎ！第1次とか第2次とかおぼえてられないって！
内閣の移り変わりと外交なんかの話が前後してるから「どの内閣の話？」って分からなくなる～！
内閣ごとに出来事をまとめ直したり、自分で年表を作ってみたらどう？
伊藤1
1885 内閣制度創設
1886 大同団結運動
ノルマントン号事件
1887 井上外務大臣の辞任
三大事件建白運動
保安条例
黒田
1889 大日本帝国憲法
えーなんかそういうの面倒くせえ……。
学問に王道なし！面倒って言うな！
うっ……
自分の手を使って一手間かけることでちゃんと記憶が定着するんだっ！

この章で扱う主な出来事

大正

1912 第一次護憲運動《ごけんうんどう》が起こる

1914 第一次世界大戦の勃発《ぼっぱつ》(～18)

1915 中国に二十一《にじゅういっ》カ条《じょう》の要求《ようきゅう》を出す

1917 ロシア革命《かくめい》が起こる

1918 米騒動《こめそうどう》・シベリア出兵《しゅっぺい》決定

原敬《はらたかし》の政党内閣《せいとうないかく》が成立する

1919 三《さん》・一独立運動《いちどくりつうんどう》、五《ご》・四運動《しうんどう》

ヴェルサイユ条約《じょうやく》の締結《ていけつ》

1920 国際連盟《こくさいれんめい》が成立する

1921 ワシントン会議《かいぎ》の開催《かいさい》(～22)

1922 全国水平社《ぜんこくすいへいしゃ》が結成される

1923 関東大震災が起こる

1924 第二次護憲運動が起こる

1925 治安維持法《ちあんいじほう》・普通選挙法《ふつうせんきょほう》の制定

昭和

1928 パリ不戦条約《ふせんじょうやく》の締結

1929 世界恐慌《せかいきょうこう》→昭和恐慌《しょうわきょうこう》(30)

1930 ロンドン海軍軍縮条約《かいぐんぐんしゅくじょうやく》の締結

1931 柳条湖事件《りゅうじょうこじけん》→満州事変《まんしゅうじへん》(～33)

1932 満州国《まんしゅうこく》建国宣言

五《ご》・一五事件《いちごじけん》が起こる

1933 国際連盟を脱退する

1936 二《に》・二六事件《にろくじけん》が起こる

1937 盧溝橋事件《ろこうきょうじけん》→日中戦争《にっちゅうせんそう》(～45)

1938 国家総動員法《こっかそうどういんほう》の制定

1939 第二次世界大戦の勃発(～45)

1940 日独伊三国同盟《にちどくいさんごくどうめい》が結ばれる

大政翼賛会《たいせいよくさんかい》が成立する

1941 日《にっ》ソ中立条約《ちゅうりつじょうやく》の締結

太平洋戦争《たいへいようせんそう》の勃発(～45)

1945 広島・長崎に原爆《げんばく》が投下される

ポツダム宣言《せんげん》を受諾《じゅだく》、降伏

第一次世界大戦で戦勝国となった日本は国際連盟の常任理事国となります。軍縮を目指す協調外交《きょうちょうがいこう》を基本とする時代でした。しかし、やがて日本は中国市場を獲得しようとして強硬外交《きょうこうがいこう》に傾いていきます。そして、連盟を脱退。日中戦争から太平洋戦争に突進し、原爆を投下され、ついに無条件降伏ということになってしまいました。

……扱ってる年号だけ見てると、30年ぐらいしかなくて、今までで一番短い時代なんだけどなー……。

……内容がいろんな意味ですごく濃い感じだわ……。

76 大正政変

いよいよ大正《たいしょう》時代です。明治は45年、大正は15年。３分の１です。

大正になって、桂園《けいえん》時代→p.172も終わるんですよね。

1912（明治45）年７月の末、明治天皇が亡くなり、大正天皇が即位します。元号も大正となり、大正時代が始まります。この時の第２次西園寺公望《さいおんじきんもち》内閣は、陸軍《りくぐん》２個師団増設問題《こしだんぞうせつもんだい》[*1]で行き詰まってしまい、総辞職します。

ここで桂太郎《かつらたろう》が、天皇からの特別な依頼があったとして３度目の内閣を組織しますが、長州閥《ちょうしゅうばつ》で陸軍のボスの桂の組閣に対し、「世論尊重の憲法政治を守れ（憲政擁護《けんせいようご》）」、「陸軍・海軍の軍閥《ぐんばつ》、薩長《さっちょう》の藩閥《はんばつ》を打破せよ（閥族打破《ばつぞくだは》）」を掲げる運動が起こります（第一次護憲運動《ごけんうんどう》）。

運動は民衆にも広がり、国会を包囲するデモが発生、第３次桂内閣は50日あまりで総辞職に追い込まれます。民衆がデモという形で内閣を倒したのです。この政変を大正政変《たいしょうせいへん》と呼びます。反桂の先頭に立った、立憲国民党《りっけんこくみんとう》の犬養毅《いぬかいつよし》や立憲政友会《りっけんせいゆうかい》の尾崎行雄《おざきゆきお》は後に「憲政《けんせい》の二神《にしん》」などと呼ばれます。

次の内閣は、海軍のボスで薩摩閥《さつまばつ》の山本権兵衛《やまもとごんべえ》が政友会《せいゆうかい》の協力によって組閣し、軍部大臣現役武官制《ぐんぶだいじんげんえきぶかんせい》の改正を実現します。しかし、海軍の大型汚職事件（ジーメンス事件《じけん》[*2]）が発生、陸軍・長州の桂も海軍・薩摩の山本も結局は同じだと、世論は厳しく山本内閣を追及し、その結果、山本は総辞職します。

そこで、次は民衆に人気の高い明治時代からの大物政治家である大隈重信《おおくましげのぶ》が選ばれ、立憲同志会《りっけんどうしかい》を与党に、２回目の内閣を組織します。ところが、第２次大隈内閣が発足して間もなく、第一次世界大戦が勃発《ぼっぱつ》するのです。

＊1　辛亥革命《しんがいかくめい》→p.175などの中国情勢に対し、陸軍は軍隊２個師団を増やして朝鮮に派遣《はけん》したいと巨額の軍事予算を要求しますが、内閣は財政難から拒否します。怒った上原勇作《うえはらゆうさく》陸軍大臣は、天皇に直接会って単独で辞職します。そして陸軍は次の大臣を推薦しなかったので、内閣が構成できなくなった第２次西園寺内閣は総辞職に追い込まれます。

＊2　ドイツの重工業会社ジーメンスから海軍高官にわいろが渡ったという汚職事件です。

第３次桂内閣に対して「宮中《きゅうちゅう》・府中《ふちゅう》の別《べつ》」を無視したという批判が起こったとされるようですが、具体的に教えてください。

「宮中」は天皇直属の宮内省《くないしょう》・内大臣府《ないだいじんふ》→p.165などで、「府中」すなわち行政府の内閣と区別することが慣習とされていました。桂は二度目の首相を辞めた後、内大臣・侍従長《じじゅうちょう》として宮中に入っていました。ところが、また、首相になって府中に戻る。「そんな行ったり来たり自由にするのは許されない」と批判されたわけです。

大正時代の内閣①

西園寺２	1912	大正天皇即位
		陸軍２個師団増設問題
桂３		第一次護憲運動
	1913	大正政変
山本１		軍部大臣現役武官制改正
		立憲同志会結成
	1914	ジーメンス事件
大隈２		第一次世界大戦参戦

陸軍２個師団増設問題のように、陸海軍大臣を現役軍人が引き受けず内閣が倒れることがないよう、第１次山本内閣で軍部大臣現役武官制が改正され、陸海軍大臣の現役制限が外されます。

近代の政党変遷図②

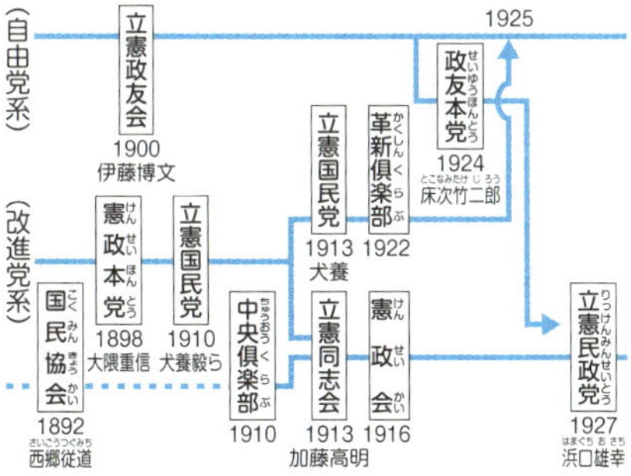

第一次護憲運動に対し、桂は伊藤博文《いとうひろぶみ》の立憲政友会《りっけんせいゆうかい》→p.170のように、衆議院に自らを支える新政党を作ろうとしました。立憲政友会は西園寺が党首ですから、そのライバルの立憲国民党に呼び掛けます。

立憲国民党は大隈の立憲改進党→p.160の系譜《けいふ》を引く政党です。このうち、反桂の犬養毅のグループ以外の多くが、立憲政友会に対抗するために桂の新政党に入ります。しかし、新政党の正式発足直前、総辞職後の桂が急死、加藤高明《かとうたかあき》→p.200が新政党・立憲同志会《りっけんどうしかい》の総裁になります。加藤高明は三菱財閥《みつびしざいばつ》創始者の岩崎弥太郎《いわさきやたろう》→p.177の娘婿《むすめむこ》です。三菱財閥はもともと大隈の保護下で急成長した財閥で、改進党とのつながりは非常に強いものがありました。そこで、立憲同志会は第２次大隈内閣の与党となります。

77 第一次世界大戦

第2次大隈《おおくま》内閣の発足した後に、第一次世界大戦が勃《ぼっ》発《ぱつ》したのですよね。

今回は、その第一次世界大戦について説明します。

日露戦争《にちろせんそう》→p.172後のヨーロッパは、大きく2つのグループに分かれます。ドイツ・イタリア・オーストリア（**三国同盟《さんごくどうめい》**）と、イギリス・フランス・ロシア（**三国協商《さんごくきょうしょう》**）です。ヨーロッパの強国は植民地争《そう》奪《だつ》戦を繰り返し、互いに提携《ていけい》しつつ争っていました。

1914（大正3）年、列強の対立の焦点だったバルカン半島でサライェヴォ事件《じけん》*1が起こり、**第一次世界大戦**に発展します。

日英同盟《にちえいどうめい》→p.172の規定では日本に参戦義務はなかったのですが、この時の外務大臣加藤高明《かとうたかあき》は、友好関係を名目に、イギリス側に立って参戦することを決めます。本当の目的は、この機会に日本のアジアでの植民地的な利権を拡大することでした*2。

参戦した日本は、1915年、まだ統一的な権力を確立していない袁世凱《えんせいがい》の中国政府に**二十一カ条《にじゅういっかじょう》の要求《ようきゅう》**をつきつけます。これはドイツの持つ中国での植民地利権を日本に譲《ゆず》り渡すことを、あらかじめ中国に納得させようとするものでした。袁世凱政府はこの要求を受け入れました。

この強硬《きょうこう》で露骨《ろこつ》な姿勢には批判もあり、大隈内閣は総辞職に追い込まれます。次は、桂太郎《かつらたろう》の後継者の1人で、陸軍・長州閥《ちょうしゅうばつ》の寺内《てらうち》正毅《まさたけ》が総理となります*3。

大戦は1917年ごろから、ドイツの劣勢がはっきりしてきます。この年には、アメリカも三国協商側で参戦します。

この時、アメリカは日本の東アジアでの植民地拡大を抑止しようとし、アメリカとの貿易が経済の中心となっていた日本も、アメリカを怒らせたくないと考え、2国間で暫定《ざんてい》的な合意（石井・ランシング協定《きょうてい》*4）が結ばれます。

＊1　オーストリアの皇太子が親ロシアのセルビアの青年に暗殺された事件です。

＊2　日英同盟の規定はインドから東が対象で、ヨーロッパには関係がなく、同盟上、日本に参戦義務はありません。ドイツ支配下の膠州湾《こうしゅうわん》の青島《チンタオ》軍港や、赤道以北の太平洋諸島（現在のサイパン、パラオなど）の植民地的支配権を奪《うば》うのが真の目的でした。

アメリカはどうして途中から参戦したんですか？

不利になったドイツが、ドイツの許可無しで航行している船はどこの国のものでも潜水艦《せんすいかん》で沈めるぞ、という無制限潜水艦作《むせいげんせんすいかんさく》戦《せん》を始めたためです。参戦を嫌っていたアメリカの世論も、これで変化しました。

第一次世界大戦中のヨーロッパ

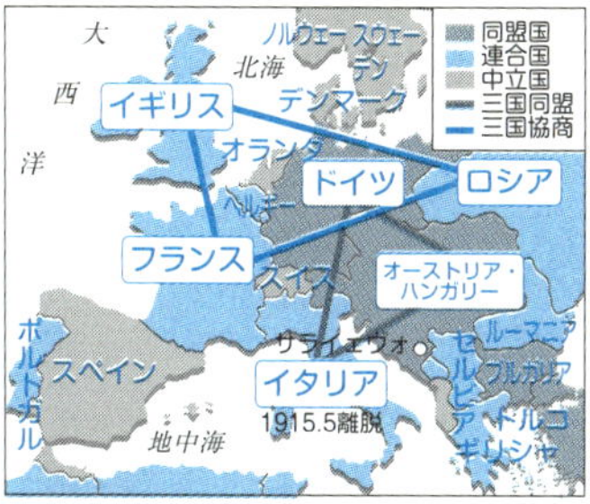

大正時代の内閣②

大隈2	1914	第一次世界大戦参戦
	1915	二十一カ条の要求
寺内	1917	独、無制限潜水艦作戦
		西原借款
		アメリカ参戦
		ロシア革命
		石井・ランシング協定
	1918	米騒動、シベリア出兵
原		→原敬内閣成立

史料 二十一カ条の要求

第一号…第一条　支那《シナ》国政府ハ、独逸《ドイツ》国カ山東省《さんとうしょう》ニ関シ条約其《その》他ニ依《よ》リ支那国ニ対シテ有スル一切ノ権利・利益・譲与《じょうよ》等ノ処分ニ付《つき》、日本国政府カ独逸国政府ト協定スヘキ一切ノ事項ヲ承認スヘキコトヲ約ス

第1条は、中国は、ドイツが戦争に敗れた後、ドイツの持つ山東省の権益をそのまま日本に譲ることをあらかじめ約束せよ、という内容です。その他、21か条にわたって、全体を五項目に分けた要求をつきつけました。

袁世凱政府はさっそくこれを世界に発表し、アメリカなどが日本に対する警戒感を強める原因になります。これを受託《じゅだく》した袁世凱政府は、その日付、5月9日を国恥記念日《こくちきねんび》とし、日本に対する抵抗を繰り返しました。

＊3　寺内は袁世凱政府にお金を貸し付けます。これは巨額の資金を貸し付け、返済を猶予《ゆうよ》するとして土地の権利などをあさる、植民地支配の常套《じょうとう》手段です。露骨に行うのははばかられたので、寺内の秘書の西原亀三《にしはらかめぞう》という民間人が行ったとしました（西原借款《にしはらしゃっかん》）。

＊4　日本は中国から新たな領土を奪わず（領土保全《りょうどほぜん》）、中国市場を全ての国に開く（門戸開放《もんこかいほう》）ことを守り、アメリカは日本が中国（特に満州《まんしゅう》付近）に特殊な権益を持っていることを認めるという、きわめて政治的で妥協《だきょう》的な合意でした。

78 第一次世界大戦の終結と大戦景気

1917年にアメリカが参戦したら、第一次世界大戦はすぐに終わったのですか？

大戦は1918年に終わりますが、その前に、非常に大きな出来事が起こります。

1917（大正6）年、帝政ロシアが革命で崩壊《ほうかい》し、その後、レーニンが主導するソヴィエト政権による社会主義国家（のちのソ連）が誕生します。これが**ロシア革命《かくめい》**です。株主や大資産家といった資本家や、皇帝のいない、労働者たちによる共和制の国が誕生したわけです。

アメリカなどは、ソヴィエト政権を倒そうと、シベリアへの軍隊の派遣《はけん》を提案します。寺内《てらうち》内閣は、満州《まんしゅう》北部からシベリアへ一挙に利権を伸ばせると考えてこれに合意します。

この**シベリア出兵《しゅっぺい》**によって、陸軍が大量に海外に派兵され、食料用の米が必要になって米価が上がるだろうと、米屋などによる米の買い占めや値上げが始まります。

その結果、庶民が米を買えないほど米価が上がります。そして富山県の主婦が米屋を襲い、これが全国に波及《はきゅう》します（**米騒動《こめそうどう》**）。寺内内閣は米騒動の鎮圧《ちんあつ》後、責任を取って総辞職します。

元老《げんろう》→p.200たちは政党の党首、政友会《せいゆうかい》総裁の**原敬《はらたかし》**を担《かつ》がざるを得なくなり、ここに本格的政党内閣、原敬内閣が誕生します。その直後、第一次世界大戦はドイツの敗北で終結します。

また、第一次世界大戦は日本に空前の好景気をもたらします（**大《たい》戦景気《せんけいき》**）。造船業《ぞうせんぎょう》が急激な成長を遂《と》げ[*1]、船の材料となる製鉄業《せいてつぎょう》も発達します[*2]。空白となった中国市場に対する日本からの輸出も急増しました。ドイツからの輸入が途絶えた化学工業（薬品や化学肥料）も成長します。その結果、重化学工業が飛躍的に発達[*3]、貿易収支も赤字から黒字に転換します。

＊1　貿易用の民間船が不足したため造船業・海運業《かいうんぎょう》が一挙に成長し、**船成金《ふな成りきん》**という、急に大金持ちになる人々が現れました。

＊2　満鉄《まんてつ》→p.174が経営する鞍山製鉄所《あんざんせいてつじょ》の設立や八幡製鉄所《やはたせいてつじょ》→p.178の拡大などが実現しました。

＊3　重化学工業の発達は電力事業の発達を促《うなが》し、工業用原動力として、電力使用量が蒸気力使用量を上回ります。これには東京―猪苗代《いなわしろ》間の長距離送電の成功などが貢献しました。

ソ連って共産党の独裁だったのですよね。社会主義と共産主義って違うものなんですか？

社会主義→p.179をさらに進めたものが共産主義で、個人が財産を持つ私有財産制度を否定し、平等な社会にしようという考えです。民主的な議会制度のもとで私有財産制度を前提とする資本主義体制の欧米列強にとって、ロシア革命は大きな脅威《きょうい》でした。

産業構造の変化

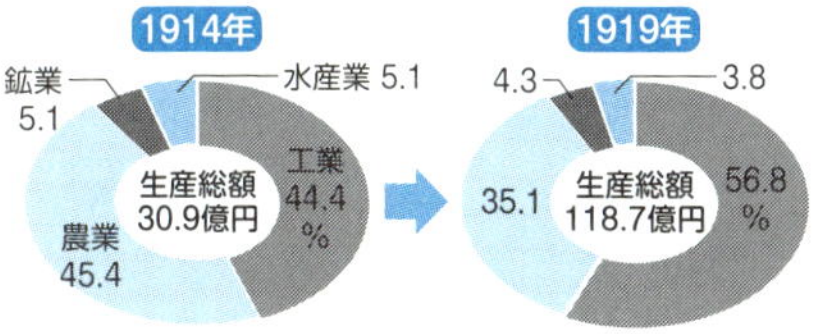

1914年
鉱業 5.1
水産業 5.1
工業 44.4 %
農業 45.4
生産総額 30.9億円
1919年
4.3
3.8
56.8 %
35.1
生産総額 118.7億円

（『日本資本主義発達史年表』より）

第一次世界大戦を通して工業生産額が飛躍的に増加、国民生産のうち工業生産額が農業生産額を追い越します。そして日本は世界３位の海運国に成長します。

第一次世界大戦前後の貿易

貿易収支が黒字になった原因は、まず中国貿易にかかわっていたヨーロッパ主要国の貿易が戦争で中断したため、日本が対中国貿易を急速に伸ばしたことです。また、戦争に伴《ともな》う需要で欧米諸国の輸入が増えたこと、これまで輸入に頼っていた化学工業製品を国内で生産するようになり輸入が減ったこともあります。

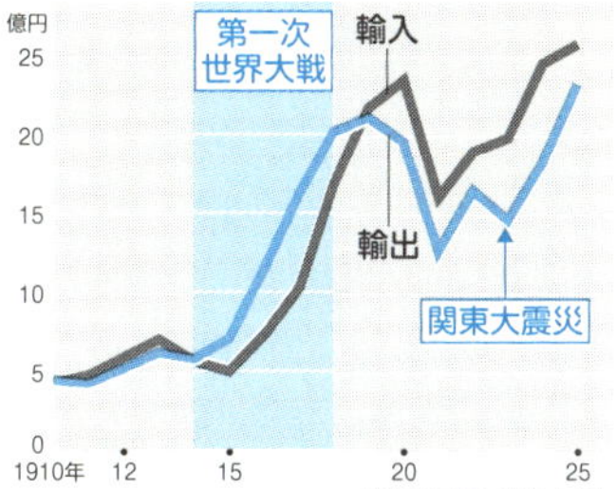

億円
25
20
15
10
5
0
1910年
12
15
20
25
第一次世界大戦
輸入
輸出
関東大震災

（『貿易年表』ほかより）

そして大事なことは、アメリカも同じような好景気で成長したということです。アメリカへの生糸《きいと》輸出は日本の貿易の中心でしたが、アメリカの成長でさらに増加したわけです。

注意するのは、大戦景気は第一次世界大戦という特殊な情勢下で発生した好景気だったこと、もう１つは、急速な発達に伴う技術的な進歩が追い付かなかったことです。これらは大戦景気が終わった後、日本経済の根本的な欠点として表面化します。

79 第一次世界大戦後の政治

原敬《はらたかし》内閣が成立して、間もなく第一次世界大戦が終結します。

原内閣が、最初の本格的な政党内閣なんですよね。

原敬は政友会《せいゆうかい》の総裁で、薩長土肥《さっちょうどひ》の藩閥《はんばつ》、陸海軍のボスの軍閥《ぐんばつ》という立場で政権を握《にぎ》ったのではなく、衆議院議員選挙を経て、衆議院議員の議席を持つ最初の首相です。このため原は平民宰相《へいみんさいしょう》と呼ばれ、大きな期待を受けていました。

原は、地方鉄道の拡充《かくじゅう》など、大戦景気《たいせんけいき》→p.192の後退をカバーしようとする積極的な財政策をとりました（**積極政策**《せっきょくせいさく》）*1。しかし、平民宰相という言葉とは裏腹に、原は当時要求が高まっていた**普通選挙**《ふつうせんきょ》*2には否定的で、選挙法改正で納税資格を３円以上に引き下げて選挙人の数を拡大するにとどまります。

ただ、大戦景気の好景気後には、経済の落ち込みが起こり（戦後恐慌《せんごきょうこう》）、原の経済運営はうまく進みませんでした。原への期待が民衆への政策には表れなかったためか、1921（大正10）年、原は暗殺されます。

原の死後は、政友会総裁を引き受けた高橋是清《たかはしこれきよ》が組閣します。しかし政党内の派閥《はばつ》争い*3などがあり、まとめるのに不安をおぼえたのか、高橋は自ら総辞職します。

高橋の次は、海軍の中心人物である加藤友三郎《かとうともさぶろう》が総理となりますが、加藤の病死で総辞職します。そして山本権兵衛《やまもとごんべえ》→p.188がもう一度総理に選ばれますが、組閣の最中、1923年９月１日、**関東大震災**《かんとうだいしんさい》が発生します。*4

第２次山本内閣は、関東大震災からの復興が最大の課題となりました。しかし1923年の暮れ、虎《とら》の門事件《もんじけん》*5が起こり、山本は本格的な仕事をする前に、その責任を取ってまたも総辞職することになったのです。

＊1　他に、原は大学令《だいがくれい》の発布など、高等教育の拡充もはかっています。

＊2　納税制限などをなくし、一定年齢に達した成年に選挙権を与える制度です→p.200。

＊3　納税資格を引き下げ選挙権者が増えた上、原が小選挙区制《しょうせんきょくせい》を採用したことで政友会が選挙で圧勝し、議員の数が増えた結果、皮肉なことに、派閥争いが起こったのです。

原敬はどうして普通選挙に反対したのですか？

与党の政友会は、地方の地主層などが支持層で、完全な普通選挙には否定的だったのです。原はこの時、大政党である政友会に有利な小選挙区制を採用したことも確認しておきましょう。

大正時代の内閣③

＊…外交関連→p.196

原	1918	大学令公布
	1919	選挙法改正
		＊ヴェルサイユ条約調印
	1920	＊国際連盟に加盟
		戦後恐慌始まる
	1921	原敬暗殺
高橋		＊ワシントン会議
		＊四カ国条約調印
	1922	＊九カ国条約調印
		＊ワシントン海軍軍縮条約調印
加藤(友)	1923	関東大震災
山本		虎の門事件

原内閣は第一次世界大戦の講和会議である1919年のパリ講和会議《こうわかいぎ》に出席し、ヴェルサイユ条約《じょうやく》に調印しています。翌1920年に国際連盟《こくさいれんめい》が発足すると、日本は常任理事国の１つとなります。

高橋内閣はワシントン会議《かいぎ》を経験しています。ワシントン会議で全権を務めた加藤友三郎が次の総理となります。

＊4　関東大震災の混乱の中で、朝鮮人虐殺《ぎゃくさつ》事件や、労働運動家が軍隊や警察に虐殺された亀《かめ》戸事件《いどじけん》、無政府主義《むせいふしゅぎ》者の大杉栄《おおすぎさかえ》・伊藤野枝《いとうのえ》が憲兵隊《けんぺいたい》の甘粕正彦《あまかすまさひこ》らによって殺害された甘《あま》粕事件《かすじけん》などが起こっています。

＊5　首都の本格的な再建計画を立てるための議会開催の当日、開院式に向かう途中の皇太子（のちの昭和《しょうわ》天皇→p.204。当時摂政《せっしょう》として、大正天皇の政務を代行していた）の行列を暗殺者が狙撃した事件です。

80 ヴェルサイユ・ワシントン体制

第一次大戦後、世界の平和を守る「国連」が発足しますよね？

「国連」は第二次大戦後の国際連合《こくさいれんごう》→p.234です。第一次大戦後の国際平和機構は「国際連盟《こくさいれんめい》」だから、略称は「連盟」と言います。

1919（大正８）年、第一次世界大戦の戦後処理を行うパリ講和《こうわ》会議《かいぎ》の結果、ヴェルサイユ条約《じょうやく》が結ばれます。日本は米・英・日・仏・伊の５か国（五大国《ごたいこく》）の１つとして、目的であった山東《さんとう》半島の旧ドイツ権益の継承に成功します。しかし中国はこれに反発し、パリ講和会議から脱退します。

アメリカ大統領ウィルソンは、２度とこのような大戦が起こらないよう、国際的平和機構を作ろうと構想し、翌1920年に国際連盟（連盟）が発足*1、日本は常任理事国《じょうにんりじこく》の１つとなり、国際連盟で主要な役割を果たさなければいけない立場になります。

またこのころ、朝鮮では1919年の講和会議中に日本の植民地状態からの脱却を目指し独立を宣言する三《さん》・一独立運動《いちどくりつうんどう》が、中国でも同年に五《ご》・四運動《しうんどう》という反日運動が起こります。

さて、中国がパリ講和会議から脱退したことで、アジア太平洋問題がなおざりになります。そこで今度は、アジア太平洋問題の解決のため、アメリカ大統領ハーディングの呼びかけで、1921年からワシントン会議《かいぎ》が開かれ、四カ国条約《しかこくじょうやく》・九カ国条約《きゅうかこくじょうやく》・ワシントン海《かい》軍軍縮条約《ぐんぐんしゅくじょうやく》の３つの条約が結ばれます。こうして、ヴェルサイユ・ワシントン体制《たいせい》が成立します。

ただし、ワシントン海軍軍縮条約は海軍の主力艦《しゅりょくかん》*2を制限したもので、今度は補助艦《ほじょかん》*3の建艦競争《けんかんきょうそう》が起きます。そこで1930年にロンドン海軍軍縮会議《かいぐんぐんしゅくかいぎ》が開かれて、ロンドン海軍軍縮条約《かいぐんぐんしゅくじょうやく》で、補助艦の制限も行われます。

＊1　ただ、皮肉なことに、ウィルソンが提唱し実現した国際連盟は、議会の反対で条約が批《ひ》准《じゅん》されなかったためアメリカが参加できないという、重大な欠陥《けっかん》を持っていました。

＊2　戦艦《せんかん》など、１万トンを超え、最も巨額の予算を要する海軍の主力の艦船です。

＊3　駆逐艦《くちくかん》・巡洋艦《じゅんようかん》・潜水艦《せんすいかん》など、ワシントン海軍軍縮条約でしばりをかけた主力艦以外の船の総称です。

中国はパリ講和会議から脱退したんですね。

ヴェルサイユ条約の最大の問題は中国が参加していないことで、ウィルソンが唱えた民族自決主義《みんぞくじけつしゅぎ》がヨーロッパでは実施されても、アジア太平洋方面の問題が据《す》え置かれてしまったことでした。

ヴェルサイユ・ワシントン体制下の主な国際条約

条約名(成立年)	参加国	主な内容
ヴェルサイユ条約（1919年）	27か国	・第一次世界大戦の戦後処理 ・国際連盟の成立（1920年）
ワシントン会議 四カ国条約（1921年）	英・米・日・仏	・アジア太平洋方面の現状維持 ・日英同盟の破棄《はき》
ワシントン会議 九カ国条約（1922年）	英・米・日・仏・伊・中国・オランダ・ベルギー・ポルトガル	・中国の主権尊重《しゅけんそんちょう》・門戸開放《もんこかいほう》・機会《きかい》均等《きんとう》など ・石井・ランシング協定→p.190の破棄
ワシントン会議 海軍軍縮条約（1922年）	英・米・日・仏・伊	・主力艦の保有量を制限 ・10年間主力艦の建造を禁止
ジュネーヴ軍縮会《ぐんしゅくかい》議《ぎ》（1927年）	英・米・日	・補助艦の保有量の制限 ※英米の合意が得られず失敗
パリ不戦条約《ふせんじょうやく》（1928年）	15か国	・戦争放棄
ロンドン海軍軍縮条約（1930年）	英・米・日・仏・伊	・補助艦の保有量の制限 ・主力艦の保有量の制限の延長

ワシントン会議の最大の課題はアジア太平洋問題ですが、もう1つの課題は軍縮でした。外交を協調的に進めるには具体的に軍備を縮小する必要があります。また、大戦後の世界の主要国はどの国も、戦後の困窮《こんきゅう》のため、軍事費を削減しないと内政が充実できなかったのです。そこで、米・英・日・仏・伊の五大国の主力艦保有率の制限が同意されました。

その後、補助艦の制限のためスイスでジュネーヴ軍縮会議が開かれますが、これは英米の合意が得られず流れてしまいます。そこで、国際紛争を戦争で解決しないという不戦条約（パリ不戦条約）も結ばれます。

ロンドン海軍軍縮条約の調印時、統帥権干犯問題《とうすいけんかんぱんもんだい》→p.210が起こり、やがてテロが発生して、ファシズムへの道に進んでいきます。このあたりは内政の推移とともに、もう一度、学びましょう。

81 大正デモクラシー

今回は、大正から昭和の初めにかけての社会運動などですね。

大正《たいしょう》デモクラシーのもとで、普通選挙の要求などさまざまな運動がかたちを現します。

大正時代、特に第一次世界大戦後、世界的な平和への希望を背景に、民主主義的な傾向が、政治や学問、文化などに広く現れます。この状態を**大正デモクラシー**と呼びます。

東大の**吉野作造**《よしのさくぞう》は**民本主義**《みんぽんしゅぎ》を説いて、普通選挙を主張します[*1]。それと表裏一体の関係にあったのが、憲法学説として**美濃部達吉**《みのべたつきち》が唱えた**天皇機関説**《てんのうきかんせつ》でした。

1920年代には、明治の末に「冬の時代《ふゆのじだい》」→p.178を迎え厳しい統制のもとにあった反政府的な思想、とくに社会主義思想などが再び活発になります[*2]。1922（大正11）年には非合法ですが、**日本共産党**《にほんきょうさんとう》もソ連共産党の指導のもと発足します。

労働運動では、冬の時代を耐えるために労使協調《ろうしきょうちょう》路線をとった鈴《すず》木文治《きぶんじ》たちの**友愛会**《ゆうあいかい》が戦闘性を増し、1921年には**日本労働総同盟**《にほんろうどうそうどうめい》となります。労働争議《ろうどうそうぎ》も頻発《ひんぱつ》します[*3]。この流れの中で、1920年には第１回メーデーが実施されます。

小作農たちも、自分たちの権利拡張を求めて全国組織を作ります（**日本農民組合**《にほんのうみんくみあい》）。現物で高率の小作料を取る寄生地主《きせいじぬし》→p.161に対する抵抗です。小作争議《こさくそうぎ》も頻発します。

また、1911年、**平塚らいてう**《ひらつか》たちは文学団体の**青鞜社**《せいとうしゃ》を設立し、文学を通しての女性解放を目指していました。1920年には平塚・市川房枝《いちかわふさえ》らによって**新婦人協会**《しんふじんきょうかい》が発足し、本格的な男女同権を目指す運動が展開されます[*4]。

部落解放運動《ぶらくかいほううんどう》と呼ばれる、被差別部落の人々の身分的差別解消のための戦いでも、1922年に**全国水平社**《ぜんこくすいへいしゃ》が結成されています。

＊1　吉野作造たち学者がデモクラシー思想の拡大のために組織した黎明会《れいめいかい》や、その下に、学生による同じような思想的団体の新人会《しんじんかい》なども現れます。

＊2　1920年には日本社会主義同盟《にほんしゃかいしゅぎどうめい》が結成されますが、翌年、結社禁止となり分裂します。

＊3　大戦景気《たいせんけいき》→p.192で景気はよくなりましたが、給与の上昇は後回しになり、結局は物価が上がるインフレが先に起こり、労働者たちは苦しい生活を強いられていたからです。

民本主義と天皇機関説ってどういう関係なんですか？

民本主義が天皇主権のままでの普通選挙と政党内閣を目標としたのに対応して、美濃部は、天皇は無条件で絶対的なものではなく、国家という法人を代表するものとして、民本主義を憲法解釈で支えたのです。

大正デモクラシー

- 吉野作造の民本主義…大日本帝国憲法の天皇主権を肯定しつつ、実際上の政治をより民主主義的に運用するため、普通選挙や政党内閣を主張。
- 美濃部達吉の天皇機関説…国を１つの団体、法人と考え、天皇はその統治権を行使する最高機関であるとする。人間的または絶対的な神としての天皇ではなく、国家法人説という考えにもとづいて、天皇の憲法上の地位を解釈し、天皇は憲法に拘束されるとみなした。

憲法上の天皇の権能の捉《とら》え方では、完全に絶対的な主権として認めようという上杉慎吉《うえすぎしんきち》たちの天皇主権説《てんのうしゅけんせつ》も有力な学説でした。

大正時代前後の社会運動

1911	青鞜社結成
1912	友愛会結成
1916	吉野作造、民本主義を説く
1918	東大黎明会・新人会結成
1920	新婦人協会結成
	第１回メーデー開催
	日本社会主義同盟結成
1921	日本労働総同盟結成
1922	全国水平社結成
	日本農民組合結成
	日本共産党、非合法に結成
1923	関東大震災→p.194
1924	婦人参政権獲得期成同盟会結成
1925	治安維持法·普通選挙法公布→p.200

社会主義政党の変遷

1898 社会主義研究会
（安部磯雄《あべいそお》・片山潜《かたやません》ら）
日本最初の社会主義研究の団体

1900 社会主義協会　1904に禁止
（安部磯雄・片山潜ら）

1901 社会民主党　結成直後に禁止
（幸徳秋水《こうとくしゅうすい》・片山潜ら6人）
治安警察法より結成直後に禁止

1903 平民社
（幸徳秋水・堺利彦《さかいとしひこ》ら）
1905解散

1906 日本社会党　翌年に禁止
（堺利彦・幸徳秋水・片山潜ら）

1920 日本社会主義同盟　翌年に禁止
（山川均《やまかわひとし》・堺利彦ら）

＊4　女性の政治運動参加を禁じていた治安警察法《ちあんけいさつほう》→p.171を改正させるなどの成果がありました。また、婦人の地位の向上だけでなく、普選運動に合わせて女性の選挙権を求めて、婦人《ふじん》参政権獲得期成同盟会《さんせいけんかくとくきせいどうめいかい》が結成されます。ただ、実際には女性の参政権は実現しません。

82 政党内閣の成立

西園寺公望《さいおんじきんもち》は「最後の元老《げんろう》」と呼ばれますが、そもそも「元老」ってどんな人ですか？

伊藤博文《いとうひろぶみ》・山県有朋《やまがたありとも》・黒田清隆《くろだきよたか》など、天皇から顧問《こもん》のような役割を委託《いたく》された大物です。首相をだれにするか天皇から相談を受け、それに答えたため、事実上、首相を選ぶ立場でした。

第２次山本《やまもと》内閣→p.194の総辞職後に登場したのは、貴族院内閣と呼ばれた超然《ちょうぜん》的な清浦奎吾《きようらけいご》内閣です。普通選挙を求める声が上がる中で、その流れに逆行する内閣に対し、1924（大正13）年、**第二次護憲運動《ごけんうんどう》**が起こります。

第二次護憲運動は、民衆デモなどを伴《ともな》うのではなく、選挙で争われたものでした。原敬《はらたかし》→p.194以来、普通選挙に反対していた立憲政友《りっけんせいゆう》会《かい》総裁の高橋是清《たかはしこれきよ》は、ついに普選賛成にまわります*1。従来から普選を要求していた憲政会《けんせいかい》（党首・加藤高明《かとうたかあき》）と革新倶楽部《かくしんくらぶ》（党首・犬養毅《いぬかいつよし》）の２政党に政友会が歩調を合わせ、**護憲三派《ごけんさんぱ》**と呼ばれる共闘関係が成り立ったわけです。

選挙の結果、憲政会が第１党になり、これに政友会と革新倶楽部を加えた議席数は圧倒的に衆議院の過半数を超えました。政党を無視して内閣は成り立たないとはっきりしたので、元老の西園寺公望は、第１党の憲政党党首の**加藤高明**を総理に推薦《すいせん》し、加藤内閣が成立します。護憲三派内閣《ごけんさんぱないかく》と呼ばれます。

護憲三派内閣は、懸案《けんあん》であった**普通選挙法《ふつうせんきょほう》**を1925年に通します。この結果、納税制限はなくなりましたが、男子のみの**普通選挙**で、女性参政権は認められませんでした。

また、同時に**治安維持法《ちあんいじほう》**が制定されます。資本主義の前提である私有財産制度の否定や、万世一系《ばんせいいっけい》の天皇を元首とする国体《こくたい》の変革などは絶対に認めないとしたわけです。

加藤内閣の外務大臣は幣原喜重郎《しではらきじゅうろう》で、その協調主義的外交→p.204は**幣原外交《しではらがいこう》**と呼ばれます。幣原は、ロシア革命→p.192後に成立したソヴィエト政権との間に国交を樹立しました（日《にっ》ソ基本条約《きほんじょうやく》）。

＊1　この結果、政友会は二つに分裂、普選反対の保守派は政友本党《せいゆうほんとう》となります。

このころ、総理大臣を選んでいたのは西園寺なんですか？

元老は、このころ西園寺一人になっており、天皇は、西園寺が推薦した人物を呼んで組閣を命じるかたちになっていました。

大正時代の内閣④

清浦	1924	護憲三派の成立 総選挙で護憲三派圧勝
加藤(高)	1925	日ソ基本条約 治安維持法 普通選挙法
若槻1	1926	大正天皇没

日ソ基本条約締結と普通選挙法成立によって、ソ連から共産主義革命思想が本格的に入ってくることをにらんで、治安維持法が成立したのです。

史料 治安維持法

> 第一条　国体を変革《へんかく》シ又ハ私有財産制度ヲ否認スルコトヲ目的トシテ結社ヲ組織シ又ハ情《じょう》ヲ知リテ之《これ》ニ加入シタル者ハ十年以下ノ懲役《ちょうえき》又ハ禁錮《きんこ》ニ処《しょ》ス

国体を変革する、すなわち天皇を神とする日本のあり方を変えようとする、または共産主義を目指し私有財産制度を否定する目的の結社を作ったり、これに加入した場合は、10年以下の懲役《ちょうえき》とすることを決めたものです。治安維持法は1928年に改訂→p.206され、最高刑は死刑になります。

主な選挙法の改正

公布年	内閣	選挙人の資格			選挙人	
		年齢	性別	直接国税	数（万人）	全人口比
1889	黒田	25歳以上	男	15円以上	45	1.1%
1900	山県	25歳以上	男	10円以上	98	2.2%
1919	原	25歳以上	男	3円以上	306	5.5%
1925	加藤(高)	25歳以上	男	制限なし	1240	20.8%
1945	幣原	20歳以上	男女	制限なし	3688	50.4%

護憲三派内閣のように、衆議院の多数を占めた政党の党首を首相にすることを慣習的に実現し、世論を背景とした政党中心の内閣を実現していくことを、当時「憲政《けんせい》の常道《じょうどう》」などと呼びました。

83 市民文化

大正から昭和の文化は、明治時代とどう違うんですか？

大正《たいしょう》デモクラシー→p.198のもとで、大衆化と西欧化が民衆レベルにも浸透していったことがポイントです。

文化面では、大正から昭和にかけてのこの時期、さまざまな面で新しい傾向が生まれ、大衆化が進んでいきます。背景は、大戦景気→p.192とそれに伴《ともな》う重化学工業の発達や、原敬《はらたかし》内閣→p.194の時の大学令《だいがくれい》の制定など、高等教育の拡充《かくじゅう》です*1。

たとえば、１冊１円という安価なシリーズの**円本《えんぽん》**や、古典的な名著を安い価格で提供する岩波文庫《いわなみぶんこ》の創刊などが、この大正から昭和にかけての時期の文化の象徴となります。

庶民生活にも欧米化の傾向がはっきり表れてきます。また、大衆が革命によって共産主義社会を実現すべきだとするマルクス主義など、ロシア革命→p.192後の革命的な思想が、日本にも本格的に入ってきます。

個々の分野では、雑誌・新聞・映画などが目に付きます。新聞が大量発行され、新聞小説が人々を惹《ひ》きつけました。特に大長編小説である中里介山《なかざとかいざん》の『大菩薩峠《だいぼさつとうげ》』は大衆文学の代表です。

1925（大正14）年以降は**ラジオ放送《ほうそう》**も始まります。大衆向けの雑誌の**『キング』**なども発行され、『改造《かいぞう》』、『中央公論《ちゅうおうこうろん》』→p.181などの総合雑誌《そうごうざっし》も多くの読者を獲得しました。

純文学では、志賀直哉《しがなおや》などの**白樺派《しらかばは》**が登場します。また、明治末から大正初めには谷崎潤一郎《たにざきじゅんいちろう》ら耽美派《たんびは》や、**芥川龍之介《あくたがわりゅうのすけ》**や**菊池寛《きくちかん》**ら新《しん》思潮派《しちょうは》が現れます。大正後半から昭和には、川端康成《かわばたやすなり》などの新感覚《しんかんかく》派《は》が現れます。

また、共産主義や労働運動→p.198の影響で、**プロレタリア文学《ぶんがく》**と呼ばれる労働者の側に立った文学が登場します。**小林多喜二《こばやしたきじ》**の『蟹工《かにこう》船《せん》』などが代表作とされます。

＊1　高等教育を受けた人が増えると、そのまま都市の中間層、いわゆるサラリーマンなどが増えます。都市そのものの成長によって、都市の一般的な大衆が好み、大衆が作り上げる文化が、はっきりと世の中に出てきます。

明治時代を通じての近代化が、第一次世界大戦後において幅広いところで影響が出てきたことが、この大正から昭和にかけての文化の大衆化、市民文化《しみんぶんか》の最大の特徴です。

市民文化の主な文化財

文学

[大衆文学]　中里介山『大菩薩峠』
[白樺派]武者小路実篤『その妹《いもうと》』 ※戯曲
　志賀直哉『暗夜行路《あんやこうろ》』
　有島武郎《ありしまたけお》『或《あ》る女《おんな》』
[耽美派]　永井荷風《ながいかふう》『腕《うで》くらべ』
　谷崎潤一郎『細雪《ささめゆき》』
[新思潮派]　菊池寛『恩讐《おんしゅう》の彼方《かなた》に』
　芥川龍之介『羅生門《らしょうもん》』
[新感覚派]　川端康成『伊豆《いず》の踊子《おどりこ》』
[プロレタリア文学]
　小林多喜二『蟹工船』
　徳永直《とくながすなお》『太陽《たいよう》のない街《まち》』

絵画　横山大観『生々流転《せいせいるてん》』　※日本画
　岸田劉生『麗子微笑《れいこびしょう》』　※洋画

演劇　小山内薫…築地小劇場設立

学問　西田幾多郎《にしだきたろう》…哲学
　津田左右吉《つだそうきち》…歴史学(古代史研究)
　柳田国男《やなぎたくにお》…民俗学《みんぞくがく》

『麗子微笑』岸田劉生

（重要文化財、東京国立博物館蔵）

演劇では、関東大震災→p.194で主な劇場がほとんどつぶれたため、**小山内薫《おさないかおる》**たちは築地小劇場《つきじしょうげきじょう》を作り新劇《しんげき》→p.183の復興を果たそうとしました。絵画では、明治の末ぐらいからやや低迷していた日本画の活動が再びさかんになり、**横山大観《よこやまたいかん》**が活躍します。洋画では在野で活躍した岸田劉生《きしだりゅうせい》などがいます。

生活の欧風化

大正デモクラシーと表裏の関係で、一般的な生活の欧風化が展開します。都市近郊などには洋風の設備を取り入れた**文化住宅《ぶんかじゅうたく》**が登場し、銀座などを最新の欧米風の服装で闊歩《かっぽ》するモボ(モダンボーイ)・モガ(モダンガール)などという言葉も生まれます。女性もタイピストなど一部の職業に進出し、職業婦人《しょくぎょうふじん》と呼ばれました。また、関東大震災で、れんが造りなどの洋館がほとんど倒壊したため、震災後は鉄筋《てっきん》コンクリートの建築が出始めます。

モボ・モガの流行

(写真提供・毎日新聞社)

第5章

84 反復する恐慌

大戦景気《たいせんけいき》→p.192で重化学工業が発達し、貿易も黒字になりましたが、大戦が終わったらどうなったんですか？

戦後恐慌《せんごきょうこう》、震災恐慌《しんさいきょうこう》、金融恐《きんゆうきょう》慌《こう》、そして最後に昭和恐慌《しょうわきょうこう》→p.208。恐慌が反復する、厳しい時代になります。

第一次世界大戦後、大戦景気から一転して、日本経済は**戦後恐慌**に見舞われます。1923（大正12）年には**関東大震災**→p.194後に震災恐慌が起こります。当時の山本権兵衛《やまもとごんべえ》内閣は、モラトリアム（支払猶予令《しはらいゆうよれい》）を出して金融と経済の破綻《はたん》を防ぎます。

加藤高明護憲三派《かとうたかあきごけんさんぱ》内閣→p.200の総辞職後は、もう一度、加藤高明の憲政会《けんせいかい》の単独内閣が誕生します。続いて、同じく憲政会の**若槻礼次郎《わかつきれいじろう》**内閣にかわります。外交はずっと外務大臣幣原喜重郎《しではらきじゅうろう》の幣原外交《しではらがいこう》*1です。

若槻内閣のもと、1926年12月、大正《たいしょう》天皇が亡くなり、昭和《しょうわ》天皇が即位します。翌1927年、今度は**金融恐慌**が起こります。

金融恐慌とは、銀行の破綻など、金融機関に集中する恐慌です。いくつかの銀行が倒産する中、やがて台湾銀行《たいわんぎんこう》*2という大銀行も倒産しそうになります。

若槻内閣は台湾銀行救済のため、緊急勅令《きんきゅうちょくれい》*3で**モラトリアム**を実施しようとします。しかし、幣原外交に反発していた枢密院《すうみついん》→p.165は、天皇から緊急勅令について諮問《しもん》されると、この内閣の要求を拒否すべきだとしました。金融恐慌の発端は大蔵大臣《おおくらだいじん》の失言だったため、それを天皇の権限で特別に救うのでは責任ある内閣とは言えない、といった理由です。若槻内閣はやむを得ず総辞職します。

元老西園寺公望《げんろうさいおんじきんもち》は、野党であった政友会《せいゆうかい》党首の**田中義一《たなかぎいち》**を総理に推薦します。枢密院は田中義一の積極外交《せっきょくがいこう》→p.206に期待しており、田中内閣が成立するとモラトリアムが出されます。日本銀行は大量の紙幣《しへい》を刷って銀行に資金供給し（非常貸出《ひじょうかしだし》）、金融機関は救われました。

＊1　幣原外交は、国際連盟中心で話し合いを重視し、軍事力を表に出さず、軍縮を実現しようという協調外交です。積極外交から見れば、協調外交は軟弱外交《なんじゃくがいこう》とされました。

モラトリアム、支払猶予令ってどんな法律ですか？

モラトリアムとは、債務や債権の決済を一時停止することです。人々が一斉《いっせい》に銀行に預金の払い戻しを求めると現金が足りずに銀行が破綻するので、それを強制的にストップする法律です。その間に日銀が紙幣を刷って銀行に融資《ゆうし》し、債務の支払いや預金の引き出しに対応できる通貨を補填《ほてん》するための政策です。

反復する恐慌

1920（原）	**戦後恐慌**
1923（山本）	**震災恐慌** モラトリアム実施
1927（若槻）	**金融恐慌** 台湾銀行救済緊急勅令案を枢密院が否決
（田中）	モラトリアム実施 日本銀行の非常貸出
1929（浜口）	ニューヨークで株価暴落 →**世界恐慌**→p.208
1930	→**昭和恐慌**

金融恐慌のなかで中小銀行の多くが整理され、結果的に恐慌後、預金は三井《みつい》・三菱《みつびし》・住友《すみとも》・安田《やすだ》・第一《だいいち》の五大銀行《ごだいぎんこう》に集中する体制になっていました。

また、恐慌から恐慌へと移る中、倒産した中小企業などを買収した財閥《ざいばつ》→p.177は、独占の最高形態であるコンツェルンを確立して経済支配力を強めました。三井・三菱など、財閥系の巨大銀行中心の金融支配も整ったわけです。

でも、モラトリアムを出して大量に紙幣を刷ると、お金の価値が下がってインフレになるんじゃないですか？

そう、しかも当時の日本は金輸出を停止していたので、この大量の紙幣は、金と交換できない不換紙幣《ふかんしへい》と化していました。これを解決するためには、紙幣を減らし、保有している金貨（正貨《せいか》）の量に、紙幣の額面をそろえる必要があります。そこで、松方デフレ→p.160と同様、紙幣を整理する必要に迫られます。

＊2　台湾銀行は、大戦期間中に急成長した神戸の鈴木商店《すずきしょうてん》に多額の資金を貸し付けていました。鈴木商店が倒産したことで、台湾銀行そのものの経営も悪化したのです。

＊3　天皇大権《てんのうたいけん》→p.162の１つで、緊急事態に際しての立法を天皇が行えるというものです。

85 田中義一内閣の内政と外交

田中義一内閣は、首相が外務大臣を兼務して積極外交《せっきょくがいこう》を展開します。内政でも重要な政策が実行されます。

護憲三派内閣《ごけんさんぱないかく》→p.200から続く幣原外交《しではらがいこう》から転換するわけですね。

田中義一内閣のもと、1928（昭和３）年、第１回普通選挙《ふつうせんきょ》が実施されます。そして、政府の心配通り、労働者・小作人の代表による無産政党《むさんせいとう》の衆議院議員が誕生します。これに対して田中内閣は治《ち》安維持法《あんいじほう》→p.200を改正し、最高刑を死刑にします[*1]。

外交では軍事的な威嚇《いかく》、または軍事力をもってでも、日本の国益を守ろうという積極外交を展開します。

当時、中国では、北方軍閥《ほっぽうぐんばつ》打倒を目指す北伐《ほくばつ》を進めていた国民革《こくみんかく》命軍《めいぐん》が山東《さんとう》半島に近づいており、山東半島の日本の権益、在華紡《ざいかぼう》[*2]の保護、何より満州の利権が問題となりました。これ以上北伐が進むと、満鉄《まんてつ》→p.174などの権益も危ない、そこで、田中内閣は1927年から28年にかけて、三度にわたる山東半島への軍隊の派兵に踏み切ります（山東出兵《さんとうしゅっぺい》）。

山東出兵は大きな戦争にはならずに収束します。その後、国民革命軍は再び北伐を進め、北京《ペキン》を目指します。当時北京にいたのは、日本の支援を受けていた軍閥の張作霖《ちょうさくりん》でした。

張作霖は北京を捨てて、根拠地の奉天《ほうてん》に戻ろうとしました。ところが、関東軍《かんとうぐん》[*3]は張作霖が奉天で再び現地支配を始めるとかえって厄介《やっかい》だと、張作霖が乗った列車ごと彼を爆破して殺してしまいます（張作霖爆殺事件《ちょうさくりんばくさつじけん》）。

これはやがて関東軍の仕業だと明らかになりますが、田中首相がこの過程を昭和天皇に報告する内容があいまいで、真相を隠そうとしたため、田中は昭和天皇から不信の念を表明され、総辞職に追い込まれます。

＊1　さらに、国体《こくたい》の変革や私有財産制度を否定するような社会主義や共産主義などを取りしまる、思想専門の警察である特別高等警察《とくべつこうとうけいさつ》が全府県に置かれます。

＊2　在華紡とは中国に進出した日本の紡績《ぼうせき》会社のことです。

＊3　1919年に設置された、旅順《りょじゅん》・大連《だいれん》周辺や満鉄を警備する陸軍部隊です。

ちょっと注意しておきたいのは、田中は自らが主催《しゅさい》して「東方会議《とうほうかいぎ》」を開き、対中国積極策をまとめていますが、欧米列強に対しては協調外交を維持しています。ジュネーブ軍縮会議《ぐんしゅくかいぎ》→p.197にも参加していますし、パリ不戦条約《ふせんじょうやく》→p.197にも調印しています。

昭和初期の内閣①

若槻1	1926	昭和天皇即位
	1927	金融恐慌
田中		モラトリアム実施
		山東出兵（第1次）
		東方会議開催
	1928	第1回普通選挙
		三・一五事件
		張作霖爆殺事件
		治安維持法改正
		特別高等警察設置
	1929	四・一六事件

この時期、無産政党の労働農民党《ろうどうのうみんとう》の進出や、非合法な共産党の活動もあったことから、1928年と29年の2回、日本共産党《にほんきょうさんとう》に対する摘発《てきはつ》、つまり弾圧が起こります。三《さん》・一五事件《いちごじけん》、翌年の四《よん》・一六事件《いちろくじけん》です。

北伐

中国には辛亥革命《しんがいかくめい》→p.175以降、強力な中央政府が確立せず、特に中国北部には、清朝以来の軍閥という、日本の戦国大名のような地方政権が割拠《かっきょ》していました。国民党《こくみんとう》を率いていた孫文《そんぶん》→p.175は、北方軍閥を倒して中国の近代化を目指します。

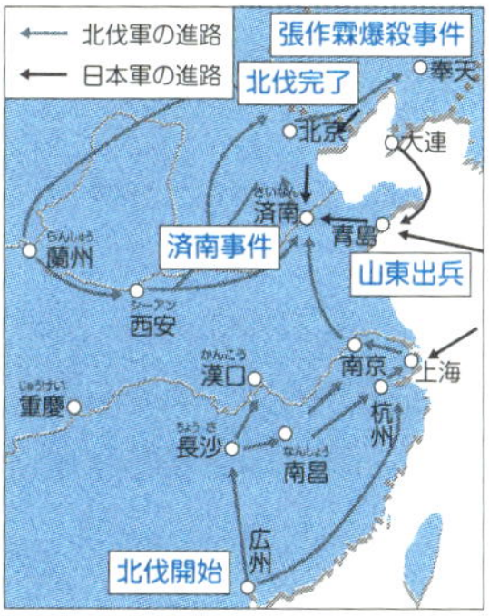

一方、中国にも中国共産党《きょうさんとう》が誕生していました。孫文の国民党は近代国家を目指すので私有財産制度は否定しませんが、共産党はもちろん私有財産制度を否定します。2つの政党は相容れないものでした。

しかし、国民党と共産党が争っても、古い軍閥はそのままで、近代化は不可能です。そこで孫文は軍閥を倒すため、1924年に国民党と共産党の協力関係を樹立します（第一次国共合作《こっきょうがっさく》）。

孫文は結局、北方軍閥を打倒する軍事行動（北伐）を実施する前に亡くなり、**蒋介石《しょうかいせき》**が先頭に立ちます。国民革命軍と言われた北伐軍は、軍閥を倒し、上海《シャンハイ》に到達します。しかし、1927年、上海で蒋介石はクーデターで共産党を追放し、国共合作はここで終わります。

86 昭和恐慌

金融恐慌《きんゆうきょうこう》→p.204が収まった後も、日本の経済はあまりよくなかったんですよね。

インフレなのに不景気。最悪です。そこで、経済の本格的な再建を目指す井上財政《いのうえざいせい》が始まります。

田中義一《たなかぎいち》内閣が総辞職すると、政友会《せいゆうかい》から立憲民政党《りっけんみんせいとう》(民政党《みんせいとう》)[*1]に政権が交替し、党首の浜口雄幸《はまぐちおさち》が1929（昭和４）年に総理となります。大蔵大臣の井上準之助《いのうえじゅんのすけ》は、為替《かわせ》の安定のため、金輸出《きんゆしゅつ》の解《かい》禁《きん》を目標にデフレ策、緊縮財政《きんしゅくざいせい》を実施しようとします。これが井上財政です。

日本は1917年以来、金輸出を禁止していました。外国から見れば、日本の紙幣《しへい》には常に一定の金と交換できる保証がなく、そのため、国際的な為替相場で、円は動揺《どうよう》と下落を続けていました。

為替が安定すれば、安心して日本と取引をしてくれる国が増え、貿易も拡大します。そこで金輸出の解禁が目標となりました。

また、井上は同時に、産業合理化《さんぎょうごうりか》[*2]を目指します。幣原外交《しではらがいこう》→p.204も復活しています[*3]。

浜口内閣は1930年１月から金解禁《きんかいきん》を実施するとしました。ところが第一次世界大戦後、経済成長を続けて世界を引っ張っていたアメリカで、1929年10月、ニューヨークで株価の大暴落が起こり、世界恐慌《せかいきょうこう》になります[*4]。そこへ金解禁が重なります。

井上のデフレ政策に加えて、世界恐慌によるデフレが襲ってきます。二重の打撃を受けた日本経済は、破滅《はめつ》的なデフレに見舞われます。この深刻な恐慌が昭和恐慌《しょうわきょうこう》です。

恐慌により、地主《じぬし》ですら地租《ちそ》が払えないほどに農産物価格が下落します[*5]。また、金解禁で輸出が伸びるはずが、逆に輸入が増え、金が流出します。恐慌はきわめて深刻な様相を示しました。

＊1　立憲民政党は、憲政会《けんせいかい》が政友本党《せいゆうほんとう》→p.200と合体して名前を変えた党です。

＊2　大戦景気→p.192中に成立した企業の多くは、まだまだ国際的に通用する技術力などを持っておらず、日本の産業は国際競争力が不足しているというのが理由でした。

＊3　デフレ財政に耐えるためには支出を削《けず》らなければいけません。ここで幣原は外交的な施策としてロンドン海軍軍縮条約《かいぐんぐんしゅくじょうやく》→p.196を締結《ていけつ》し、軍縮による支出削減を目指しました。

金輸出の禁止や解禁って、どういうことですか？

自国からの金貨の持ち出しを禁止することが「金輸出の禁止」で、それを許可するのが「金輸出の解禁」です。当時、世界は、金本《きんほん》位制《いせい》で紙幣と金貨が常に一定量で交換できることを保証されていました。金輸出の禁止は、金本位制の停止と同じことになります。

金本位制の変遷

1871	新貨条例 →金銀複本位制
↓	
1885	銀兌換銀行券発行 →銀本位制確立
↓	
1897	貨幣法 →金本位制確立
↓	
1917	金輸出禁止
↓	
1930	金輸出解禁
↓	
1931	金輸出再禁止

第一次世界大戦中、世界の主要国は金輸出を禁止し、戦争が終わるとアメリカを先頭に再び金本位制に戻っていましたが、日本だけは金輸出を禁止したままでした。

金本位制であれば、100円の日本円紙幣で交換できる日本の金貨の重さと、50ドルのアメリカドル紙幣で交換できるアメリカのドル金貨の重さがいっしょになり、為替レートはほぼ一定の1ドル＝2円で安定します。

幣原外交と井上財政は車の両輪で、軍縮で財政負担を軽減し、デフレ政策をもって金解禁を行い為替を安定させ、産業合理化で国際競争力を増した企業が、安定した為替のもとで輸出を伸ばせば、デフレからも脱却して健全な経済が再現できるという考え方でした。しかし、世界恐慌の影響を受け、失敗に終わります。

大戦後、主要国が再び金輸出解禁に戻っていく中、日本だけは金解禁できず禁止のままだったということですね。

そうです。反復する恐慌のなかで、日本銀行が紙幣をどんどん発行していった。円為替は動揺しながら下落していった。これを井上は一挙に解決しようとしたわけです。

＊4　当時のアメリカは、世界の経済の中心となっていました。アメリカの援助を受けていたヨーロッパに恐慌が伝播《でんぱ》し、ヨーロッパの植民地にも波及《はきゅう》して、恐慌は世界に広がったのです。

＊5　農家の子供なのに学校にお弁当が持っていけない欠食児童《けっしょくじどう》や、貧しい農家の娘《むすめ》の身売《みう》りなどが、当時の言葉として残っています。

87 満州事変

昭和恐慌《しょうわきょうこう》→p.208が起こったあと、日本はどうなってしまうのですか？

戦争に突入していきます。テロも相次ぎます。

浜口《はまぐち》内閣の幣原《しではら》喜重郎《きじゅうろう》外務大臣のもと、1930（昭和５）年にロンドン海軍軍縮条約《かいぐんぐんしゅくじょうやく》→p.196が締結《ていけつ》されると、**統帥権干犯問題《とうすいけんかんぱんもんだい》**[*1]が起こります。政友会《せいゆうかい》や軍部、右翼《うよく》などは内閣が弱腰《よわごし》だと攻撃し、浜口は狙撃《そげき》され、翌1931年４月、内閣は総辞職します。

その後、同じ民政党《みんせいとう》の若槻礼次郎《わかつきれいじろう》が第２次内閣を組織しますが、1931年９月18日、**柳条湖事件《りゅうじょうこじけん》**から**満州事変《まんしゅうじへん》**が勃発《ぼっぱつ》します。**関東軍《かんとうぐん》**→p.206は、奉天《ほうてん》郊外の柳条湖で小爆破を起こし、満鉄《まんてつ》が攻撃されたとして、満州《まんしゅう》を軍事的に制圧します。中国から東北部を奪《うば》い取り、植民地利権を確保しようとしたのです。

若槻内閣は不拡大を宣言しますが、内閣には統帥権《とうすいけん》→p.163がなかったため抑止《よくし》はできませんでした。内政、外政ともに行き詰まり内閣は総辞職します。元老西園寺公望《げんろうさいおんじきんもち》は、次の内閣は野党の政友会にするとして、当時政友会総裁だった**犬養毅《いぬかいつよし》**が総理になります。

国際連盟は満州事変に関する調査団（**リットン調査団《ちょうさだん》**）を現地に派遣《はけん》します。そこで、その結果が国際連盟に報告される前に、関東軍は**満州国《まんしゅうこく》**の建国宣言をさせます。

犬養内閣は関東軍の動きを認めず、右翼や軍部は反発し、1932年５月15日、犬養が暗殺されます（**五《ご》・一五事件《いちごじけん》**）。この状況では政党内閣は存続できないとして、西園寺は挙国一致《きょこくいっち》[*2]を掛け声とする斎藤実《さいとうまこと》内閣を誕生させます。

しかし、斎藤内閣は陸軍などの強硬《きょうこう》意見を抑えられず、結局は満州国を国として認める**日満議定書《にちまんぎていしょ》**を結びます。そしてリットン報告書にもとづく対日勧告案が出ると、日本は**国際連盟から脱退**します。斎藤内閣は陸軍を止められないまま、総辞職します。

＊1　政府は海軍軍令部《ぐんれいぶ》→p.165との間で、対アメリカの補助艦保有率の最低ラインを７割と決めていましたが、条約はこれを少し下回るところで締結しました。海軍軍令部との同意を無視したのは、天皇大権の１つである統帥権を犯したことだと非難されたのです。

満州事変要図

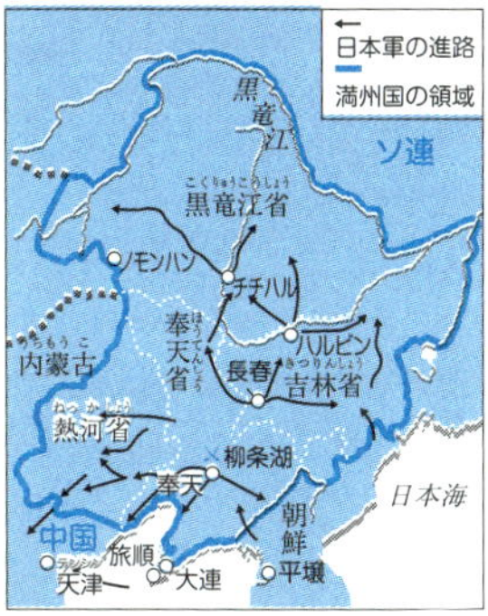

張作霖《ちょうさくりん》の爆殺後→p.206、奉天軍閥《ほうてんぐんばつ》は子の張学良《ちょうがくりょう》が継ぎました。彼は国民党《こくみんとう》の旗を掲げ（易幟《えきし》）、国民党に合流し、これで北伐《ほくばつ》→p.207は一応完成しました。

張学良は当然反日的な政策を行います。関東軍は反発し、ついに軍事介入で自分たちが支配する独立国を作ろうとしたわけです。

満州国、ってどんな国なんですか？

日本軍が経営する、傀儡国家《かいらいこっか》です。満州国の国家元首（執政《しっせい》）には、清《しん》の最後の皇帝であった溥儀《ふぎ》が就任します。満州国は後に帝政に移行し、溥儀は満州国の皇帝となります。

昭和初期の内閣②　＊…満州事変関連

浜口	1929	ニューヨークで株価暴落
	1930	金輸出解禁
		ロンドン海軍軍縮条約
		統帥権干犯問題
	1931	三月事件
若槻2		＊柳条湖事件→満州事変
		十月事件
犬養		金輸出再禁止
	1932	第1次上海事変
		＊リットン調査団派遣
		＊満州国建国宣言
		五・一五事件
斎藤		＊日満議定書調印
	1933	＊国際連盟脱退
		滝川事件
		＊塘沽停戦協定
	1934	＊満州国帝政に移行

1932年１月には排日運動が激しさを増していた上海でも日中の軍隊が衝突する第１次上海事変《シャンハイじへん》が起こります。

満州事変そのものは、1933年５月の塘沽停戦協定《タンクーていせんきょうてい》でいったん収まります。以後、関東軍などは華北《かほく》（中国北部）を蔣介石の国民政府の支配から切り離そうとする、華北分離《かほくぶんり》工作《こうさく》へと進みます。

＊2　挙国一致とは、陸軍も海軍も財界も政党も、みんなで協力しよう、という言葉です。

88 軍部の台頭と新興財閥

総理大臣が軍部に暗殺されるなんて……恐ろしい時代ですね。経済も酷いことになっていくんですか？

満州《まんしゅう》事変《じへん》後、経済は一時的に好景気になります。しかし、やがて統制経済になってしまいます。

軍部中心の強力な内閣を作ろうという、国家《こっか》改造運動《かいぞううんどう》を唱える軍部や右翼《うよく》が台頭する時期になります[*1]。1932（昭和７）年、血盟団《けつめいだん》というテロ集団が２月に井上準之助《いのうえじゅんのすけ》→p.208を、３月に三井合名会社《みついごうめいがいしゃ》の中心の団琢磨《だんたくま》を暗殺します（**血盟団事件《けつめいだんじけん》**）。そして、**五《ご》・一五《いちご》事《じ》件《けん》**→p.210で、海軍青年将校が犬養毅《いぬかいつよし》を暗殺します。

このころ、日本経済は、昭和恐慌《しょうわきょうこう》→p.208から脱出し始めます。満州《まんしゅう》事変《じへん》後の好景気が訪れたのです。

1931年12月、犬養内閣登場とともに**高橋是清《たかはしこれきよ》**が大蔵大臣を引き受け、即座に**金輸出《きんゆしゅつ》を再禁止《さいきんし》**し、政府が通貨量などをコントロールする管理通貨制度《かんりつうかせいど》に移行します。そして恐慌からの脱出のため、高橋は積極財政《せっきょくざいせい》をとります。

金輸出の再禁止で、金本位制《きんほんいせい》のもとでの安定した為替《かわせ》は崩壊《ほうかい》し、急激な円安が進行しました。あまりの円安で輸出が伸び、1933年には、日本は世界の主要国に先駆《さきが》けて恐慌から脱出します[*2]。

世界恐慌《せかいきょうこう》→p.208が深刻化する中、イギリスなどはブロック経済圏《けいざいけん》を作り、保護貿易《ほごぼうえき》をとります。日本の貿易は、主要国が自由貿易でなければ成り立たず、これはやがて日本の経済を締め付けます。

一方、好景気は、**新興財閥《しんこうざいばつ》**[*3]を生み出します。新興財閥は高い技術力を持ち、事業は重化学工業に偏っていました。よってこの時期、重化学工業が飛躍的に発展します。

しかし農村向けの政策は、時局匡救事業《じきょくきょうきゅうじぎょう》や農山漁村経済更生運動《のうさんぎょそんけいざいこうせいうんどう》のような、自力更生を目指せというもので、多くの予算は注がれませんでした。そのため農村の不況は続きます。[*4]

＊1　９月に柳条湖事件《りゅうじょうこじけん》→p.210が起こる1931年には、クーデター未遂《みすい》事件として、３月に三月《さんがつ》事件《じけん》が、10月には十月事件《じゅうがつじけん》が起こっています。また、国家改造運動の思想的な基盤の１つが、北一輝《きたいっき》の『日本改造法案大綱《にほんかいぞうほうあんたいこう》』でした。彼は財閥《ざいばつ》や政党など特権階級の廃絶《はいぜつ》を目指し、クーデターで天皇を奉《ほう》じて国家改造を行おうと主張しました。

ブロック経済圏って何ですか？

イギリス・フランスなどがとった経済政策で、自国と植民地との間のみでしか貿易を行わず、他国の製品をしめ出してしまうというものです。自由貿易ではなく、保護貿易です。

井上財政と高橋財政

井上財政（担当：井上準之助）	高橋財政（担当：高橋是清）
・緊縮財政《きんしゅくざいせい》…デフレ政策 ・金輸出解禁（金本位制復活） ・産業合理化	・積極財政 ・金輸出再禁止（金本位制停止） ・管理通貨制度 ・軍事費の膨張《ぼうちょう》、赤字公債の発行

満州事変後の好景気をもう少し具体的に説明してください。

1933年、日本は綿織物の輸出でイギリスを抜き、世界第1位になります。また1938年に、国内の工業生産額のうち重工業生産額が軽工業生産額を超えます。

各国の工業生産の推移

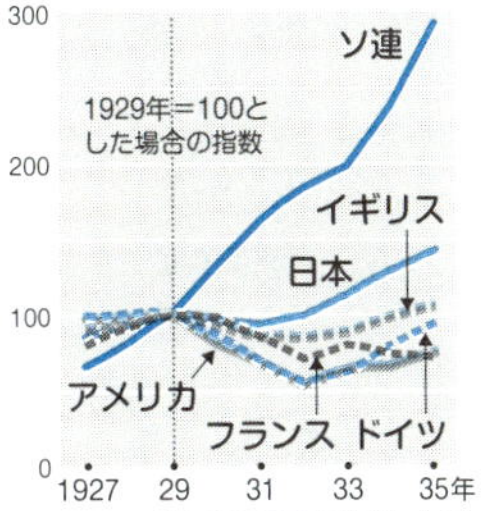
300
200
100
0
ソ連
1929年＝100とした場合の指数
イギリス
日本
アメリカ
フランス
ドイツ
1927
29
31
33
35年

（『本邦主要経済統計』より）

工業生産額の内訳

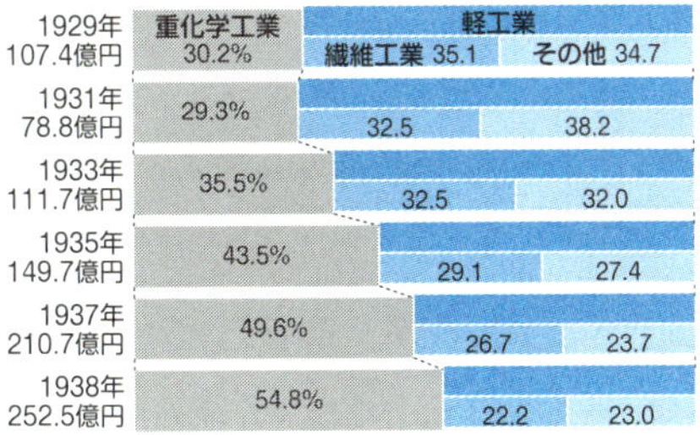
1929年 107.4億円
重化学工業 30.2%
軽工業
繊維工業 35.1
その他 34.7
1931年 78.8億円
29.3%
32.5
38.2
1933年 111.7億円
35.5%
32.5
32.0
1935年 149.7億円
43.5%
29.1
27.4
1937年 210.7億円
49.6%
26.7
23.7
1938年 252.5億円
54.8%
22.2
23.0

（東京大学出版会『講座日本史10』より）

＊2　このことは、イギリスなどからソーシャル=ダンピングだと非難されます。つまり、個々の企業が値下げするのではなく、日本の国家そのものが、円の価値を下げて円安にし、輸出を伸ばしているとみなされたわけです。

＊3　日産《にっさん》コンツェルンや日窒《にっちつ》コンツェルンがその代表です。新興財閥は、朝鮮や満州へ進出したことも特徴です。

＊4　農村の荒廃《こうはい》は国民全体を駄目にするという批判も、国家改造運動を唱える理由でした。

89 ファシズムの進展

犬養《いぬかい》内閣で政党内閣は終わり、斎藤《さいとう》内閣からは挙国一致《きょこくいっち》内閣→p.210になりましたよね。

その後も、1945年まで、挙国一致内閣が続きます。

国家改造運動《こっかかいぞううんどう》→p.212でクーデター未遂《みすい》事件などが続く中、思想弾圧も進みます。斎藤内閣に続く岡田啓介《おかだけいすけ》内閣のもと、美濃部達吉《みのべたつきち》の天皇機関説《てんのうきかんせつ》→p.198が国体に反すると批判されます。内閣はこの批判に負け、天皇機関説は誤りで、天皇主権説《てんのうしゅけんせつ》が正しいという声明を発表します（**国体明徴声明《こくたいめいちょうせいめい》**）。[*1]

国家改造を目指す勢力にとって、これは格好の口実となりました。陸軍の急進派（皇道派《こうどうは》）は、1936（昭和11）年２月26日、軍事政権樹立を目指して首相官邸《かんてい》などを占拠《せんきょ》します。

この**二・二六事件《に にろくじけん》**では、高橋是清《たかはしこれきよ》大蔵大臣、斎藤実内大臣《さいとうまことないだいじん》らが殺されます。これに対して、昭和天皇は断固として彼らを反乱軍として鎮圧せよと指示し、反乱軍は降伏します。[*2]

この結果、皇道派と対立していた陸軍の主流派（統制派《とうせいは》）が陸軍を完全に支配し、一致団結した陸軍は、さらに強硬《きょうこう》な要求を政府に突きつけるようになります。

このころ、ヨーロッパでは**ファシズム**という、暴力的な方法で民主主義や人権を無視する全体主義《ぜんたいしゅぎ》が台頭します。イタリアの**ムッソリーニ**率いるファシスタ党や、ドイツの**ヒトラー**によるナチスなどです。これが日本に波及《はきゅう》します。

岡田内閣は二・二六事件後に総辞職し、続く広田弘毅《ひろたこうき》内閣のもと、1936年、**日独防共協定《にちどくぼうきょうきょうてい》**が結ばれます。これは、ソ連の共産主義の拡大を防止するため、日独が協力をしようという協定でした。翌1937年、これにイタリアが加わり、日独伊三国防共協定《にちどくいさんごくぼうきょうきょうてい》が結ばれます。

この日独伊の三国を枢軸国《すうじくこく》と呼びます。いよいよ、軍国主義《ぐんこくしゅぎ》が外交的にも台頭してくるということになりました。

＊1　美濃部の著書は発禁となり、美濃部は貴族院議員を辞職します。
＊2　二・二六事件の首謀《しゅぼう》者は死刑になり、このときに北一輝《きたいっき》→p.212も死刑に処されます。

満州事変《まんしゅうじへん》以降、太平洋戦争《たいへいようせんそう》終結までを「十五年戦争《じゅうごねんせんそう》」の時期と言うこともありますね。「事変」と「戦争」は違うんですか？

事実上は戦争ですが、「パリ不戦条約《ふせんじょうやく》」→p.197で紛争《ふんそう》解決のための戦争を放棄《ほうき》しているので、「戦争」ではなく「事変」だということに政府がしたんです。パリ不戦条約は破っていないと弁明しているわけです。

第5章

昭和初期の内閣③

斎藤	1933	滝川事件
岡田	1935	天皇機関説問題
		国体明徴声明
	1936	二・二六事件
広田		軍部大臣現役武官制復活
		日独防共協定
(宇垣)	1937	
林		

広田内閣の時には、もはや陸海軍大臣は現役の軍人に務めてもらわないとクーデターが抑えられない状況で、軍部大臣現役武官制《ぐんぶだいじんげんえきぶかんせい》→p.188が復活します。

また、広田の後は陸軍の穏健派の宇垣一成《うがきかずしげ》が組閣に着手しますが、陸軍が反発、陸軍大臣を推挙せず、宇垣は組閣を断念します。

思想の統制

- 滝川事件《たきがわじけん》（1933年）…斎藤内閣の時。京都大学の法学部の教授で、自由主義的な刑法学者だとされた滝川幸辰《たきがわゆきとき》が免職される。
- 天皇機関説問題（1935年）…本文参照。
- 矢内原事件《やないはらじけん》（1937年）…第１次近衛内閣の時。東京大学の教授矢内原忠雄が大陸政策を批判して、軍部の攻撃を受けて辞職する。
- 『神代史《しんだいし》の研究《けんきゅう》』発禁（1940年）…歴史学者津田左右吉《つだそうきち》→p.203の古代史の研究が発禁となる。

政党内閣が途絶えた後、斎藤・岡田・広田、そして林銑十郎《はやしせんじゅうろう》と、弱い内閣が続きます。最後の元老、西園寺公望《さいおんじきんもち》が希望を託したのは、藤原《ふじわら》氏から分かれた摂関《せっかん》家の１つ、近衛《このえ》家の当主、公爵《こうしゃく》の近衛文麿《このえふみまろ》でした。

90 日中戦争

柳条湖事件《りゅうじょうこじけん》→p.210から太平洋戦争《たいへいようせんそう》の終結→p.220までの「十五年《じゅうごねん》戦争《せんそう》」の中に日中戦争《にっちゅうせんそう》は含まれるのですか？

連続する戦争の時期とみて、「華北分離工作《かほくぶんりこうさく》」の時期もいれて「十五年戦争」と呼ぶこともあります。「日中戦争」はその中でも盧溝橋事件《ろこうきょうじけん》以後を指すことが多いようです。

1937（昭和12）年6月、第1次**近衛文麿《このえふみまろ》**内閣が成立し、同年7月7日、**盧溝橋事件**が勃発《ぼっぱつ》します。これは小規模な衝突《しょうとつ》でしたが、解決しない間に、8月、第2次上海事変《シャンハイじへん》が勃発し、大きな戦争となります（**日中戦争**）。

内閣は**国民精神総動員運動《こくみんせいしんそうどういんうんどう》**などで国民の協力を促《うなが》します。一方、戦争は拡大します。9月には、中国で**第二次国共合作《こっきょうがっさく》**＊1が成立し、抗日民族統一戦線《こうにちみんぞくとういつせんせん》が結成されて、徹底抗戦《てっていこうせん》が始まります。

年末には日本軍は上海を占領し、さらに首都の南京《ナンキン》を占領します＊2。それでも戦争は終わらず、終結の手がかりを失った近衛は、1938年1月、第1次**近衛声明《このえせいめい》**で「国民政府《こくみんせいふ》を対手《あいて》とせず」と共産主義者と合体した国民政府とは交渉しないと宣言します。

国民政府は、重慶《じゅうけい》に拠点を移し、ここを首都とする、重慶政府《じゅうけいせいふ》として、抗日戦争を続ける姿勢を示します。

近衛は、11月にこの戦争の目的は「東亜新秩序《とうあしんちつじょ》」を作ることだと第2次近衛声明（東亜新秩序声明《とうあしんちつじょせいめい》）を出し、12月に第3次近衛声明で近衛三原則《このえさんげんそく》（善隣友好《ぜんりんゆうこう》・共同防共《きょうどうぼうきょう》・経済提携《けいざいていけい》）を示します。

一方、近衛は秘密裏に、重慶政府の中でも反共的な**汪兆銘《おうちょうめい》**を重慶から脱出させ＊3、翌年早々に総辞職します。

次の平沼騏一郎《ひらぬまきいちろう》内閣＊4のもとで、日独防共協定《にちどくぼうきょうきょうてい》→p.214を結んでいたドイツがソ連と独《どく》ソ不可侵条約《ふかしんじょうやく》で、お互いに攻撃しないと約束します。これで広田《ひろた》内閣以来の親独政策が根拠を失い、平沼は「欧州情勢は複雑怪奇《ふくざつかいき》」という言葉を残して総辞職します。

＊1　1936年、張学良《ちょうがくりょう》→p.211が蒋介石《しょうかいせき》→p.207を監禁《かんきん》して国共内戦の停止と抗日を要求した西安事件《せいあんじけん》で国共内戦が一時収束し、そして再び国民党と中国共産党が合体したのです。

＊2　この時、いわゆる南京大虐殺《なんきんだいぎゃくさつ》が起こりました。

第２次近衛声明の「東亜新秩序」ってなんですか？

「日本・満州・中華民国が結束し新しい秩序を作る」ことです。また、次の第３次近衛声明で、近衛三原則が東亜新秩序の基本的な姿勢であるということを示したわけです。

昭和初期の内閣④

＊…経済統制関連

近衛１	1937	盧溝橋事件→日中戦争
		第２次上海事変
		(第二次国共合作)
		＊企画院設置
		日独伊三国防共協定 →p.214
	1938	第１次近衛声明
		＊国家総動員法
		張鼓峰事件
		第２次近衛声明
		第３次近衛声明
平沼	1939	ノモンハン事件
		＊国民徴用令
		日米通商航海条約廃棄
		独ソ不可侵条約

戦争の継続のためにはお金が必要です。近衛内閣は、日本経済をどう維持するか、企《き》画院《かくいん》でその計画を練り始めます。政府が天皇の名を借りて、自由に戦争に国民を動員出来る**国家総動員法**《こっかそうどういんほう》も制定されます。経済統制も強化され、**切**《きっ》**符制**《ぶせい》がしかれ**配給制**《はいきゅうせい》が次々に実施されます。平沼内閣は国家総動員法にもとづき政府が軍需産業に国民を動員できる国民徴用令《こくみんちょうようれい》を制定します。

日中戦争要図

このころ、1938年の張鼓峰事件《ちょうこほうじけん》、1939年のノモンハン事件《じけん》と、日本軍がソ連軍に敗北する事件が起こります。この段階で、北はソ連の強力な機甲師団《きこうしだん》などから守ることに専念し、南に利権を求める南進政策《なんしんせいさく》が取られるようになります（北守南進《ほくしゅなんしん》）。

＊３　汪兆銘に傀儡《かいらい》国家の満州国と同じような、日本に友好的な中国政府を新しく作らせるための予備工作です。この後、1940年に汪兆銘は南京で親日的な国民政府《こくみんせいふ》を立てます。

＊４　この内閣の時、アメリカが日本の満州国《まんしゅうこく》建国以来の姿勢を批判し、日米通商航海条約《にちべいつうしょうこうかいじょうやく》の廃棄《はいき》を通告します。

91 太平洋戦争1

ドイツがソ連と不可侵条約《ふかしんじょうやく》を結んで、ヨーロッパ情勢はどうなったのですか？

ドイツはポーランドに侵攻し、イギリス・フランスがドイツに宣戦布告《せんせんふこく》します。

平沼内閣の次に阿部信行《あべのぶゆき》内閣が登場してすぐ、1939（昭和14）年９月、**第二次世界大戦**が始まります。日中戦争《にっちゅうせんそう》で経済的に苦しい日本政府は、戦争には不介入を声明します。次の米内光政《よないみつまさ》内閣もアメリカとの戦争を避けるため、大戦への関与を回避します。

ところが、ドイツ軍がフランスを攻略し、パリが陥落《かんらく》します。この情報が伝わると、日本もドイツと同じファシズム体制をとるべきだと、**新体制運動《しんたいせいうんどう》**[*1]が始まります。

陸軍は、軍部大臣現役武官制《ぐんぶだいじんげんえきぶかんせい》を使って米内内閣を総辞職に追い込み[*2]、新体制運動に参加した**近衛文麿《このえふみまろ》**を担《かつ》ぎます。1940年７月、第２次近衛内閣が発足すると、陸軍は仏領《ふつりょう》インドシナ半島北部に軍を進め[*3]、９月には**日独伊三国同盟《にちどくいさんごくどうめい》**を締結《ていけつ》します。

一方で近衛は満州帝国をめぐる日米対立を解消すべく、アメリカの国務長官ハルと**日米交渉《にちべいこうしょう》**を開始します。しかし陸軍は、1941年７月、仏領《ふつりょう》インドシナ半島南部に軍を進め、対してアメリカは、日本への石油輸出の全面禁止を通告します。

資源のない日本は、石油の備蓄が尽きる前に、戦争で決着をつけざるを得ないと考える立場に置かれます[*4]。９月６日、御前会議《ごぜんかいぎ》[*5]で、交渉を継続するが、対米戦争を決意することが決定されます。

結局、日米交渉は進展せず、近衛は内閣を投げ出し、対米開戦を主張する陸軍大臣、**東条英機《とうじょうひでき》**に政権を渡します。

東条を反米的な内閣と見なしたアメリカは、「日本は中国・仏印から撤兵せよ」と、事実上の最後通牒《さいごつうちょう》（**ハル＝ノート**）を示します。御前会議は、この間の経緯から、日本の非を認めるような条件を受け入れるわけにいかず、開戦を決定します。

＊1　国家体制を一新し、国が１つとなる新しく強力な体制をとろうという運動です。

＊2　新体制運動に加わっていた陸軍は、畑俊六《はたしゅんろく》陸軍大臣に単独辞任させ、次の陸軍大臣を推《すい》薦《せん》せず、内閣を総辞職に追い込んだわけです。

どうして日独伊三国の防共協定を軍事同盟に変えたのですか？

日本と戦えばドイツとも戦う事になるぞ、という牽制《けんせい》です。アメリカがそのまま大戦に介入しなかったり、あるいは、ある程度満州国を認めてくれれば、願ってもないことだったわけです。

昭和初期の内閣⑤　＊…海外の動き

阿部	1939	＊第二次世界大戦勃発
米内	1940	新体制運動始まる
近衛2		北部仏印進駐
		日独伊三国同盟
		大政翼賛会発足
		大日本産業報国会結成
	1941	国民学校令
		日ソ中立条約
		日米交渉開始
		＊独ソ戦開始
近衛3		南部仏印進駐
		9月6日の御前会議
東条		ハル=ノート
		真珠湾攻撃→太平洋戦争

新体制運動の中から大政翼《たいせいよく》賛会《さんかい》が発足し、近衛自らが総裁となり、国民が一丸となって戦争に協力する体制を整えます。政党は全て解散して大政翼賛会に合流します。様々な団体も国に協力するための団体に変わり、労働組合も国のために奉仕する大日本産業《だいにほんさんぎょう》報国会《ほうこくかい》になります。軍国主義を教育制度に取り入れた国民《こくみん》学校令《がっこうれい》も制定されます。

第二次世界大戦勃発前後の国際関係

第2次近衛内閣の外務大臣は親陸軍・親ドイツ的な松岡洋右《まつおかようすけ》で、彼はドイツの独《どく》ソ不可《ふか》侵条約《しんじょうやく》→p.216をまねて日《にっ》ソ中立条約《ちゅうりつじょうやく》を締結します。しかし1941年6月、ドイツは、戦争の膠着《こうちゃく》状況を打開するため、独《どく》ソ戦《せん》を始めます。

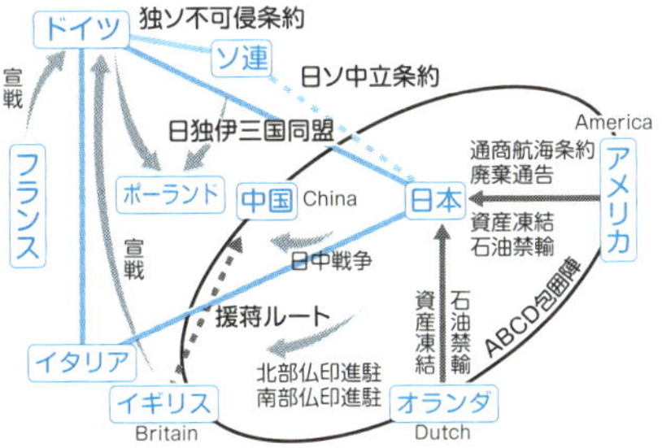

＊3　北部仏印進駐《しんちゅう》と言います。蔣介石《しょうかいせき》の国民政府《こくみんせいふ》が、英米から資金や武器、食料の援助を受けており、この援助の物資ルート（援蒋《えんしょう》ルート）を遮断《しゃだん》することが名目でした。

＊4　資源のない日本を、資源のあるアメリカ・イギリス・中国・オランダが経済的に破滅させようとしている（ABCD包囲陣《ほういじん》）、これを排除して、日本中心の東アジアの新秩序として大東亜共栄圏《だいとうあきょうえいけん》を築く、といった論理が国内外に唱えられました。

＊5　天皇の出席のもとにおける最高会議です。

92 太平洋戦争２

1931年の柳条湖事件《りゅうじょうこじけん》→p.210で始まった戦争は、1941年、太平洋戦《たいへいようせん》争《そう》に発展します。

……。

1941（昭和16）年12月８日、海軍がハワイの**真珠湾《しんじゅわん》**を奇襲攻撃し、陸軍もマレー半島への上陸を決行、対米宣戦布告に至ります。こうして日本は第二次世界大戦に加わり、**太平洋戦争**[*1]が勃発《ぼっぱつ》しました。

当初は日本軍のほぼ連戦連勝でしたが[*2]、1942年6月の**ミッドウェー海戦《かいせん》**の敗北で戦局が変わります。1944年７月、サイパン島が陥落《かんらく》し、責任を取って東条英機《とうじょうひでき》内閣は総辞職します。サイパン島陥落で、米軍の日本本土への空襲が可能になります[*3]。

次の内閣は陸軍系統の小磯国昭《こいそくにあき》内閣ですが、戦争終結の道筋を見つけることはできませんでした。1944年10月のレイテ島海戦《とうかいせん》が敗北に終わると、陸軍はもはや本土で戦うしかないと、本土決戦《ほんどけっせん》を決意します。

1945年４月、沖縄本島に米軍が上陸し、**沖縄戦《おきなわせん》**[*4]が始まります。日本の領土に踏み込まれたことで、小磯内閣は総辞職し、鈴木貫太《すずきかんた》郎《ろう》[*5]内閣が登場します。

５月にドイツが降伏《こうふく》し、６月には沖縄戦も終わります。連合国側は７月に**ポツダム宣言《せんげん》**を発し、日本に無条件降伏《むじょうけんこうふく》を要求しました。日本側は、万世一系《ばんせいいっけい》の天皇が支配する体制を守ること（国体護持《こくたいごじ》）にこだわり、これを受け入れませんでした。

８月６日、広島に**原子爆弾《げんしばくだん》**が投下され、８日には**ソ連《れん》が対日参戦《たいにちさんせん》**します。９日には、２つ目の原子爆弾が長崎に投下されます。ついに天皇の判断が下され、ポツダム宣言の受諾《じゅだく》が14日に決定されます。15日には天皇の肉声の録音が玉音放送《ぎょくおんほうそう》としてラジオから流され、人々は戦争が敗戦に終わったことを知ったわけです[*6]。

＊1　政府はこの戦争を大東亜戦争《だいとうあせんそう》と名付け、**大東亜共栄圏《だいとうあきょうえいけん》**→p.219の建設が目標だとしました。

＊2　この間、翼賛選挙《よくさんせんきょ》が行われ、議会は完全に国に協力する無力なものとなっていました。

＊3　アメリカは、大型の長距離爆撃機B29を次々と戦場に送り込み、1945年３月９日から10日にかけての**東京大空襲《とうきょうだいくうしゅう》**は、とくに甚大《じんだい》な被害を東京にもたらしました。

昭和初期の内閣⑥　＊…海外の動き

東条	1941.12	真珠湾攻撃
		→太平洋戦争
	1942. 6	ミッドウェー海戦
	1943. 9	＊イタリア降伏
	11	大東亜会議開催
		＊カイロ会談→p.227
	1944. 6	学童疎開決定
	7	サイパン島陥落
小磯	1945. 2	＊ヤルタ会談→p.227
	3	東京大空襲
	4	沖縄戦開始
鈴木	5	＊ドイツ降伏
	7	＊ポツダム会談→p.227
	8	広島に原爆投下
		ソ連対日参戦
		長崎に原爆投下
		ポツダム宣言受諾
		玉音放送

1943年９月、枢軸国《すうじくこく》側のイタリアが降伏しますが、戦争は続きます。また、1943年、日本政府は日本の占領下にあった地域の代表者を集め、戦争に協力させるデモンストレーションとしての大東亜会議《だいとうあかいぎ》を召集します。

1945年、ドイツも降伏に近づき、連合国側はヤルタ会談《かいだん》でソ連の対日参戦を決めたヤルタ秘密協定《ひみつきょうてい》を結んでいます。

戦時統制と戦争中の朝鮮・台湾

生活では、「ぜいたくは敵だ」のスローガンなどで規制を強化され、切符《きっぷ》制《せい》や穀物の供出制《きょうしゅつせい》・配給制《はいきゅうせい》などが次々に断行されます。子供たちが空襲を受ける都市を離れ田舎に移住する学童疎開《がくどうそかい》も始まります。

成年男子がほぼ戦場に出払い、労働力が不足したため、中学生以上の学生や未婚の女性に、工場などでの無償労働を強制します（勤労動員《きんろうどういん》、女子挺身《じょしていしん》隊《たい》）。従来は徴兵《ちょうへい》を猶予《ゆうよ》される大学生も、文系は猶予を停止され徴兵されるようになります（学徒出陣《がくとしゅつじん》）。

植民地の朝鮮・台湾では、皇民化政策《こうみんかせいさく》で朝鮮や台湾の人々を天皇の臣下へ変えようとします。日本風の名前を名乗れという政策（創氏改名《そうしかいめい》）などが代表例です。1944年には朝鮮で、1945年には台湾でも徴兵制が施行されます。労働力不足を補うため、中国人や朝鮮人の日本本土への強制連行も行われ、今でもしばしば問題になる従軍慰安婦《じゅうぐんいあんふ》のような問題も、発生していたと考えられています。

＊4　一般県民、鉄血勤皇隊《てっけつきんのうたい》、ひめゆり隊《たい》などの多くの被害を出した悲惨な戦争でした。

＊5　海軍大将で侍従長《じじゅうちょう》などを歴任した親英米派の重要人物で、昭和天皇の側近の１人でした。

＊6　正式に日本が降伏文書に調印したのは、東久邇宮《ひがしくにのみや》内閣→p.226発足後の９月２日、東京湾上に進出してきたアメリカ軍艦《ぐんかん》ミズーリ号《ごう》上でのことになります。

チャレンジ！ センター試験問題

問　1930年代の軍部の行動に関して述べた次の文Ⅰ～Ⅲについて、古いものから年代順に正しく配列したものを、下の①～⑥のうちから一つ選べ。

（2008年　本試　改）

Ⅰ　関東軍が、柳条湖で満鉄の線路を爆破した。

Ⅱ　陸軍の青年将校らが、部隊を率いて政府要人や重要施設を襲撃した。

Ⅲ　海軍の青年将校らが、犬養毅首相を射殺した。

①　Ⅰ―Ⅱ―Ⅲ	②　Ⅰ―Ⅲ―Ⅱ	③　Ⅱ―Ⅰ―Ⅲ
④　Ⅱ―Ⅲ―Ⅰ	⑤　Ⅲ―Ⅰ―Ⅱ	⑥　Ⅲ―Ⅱ―Ⅰ

軍部の行動について、古いものから配列する問題です。

Ⅰは「柳条《りゅうじょう》湖《こ》」ってあるから、柳条湖事件で……確か、満州《まんしゅう》事《じ》変《へん》のきっかけになった事件だよな→p.210。

柳条湖事件は、1931年に起こったのよね。

Ⅲの、犬養毅《いぬかいつよし》首相が射殺されたのは、五《ご》・一《いち》五《ご》事《じ》件《けん》よね→p.210。年号は1932年。Ⅰ→Ⅲだから、①・②・③の3択にしぼれるわね。

Ⅱは、文章の内容からすると、たぶん二《に》・二《に》六《ろく》事《じ》件《けん》のことだと思う→p.214。二・二六事件なら、1936年よね。

年号までしっかりおぼえていれば問題ないな。答えはⅠ―Ⅲ―Ⅱの②、ですね。

近現代史は、内政と外交がバラバラに扱《あつか》われることも多いので、主な出来事の年号はおぼえておくと、このような年代配列問題も迷わずに解答できるでしょう。

答　②

第六章 現代

日本史4コマ劇場

完結編

もうすぐ終わりだな！っていうか現代とか受験で出るのかよ？
いっそ勉強しなくても大丈夫なんじゃ……
だめだ！
センター試験でも70年代の内容が扱《あつか》われたことがあったりするぞ。
高度経済成長期とかバブル景気とか近い時代になればなるほど難しくてよく分かんないのよね。
でも戦後の歴史って、一番身近な時代の話だから受験じゃなくても一番大事だと思うわよ？
そうね、近い時代の事も日本史の一部だからちゃんと知ろうと思う！
日本史好きだし！
おっ、日本史のカッコイイ人物以外にも興味が出てきたってことか？
……ところで、扉に出てきたダンディで素敵なおじ様って誰？
……お前……結局はそこが気になるのか？

この章で扱う主な出来事

昭和	1945	日本の降伏、国際連合《こくさいれんごう》の成立
		五大改革指令《ごだいかいかくしれい》が出される
	1946	日本国憲法《にほんこくけんぽう》の公布（47施行）
	1949	中華人民共和国《ちゅうかじんみんきょうわこく》が建国される
	1950	朝鮮戦争《ちょうせんせんそう》の勃発《ぼっぱつ》（～53）
		警察予備隊《けいさつよびたい》が創設される
	1951	サンフランシスコ平和条約《へいわじょうやく》に調印
		日米安全保障条約《にちべいあんぜんほしょうじょうやく》に調印
	1954	第五福竜丸事件《だいごふくりゅうまるじけん》が起こる
		自衛隊《じえいたい》が創設される
	1956	日《にっ》ソ共同宣言《きょうどうせんげん》→国際連合《こくさいれんごう》に加盟
	1960	日米新安全保障条約に調印
	1964	東海道新幹線《とうかいどうしんかんせん》の開通
		東京《とうきょう》オリンピックの開催《かいさい》
	1965	日韓基本条約《にっかんきほんじょうやく》に調印
		北爆《ほくばく》の開始
	1968	小笠原《おがさわら》諸島が日本に復帰する
	1972	沖縄が日本に復帰する
		日中共同声明《にっちゅうきょうどうせいめい》、日中国交正常化
	1973	第四次中東戦争《ちゅうとうせんそう》→第一次石油危機《せきゆきき》
	1978	日中平和友好条約《にっちゅうへいわゆうこうじょうやく》に調印
平成	1989	消費税《しょうひぜい》の導入、冷戦《れいせん》が終結する
	1990	東西ドイツが統一される
	1991	湾岸戦争《わんがんせんそう》の勃発
		ソ連が解体する
	1992	PKO協力法《きょうりょくほう》が成立する
	1995	阪神《はんしん》・淡路大震災《あわじだいしんさい》が起こる
	2001	アメリカ同時多発テロが起こる
		テロ対策特別措置法《たいさくとくべつそちほう》の成立
	2003	イラク戦争《せんそう》の勃発
		イラク復興支援特別措置法《ふっこうしえんとくべつそちほう》の成立

敗戦後の日本はアメリカ主導の民主化を進めます。しかし、冷戦の激化、朝鮮戦争勃発に伴《ともな》って、一挙に独立を実現し、経済再建を目指します。民主化は途中で投げ出され、アメリカに追随《ついずい》しつつ、高度経済成長を実現し、またたく間に経済大国、先進国の仲間入りを果たします。しかし、戦後に発生したさまざまな課題は未だに解決されていません。

現代史は最後だから手を抜きがちだけど、公民科の政治・経済の内容ともかなりかぶるからバカにしちゃいけないよな。

センター試験でも出題されないことはないものね。

93 占領と改革の開始

ポツダム宣言《せんげん》を受諾《じゅだく》し、日本の敗戦が決定しました。

ここから現代史の始まりですね。

ポツダム宣言を受諾し、日本は無条件降伏《むじょうけんこうふく》します。連合国による占領《せんりょう》が始まりますが、事実上、アメリカ１国の占領になります。占領の目標は民主化で、連合国側が直接日本を統治するのではなく、従来通り日本政府の存在を認め、日本政府を通じて民主化をはかる間接統治《かんせつとうち》をとりました。

そして連合国軍最高司令官総司令部《れんごうこくぐんさいこうしれいかんそうしれいぶ》（GHQ）が日本に設置され、その最高司令官マッカーサー元帥《げんすい》のもとで、占領下の行政がスタートします。

鈴木貫太郎《すずきかんたろう》内閣はポツダム宣言受諾後に総辞職し、占領を受け入れたのは皇族の東久邇宮稔彦親王《ひがしくにのみやなるひこしんのう》による内閣でした。さっそく、GHQは1945（昭和20）年10月、人権《じんけん》指令《しれい》を発します。その中には天皇批判の自由なども含まれており、これは実行不能として、東久邇内閣はすぐに総辞職します。

そこで、協調外交《きょうちょうがいこう》→p.204で著名な幣原喜重郎《しではらきじゅうろう》が選ばれ、幣原内閣が成立します。幣原内閣に対して、マッカーサーは口頭で、五大改革《ごだいかいかく》指令《しれい》→p.228を指示します。

また、民主化に移る過程で、戦犯《せんぱん》（戦争犯罪人《せんそうはんざいにん》）の裁判が開かれます[*1·2]。とくに、昭和天皇を戦犯に入れるかどうかが問題でした。マッカーサーは、天皇を戦犯として扱《あつか》うことを、日本国民は受け入れられないだろうとして、天皇は対象から外します。かわって1946年元旦、天皇は自らの神格を否定する、天皇《てんのう》の人間宣言《にんげんせんげん》を出します。

ほか、1945年12月に、宗教と行政（国）を分離する、つまり国《こっ》家《か》神道《しんとう》の形態を否定する、神道《しんとう》指令《しれい》が出されます。

＊1　戦犯は日本を戦争に導いたA級戦犯《きゅうせんぱん》と戦時国際法などに違反したB・C級戦犯に分かれます。1946年５月３日に開廷《かいてい》した東京裁判《とうきょうさいばん》（極東国際軍事裁判《きょくとうこくさいぐんじさいばん》）は、1948年11月に結論を出し、東条英機《とうじょうひでき》→p.218以下、戦争を主導した主要人物は死刑になります。

＊2　A級戦犯以外にも日本の軍国主義を助長した人物たちは、次々に公職追放《こうしょくついほう》になります。

日本全国が連合国側の間接統治下に置かれたのですか？

いいえ、沖縄を含む南西諸島などはアメリカ軍の直接軍政下に置かれます。このため、後に沖縄・奄美《あまみ》諸島の返還が課題となります。また、歯舞《はぼまい》・色丹《しこたん》・国後《くなしり》・択捉《えとろふ》島などはソ連(現ロシア)が占領したまま、今に至っています。

第二次世界大戦中の連合国側の会談

会談名	参加国（代表）	宣言など
カイロ会談《かいだん》 （1943年11月）	米(F.ローズヴェルト) 英（チャーチル） 中（蔣介石）	カイロ宣言《せんげん》…対日領土の処理や台湾・満州・澎湖諸島《ほうこしょとう》などの中国への返還、朝鮮の独立などを発表。
ヤルタ会談《かいだん》 （1945年２月）	米(F.ローズヴェルト) 英（チャーチル） ソ（スターリン）	ヤルタ秘密協定《ひみつきょうてい》…ドイツ降伏後のソ連の対日参戦・南樺太《みなみからふと》・千島列島《ちしまれっとう》のソ連帰属などを結ぶ。
ポツダム会談《かいだん》 （1945年７月）	米（トルーマン） 英（チャーチル） ソ（スターリン）	ポツダム宣言《せんげん》…軍国主義の除去、軍事占領、領土の制限、武装の解除、戦犯の処罰、民主主義の復活・強化、基本的人権確立などを宣言。

1943年のカイロ会談、1945年２月のヤルタ会談を経て、ドイツ降伏後の1945年７月、ベルリン郊外のポツダムに米・英・ソの首脳が集まり、ポツダム宣言が発せられます。ただ、ソ連はまだ日本との間に日ソ中立条約→p.219があったので、名前が伏《ふ》せられ、米・英・中の名前で発表されます。その中で日本に無条件降伏を要求したのです。

連合国の日本統治機構

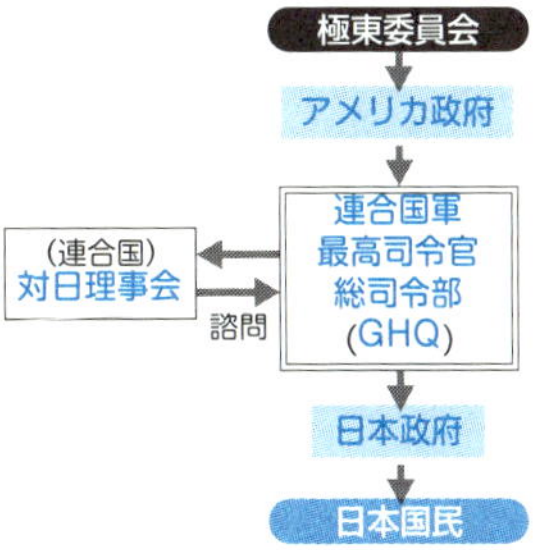
極東委員会
アメリカ政府
連合国軍
最高司令官
総司令部
(GHQ)
(連合国)
対日理事会
諮問
日本政府
日本国民

占領行政の基本的な計画は連合国による対日政策決定機関である極東《きょくとう》委《い》員会《いんかい》が決定します。計画はアメリカ政府に伝えられ、アメリカ大統領が任命する連合国軍最高司令官総司令部（GHQ）が実際には統治を行います。東京には後から加わったソ連を加えたポツダム宣言国の米・英・ソ・中の代表で構成される対日《たいにち》理《り》事《じ》会《かい》が置かれます。

94 五大改革指令と民主化

GHQのマッカーサーは、幣原《しではら》内閣に五大改革指令《ごだいかいかくしれい》を出したのですよね。

そうです。戦後の民主化、現在の日本の体制が決定された重要なものです。

五大改革指令とは、婦人の解放、労働組合の奨励《しょうれい》（助長）、教育の自由主義化（民主化）、圧政的諸制度の撤廃《てっぱい》、経済の民主化の、５つの目標のことを言います。

まず、婦人の解放は、女性に選挙権を与えることがその中心です。さっそく**衆議院議員選挙法《しゅうぎいんぎいんせんきょほう》が改正《かいせい》**され、選挙資格を20歳以上と引き下げ、男子のみでなく女性にも選挙権が与えられます。

労働組合の奨励は、日本の労働者が劣悪《れつあく》な条件に置かれていたことから労働組合の必要性を指令したもので、まずは1945（昭和20）年に**労働組合法《ろうどうくみあいほう》**が制定され、次々に労働組合が誕生します[*1]。1946年には**労働関係調整法《ろうどうかんけいちょうせいほう》**、1947年には**労働基準法《ろうどうきじゅんほう》**が制定され、労働三法《ろうどうさんぽう》がそろいます。

教育の自由主義化は、まず戦前の修身《しゅうしん》（道徳教育）、国史《こくし》（日本歴史）、地理の授業の停止が指令されます。そしてアメリカから来日した教育使節団《きょういくしせつだん》の意見にもとづいて、民主的な法令が制定されます。その基本は**教育基本法《きょういくきほんほう》**です[*2]。

圧政的諸制度の撤廃は、治安維持法《ちあんいじほう》・特別高等警察《とくべつこうとうけいさつ》廃止が中心的な内容となります。

経済の民主化は、大きく２つに分かれます。１つが**農地改革《のうちかいかく》**、もう１つが**財閥解体《ざいばつかいたい》**です。農地改革は、寄生地主制《きせいじぬしせい》→p.161が軍国主義の温床《おんしょう》となったということから、寄生地主の土地を取り上げて小作人《こさくにん》に解放するということです。財閥解体は、財閥家族《ざいばつかぞく》や持株会社《もちかぶがいしゃ》[*3]を整理するということです。

＊1　労働組合法によって労働者には、団結権《だんけつけん》・団体交渉権《だんたいこうしょうけん》・争議権《そうぎけん》（ストライキ権）などが認められます。続々と誕生した労働組合の中央組織としては日本労働組合総同盟《にほんろうどうくみあいそうどうめい》（総同盟《そうどうめい》）と、全日本産業別労働組合会議《ぜんにほんさんぎょうべつろうどうくみあいかいぎ》（産別《さんべつ》または産別会議《さんべつかいぎ》）があります。

＊2　教育基本法の理念は、具体的には学校教育法《がっこうきょういくほう》で表され、六《ろく》・三《さん》・三《さん》・四制《よんせい》といわれる今日の学校制度が決められます。また、教育行政そのものは、各地の**教育委員会《きょういくいいんかい》**に委《ゆだ》ねられ、教育委員も公選《こうせん》によることとなりました。

この時、ようやく現在のように、20歳以上の男女に選挙権が与えられたのですね。

被選挙権も女性に与えられ、続いて行われた総選挙では、女性代議士も初めて誕生します。

農地改革

- 不在地主《ふざいじぬし》
  （農村におらず、農業を行っていない地主）
  …全貸付地を全て解放。
- 在村地主《ざいそんじぬし》
  （農村に住み、農業を行っている地主）
  …１町歩《ちょうぶ》までの小作地の保有を認め、
  残る貸付地は解放。※北海道だけは農業形態が大規模なので４町歩まで。

幣原内閣は第一次農地改革案を出しますが、不十分だとGHQに拒否されて、第１次吉田《よしだ》内閣→p.230の時に第二次農地改革案が出されます。ここで自作農創設特別《じさくのうそうせつとくべつ》措置法《そちほう》が制定され、抜本《ばっぽん》的な小作地解放が行われます。

改革を進める機関は農地《のうち》委員会《いいんかい》です。農地委員会が土地を調査し、国家が強制的に土地を買収し、希望する小作人に売却しました。これでほぼ完全に寄生地主制は解体します。

財閥解体

①**持株会社整理委員会設置**(1946. 8)
　→財閥家族の解体、株式の民主化
②**独占禁止法制定**(1947. 4)
③**過度経済力集中排除法制定**(1947.12)
　→325社の企業を指定したが、実際に分割したのは11社。後に廃止。

まず持株会社整理委員会《もちかぶがいしゃせいりいいんかい》が設置され、三井《みつい》や三菱《みつびし》などの財閥家族や持株会社の保有する株が没収されて市場に売却されます。これで株式の民主化が実現し、財閥家族は消滅《しょうめつ》します。

また、旧財閥に代わる巨大企業などが新たに生まれるのを防止するため、独占禁止法《どくせんきんしほう》が制定されます。

他に、巨大企業は新しい企業の参入をさまたげるということで、過度経済《かどけいざい》力集中排除法《りょくしゅうちゅうはいじょほう》が制定され、巨大企業を分割しようとします。当初は325社の企業が対象だったのですが、冷戦の進行に伴《ともな》う占領行政の大きな転換のために徹底《てってい》されず、実際に分割されたのは11社でした。

＊3　財閥を構成する各会社の株式をまとめて保有し、その支配の中心となる会社のことです。

95 日本国憲法と政党政治の復活

終戦の翌年の1946年11月、日《に》本国憲法《ほんこくけんぽう》が公布されます。

天皇主権《てんのうしゅけん》から国民主権《こくみんしゅけん》にかわるわけですね。

民主化の一番の基本は憲法改正、すなわち日本国憲法の制定でした。日本国憲法は、主権在民（国民主権）・戦争の放棄・基本的人権の尊重を３大特徴とします。万世一系《ばんせいいっけい》の天皇を主権者とする天皇主権は否定され、象徴天皇制《しょうちょうてんのうせい》になりました。

また、敗戦とともに政党も復活し、幣原《しではら》内閣のもとで1946（昭和21）年４月、男女平等の新選挙法《しんせんきょほう》による最初の選挙が行われます。女性代議士《じょせいだいぎし》も登場します。

選挙の結果、幣原の日本進歩党《にほんしんぽとう》は第２位だったので、幣原は憲政《けんせい》の常道《じょうどう》→p.201を守って第１党の日本自由党《にほんじゆうとう》に政権を譲《ゆず》り[*1]、第１次吉田茂《よしだしげる》内閣が誕生します。そして、1946年11月３日に日本国憲法が公布され、1947年５月３日から施行されます。

その前月に戦後２度目の衆議院議員選挙が行われます[*2]。その結果、第１党は日本社会党《にほんしゃかいとう》（社会党《しゃかいとう》）、日本自由党は第２位でした。吉田内閣は総辞職し、社会党の片山哲《かたやまてつ》を総理とする三党連立[*3]の片山内閣が登場します。しかし社会党に分裂の危機が訪れ、片山は自ら総辞職します。

次は、三党連立は崩《くず》さないまま、民主党《みんしゅとう》の芦田均《あしだひとし》を総理とする連立内閣が誕生します。ところが、大型のわいろ疑惑[*4]が発生し、芦田内閣は世論の非難を浴《あ》びて総辞職に至ります。

そして野党の民主自由党《みんしゅじゆうとう》の第２次吉田内閣になります。少数与党内閣なので、すぐに内閣不信任案を可決され、吉田は衆議院を解散します。その後の選挙で、民主自由党は初めて過半数を獲得します。

＊1　当時の日本自由党の党首は鳩山一郎《はとやまいちろう》→p.236でしたが、選挙後に鳩山が公職追放《こうしょくついほう》となり、結局、外交官出身の吉田茂が新党首となって第１次吉田内閣を組織しました。

＊2　初の参議院選挙もこの時に同時に行われました。

＊3　日本社会党・民主党・国民協同党《こくみんきょうどうとう》の三党連立内閣です。日本社会党が第１党であったことが象徴するように、社会主義的な傾向を強く持った内閣でした。

＊4　昭和電工事件《しょうわでんこうじけん》という、復興金融金庫《ふっこうきんゆうきんこ》→p.232からの融資をめぐる汚職事件でした。

このあたりの政党は、名前がよく変わってややこしいですね。

戦後直後からしばらくの間の政党変遷《へんせん》表は、丁寧に何度も眺《なが》め直しておくようにしましょう。

史料 日本国憲法

〔前文〕日本国民は、正当に選挙された国会における代表者を通じて行動し、われらとわれらの子孫のために、諸国民との協和による成果と、わが国全土にわたつて自由のもたらす恵沢《けいたく》を確保し、政府の行為によつて再び戦争の惨禍《さんか》が起ることのないやうにすることを決意し、ここに**主権が国民に存することを宣言**し、この憲法を確定する。…

第1条　天皇は、**日本国の象徴**であり日本国民統合の象徴であつて、この地位は、主権の存する**日本国民の総意**に基く。

第9条　1　日本国民は、正義と秩序を基調とする国際平和を誠実に希求し、**国権の発動たる戦争と、武力による威嚇《いかく》又は武力の行使**は、**国際紛争を解決する手段としては、永久にこれを放棄する。**

2　前項の目的を達するため、**陸海空軍その他の戦力は、これを保持しない**。国の交戦権は、これを認めない。

前文では国民主権、第１条では象徴天皇制について述べられています。また、第９条は平和憲法という呼び名のもとになっています。

憲法に合致するよう民法《みんぽう》も改正《かいせい》されます。戸主権《こしゅけん》が否定され、夫婦が平等になります（戸主制《こしゅせい》の廃止）。刑法《けいほう》も小改正され、大逆罪《たいぎゃくざい》・不敬罪《ふけいざい》という天皇に対する罪が削除されます。地方自治法《ちほうじちほう》も制定され、各自治体の首長は、中央が選ぶ官選ではなく、選挙で選ばれる公選になります。

戦後の政党…戦後は、日本共産党《にほんきょうさんとう》も合法的に活動を始めます。

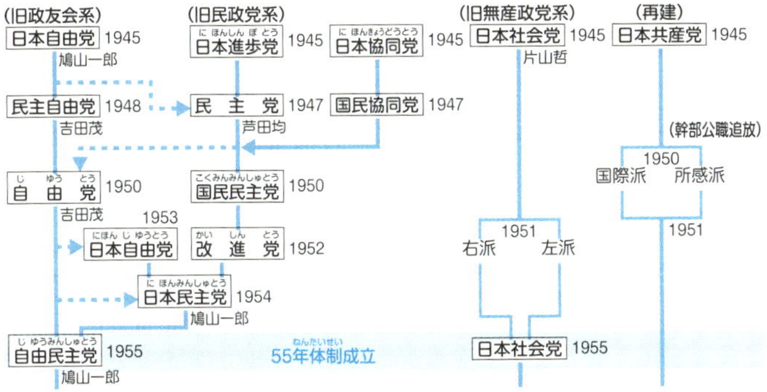

(旧政友会系)
日本自由党 1945
鳩山一郎
民主自由党 1948
吉田茂
自由党《じゆうとう》 1950
吉田茂
1953
日本自由党《にほんじゆうとう》
日本民主党《にほんみんしゅとう》 1954
鳩山一郎
自由民主党《じゆうみんしゅとう》 1955
鳩山一郎
(旧民政党系)
日本進歩党《にほんしんぽとう》 1945
日本協同党《にほんきょうどうとう》 1945
民主党 1947
芦田均
国民協同党 1947
国民民主党《こくみんみんしゅとう》 1950
改進党《かいしんとう》 1952
55年体制《ねんたいせい》成立
(旧無産政党系)
日本社会党 1945
片山哲
1951
右派
左派
日本社会党 1955
(再建)
日本共産党 1945
(幹部公職追放)
1950
国際派
所感派
1951

96 戦後の経済と労働運動

戦後の経済はどんな状況だったんですか？

もちろん、戦争の傷跡が大きく、大きな混乱状態でした。

戦後の経済再建は、急激なインフレが進む中で始まります[*1]。インフレを抑えるため、幣原《しではら》内閣→p.226のもとで**金融緊急措置令**《きんゆうきんきゅうそちれい》が出されますが、ほとんど効果はありませんでした。

続く第１次吉田《よしだ》内閣→p.230では、経済を建て直すため、傾斜生産方式《けいしゃせいさんほうしき》が取られます。石炭業や鉄鋼業などに重点的に資金を投入するもので[*2]、このために特別の金融機関（復興金融金庫《ふっこうきんゆうきんこ》）が作られます。

一方、労働組合運動は、きわめてさかんになりました。1947（昭和22）年にはインフレによる労働者の不満を背景としたストライキの**二《に》・一《いち》ゼネスト**が計画されましたが、経済の混乱などを恐れたGHQの指示で中止に追い込まれます。

やがてGHQ、すなわちアメリカ政府は、冷戦→p.234が進行する中で、日本の民主化を進めるよりも、経済復興が第一だと考えるようになります。

そこで、1948年、第２次吉田内閣→p.230に**経済安定九原則**《けいざいあんていきゅうげんそく》を示します。1949年、選挙に勝って安定した第３次吉田内閣が発足すると、経済安定九原則に基づき、アメリカからきたドッジの指導で、**ドッジ=ライン**と呼ばれる超均衡予算《ちょうきんこうよさん》が組まれます。

税制も、アメリカの経済学者シャウプの主導（**シャウプ勧告**《かんこく》）で、所得税《しょとくぜい》など直接税中心のシャウプ税制《ぜいせい》にかわります。

ドッジ=ラインで厳しいデフレが訪れ、政府は多くの公務員を解雇《かいこ》する必要に迫《せま》られます。日本国有鉄道（国鉄《こくてつ》）の人員整理の発表に連動した国鉄をめぐる事件[*3]の犯人が労働組合員とされるなど、労働運動はこのころ沈滞しつつありました。

＊1　日本の多くの生産設備は破壊されており、また海外の日本人や武装解除された軍人が引《ひき》揚《あ》げや復員《ふくいん》で戻って来たため、人口は増加。結果、物不足となり、インフレが加速したのです。人々は配給物では足りず、農村への買《か》い出《だ》しや闇市《やみいち》での売買を行います。

＊2　全ての産業を均等に復興させるのではなく、まずは鉄を作れる体制を確立するため、石炭業と鉄鋼業に重点的に資金を供給しようとしたわけです。

超均衡予算ってどういうものですか？

当時、歳入がきわめて少なく、歳出が一方的に膨《ふく》らんだ状況でした。これを是正《ぜせい》しようと、赤字垂れ流しの予算を執行せず、そして、徴税《ちょうぜい》を強化しようとしたのです。

戦後の内閣①

*…93「占領と改革の開始」→p.226の内容
*…95「日本国憲法と政党政治の復活」→p.230の内容

東久邇宮	1945. 9	*降伏文書調印
	10	*人権指令
幣原		*五大改革指令
	11	財閥解体指令
	12	*神道指令
		衆議院議員選挙法改正
	1946. 1	* 天皇の人間宣言
		*公職追放令
	2	金融緊急措置令
	4	*戦後初の総選挙
	5	*極東国際軍事裁判開始
吉田1	11	*日本国憲法公布
	12	傾斜生産方式
	1947. 1	二・一ゼネスト禁止
	4	地方自治法
	5	*日本国憲法施行
片山	12	*民法改正
芦田	1948. 6	*昭和電工事件
	7	政令201号公布
吉田2	11	国家公務員法改正
	12	経済安定九原則
吉田3	1949. 3	ドッジ=ライン
	7	下山事件・三鷹事件
	8	松川事件
		シャウプ勧告

労働運動の高まりに対し、1948年7月、政府は政令《せいれい》201号《ごう》で、公務員の争議行為の禁止や団体交渉の制限を指示します。最終的には11月、国家公務員法《こっかこうむいんほう》が改正され、国家公務員は一般的な労働者に比べて、労働三権を制限されることになりました。

1949年ごろは、日本共産党系が増えていた労働組合活動の清算がはかられ、労働組合の中央組織は1950年に解体されます。1950年には共産党の影響力を排除した、日本労働組合総評《にほんろうどうくみあいそうひょう》議会《ぎかい》（総評《そうひょう》）が発足しています。

48年末から49年、50年にかけて、GHQの対日政策は大きく転換したわけです。

*3　国鉄総裁が轢死体《れきしたい》で発見された下山事件《しもやまじけん》や、無人列車が走った三鷹事件《みたかじけん》、列車の転覆《てんぷく》事故の松川事件《まつかわじけん》などです。これらの事件の真相は現在も謎《なぞ》のままです。

97 冷戦とサンフランシスコ平和条約

第二次世界大戦後の国際情勢はどうなったのですか？

簡単に言えば、アメリカとソ連の対立から、冷戦《れいせん》が深刻化し、核開発が進みます。

第二次世界大戦後、国際連盟《こくさいれんめい》→p.196にかわって国際連合《こくさいれんごう》が発足します。しかし、大戦末期から始まっていたアメリカとソ連の対立が激しくなります。アメリカ中心の資本主義体制の自由主義陣営《じゆうしゅぎじんえい》（西側）と、ソ連がトップの計画経済中心の社会主義陣営《しゃかいしゅぎじんえい》（東側）の対立です（冷戦）。

ドイツの東西分割《とうざいぶんかつ》などの冷戦が進む中、中国では中国共産党《ちゅうごくきょうさんとう》と国《こく》民党《みんとう》の内戦が進行します。そして毛沢東《もうたくとう》率《ひき》いる中国共産党が勝利し、1949（昭和24）年10月、中華人民共和国《ちゅうかじんみんきょうわこく》が成立します[*1]。

朝鮮半島では、冷戦の影響を受け、２つの国が生まれます。南にはアメリカ側の大韓民国《だいかんみんこく》が、北にはソ連側の朝鮮民主主義人民共和《ちょうせんみんしゅしゅぎじんみんきょうわ》国《こく》（北朝鮮《きたちょうせん》）が成立します。この２国は、1950年６月、北朝鮮の南への侵攻で戦争になります（朝鮮戦争《ちょうせんせんそう》[*2]）。

冷戦の激化とアジアでの戦争を背景に、アメリカは再軍備を日本政府に要求し、1950年８月に警察予備隊《けいさつよびたい》が発足します。公職追放《こうしょくついほう》→p.226は解除され、戦前の有力者が復帰します。一方で日本共産党員は排除されます（レッド=パージ）。

さらに、日本の占領を早期に切り上げるため、アメリカは1951年、サンフランシスコ講和会議《こうわかいぎ》を主催《しゅさい》し、日本の独立を促《うなが》します[*3]。日本はこの会議で講和条約であるサンフランシスコ平和条約《へいわじょうやく》を結び[*4]、独立を達成します。

講和条約締結の当日、続いて日米安全保障条約《にちべいあんぜんほしょうじょうやく》が結ばれ、日本側は米軍に基地を提供することになりました。翌1952年には具体的な基地の提供の条件などについて、日米行政協定《にちべいぎょうせいきょうてい》が結ばれます。

＊1　中国革命の中心であった国民党は、蒋介石《しょうかいせき》とともに台湾に移り国民政府《こくみんせいふ》を存続させます。この２つの中国の対立は、現在も続いているわけです。

＊2　1953年７月、朝鮮休戦協定《ちょうせんきゅうせんきょうてい》が結ばれ、北緯38度線を境《さかい》に南北の朝鮮が分裂状態で対立することになりました。この状態も現在に至るまで続いています。

どうして冷戦と呼ばれたんですか？

米ソは、直接戦火を交わすような熱い戦いは行わなかったので、「冷たい戦争」という状況だったという意味です。

戦後の国際政治

1945	第二次世界大戦終結
	国際連合成立
1947	マーシャル=プラン
1948	韓国・北朝鮮成立
1949	北大西洋条約機構(NATO)結成
	中華人民共和国成立
1950	朝鮮戦争
	→日本、警察予備隊設置
	特需 →p.242
1951	サンフランシスコ平和条約
	日米安全保障条約
1955	ワルシャワ条約機構結成

ヨーロッパの戦後復興について、アメリカはマーシャル=プランで、自由主義経済を維持する西欧諸国を援助します。そして、アメリカと西欧の自由主義陣営諸国は、北大西洋《きたたいせいよう》条約機構《じょうやくきこう》（NATO）を結成します。

ソ連も、東欧の社会主義諸国などとの間で1955年、ワルシャワ条約機構を結成して対抗します。

平和条約における日本の領土

太平洋戦争前の日本領
サンフランシスコ平和条約による日本の領域
その後の日本復帰地域
数字 日本への返還の年
樺太
千島列島
未解決
択捉島
国後島
色丹島
歯舞群島
朝鮮民主主義人民共和国
竹島《たけしま》
大韓民国
済州《さいしゅう》島
対馬
太平洋
尖閣《せんかく》列島
奄美《あまみ》諸島
1953
琉球諸島
1972
台湾
（国民政府）
沖ノ鳥《おきのとり》島
1968
小笠原諸島
1968
硫黄《いおう》諸島
1968
南鳥島《みなみとりしま》
1968

GHQによる占領は解かれましたが、占領行政の範囲から外れていた沖縄・奄《あま》美《み》諸島・小笠原《おがさわら》諸島などは独立とは直接関係せず、米軍の施政権《しせいけん》下に置かれます。

＊3　このころ、日本の民主化より経済の再建を優先したのも、日本を資本主義陣営の強国として育成する必要があったからです。

＊4　講和条約締結にあたり、全ての交戦国と条約を結ばないと意味がないという主張（全面《ぜんめん》講和論《こうわろん》）と、冷戦の現状ではそれは無理だから、アメリカなどとの講和条約だけで事実上、独立を達成できるという主張（単独講和論《たんどくこうわろん》）が対立します。時の内閣、吉田茂《よしだしげる》→p.236は自らサンフランシスコに赴《おもむ》き、単独講和で48カ国と条約を結びました。ソ連、ポーランド、チェコスロバキアは、参加したが調印せず、中国は中華人民共和国と台湾の中華民国の両者ともに招かれませんでした。

98 逆コースと55年体制の成立

日本国憲法《にほんこくけんぽう》で戦争を放棄→p.230したのに、自衛隊を作ることになった。公《こう》職追放《しょくついほう》も解除された……ということは戦前に逆戻りしたのですか？

まるまる戦前に戻ったわけではありませんが、徹底《てってい》した民主化はストップしてしまいます。そのような状態を「逆《ぎゃく》コース」などと呼びます。

徹底した民主化を目標とした占領行政は、朝鮮戦争《ちょうせんせんそう》を１つの大きな転換点として変化します。アメリカは日本の経済再建を急ぐようになります。

一番大きな問題は日本の再軍備《さいぐんび》でした。警察予備隊は**保安隊**《ほあんたい》に変わり、そして1954（昭和29）年には**MSA協定**《きょうてい》（**日米相互防衛援助協定**《にちべいそうごぼうえいえんじょきょうてい》など）が結ばれ、**自衛隊**《じえいたい》が発足します。防衛庁《ぼうえいちょう》も同時に設置されます。[*1·2]

戦後の政治は吉田《よしだ》内閣→p.230で安定しましたが、公職追放が解除された結果、**鳩山一郎**《はとやまいちろう》が政界に復帰し、吉田から首相の座を奪《うば》い[*3]、日本民主党《にほんみんしゅとう》の鳩山内閣が誕生します。鳩山は、再軍備のための憲法９条の事実上の改正（自主憲法《じしゅけんぽう》）と、自主的な外交（自主外交《じしゅがいこう》）を目標として掲《かか》げました。

社会党《しゃかいとう》は、講和条約において全面講和を支持する左派《さは》と単独講和も仕方ないとする右派《うは》に別れていました。しかし鳩山内閣の成立を機に、憲法９条を守るために再統一します。

社会党再統一《しゃかいとうさいとういつ》に合わせて、戦前の自由党《じゆうとう》系と民政党《みんせいとう》系の政党などが入り組んでいた戦後の保守政界も、1955年、１つの**自由民主党**《じゆうみんしゅとう》（自民党《じみんとう》）になります。これを「**保守合同**」と呼びます。

自民党は選挙で過半数の議席を獲得しますが、衆参両院で憲法改正の発議に必要な３分の２の議席には達しませんでした[*4]。この後、自民党と社会党が対立しながらも、自民党の保守長期政権となります。この硬直《こうちょく》化した政界の構造を**55年体制**《ねんたいせい》と呼びます。

＊1　1952年、暴力的な革命などを禁止する破壊活動防止法《はかいかつどうぼうしほう》も制定されます。一種の治安立法で、思想弾圧につながる可能性のある法律です。また、このような流れに対しては、基地反対闘争《きちはんたいとうそう》が全国各地で行われました。とくに砂川事件《すながわじけん》などは大きな反対闘争でした。

この55年体制って、いつまで続いたんですか？

1993年です。細川護熙《ほそかわもりひろ》首相→p.244の非自民《ひじみん》8党派連合内閣《とうはれんごうないかく》が成立するまでです。このことはまた後で説明します。

戦後の内閣②

吉田3	1950	朝鮮戦争
		→警察予備隊設置
	1951	サンフランシスコ平和条約
		日米安全保障条約
	1952	日米行政協定
		保安隊設置
吉田5	1954	MSA協定
		自衛隊·防衛庁設置
鳩山(一)	1955	日本社会党統一
		自由民主党結成（保守合同）
	1956	日ソ共同宣言
		日本、国連加盟

鳩山一郎内閣の自主外交では、米ソの対立が緩和した国際情勢を背景に、ソ連との国交が樹立されます。鳩山がソ連を訪れ、**日《にっ》ソ共同宣言《きょうどうせんげん》**が発せられ、戦争状態の終結がうたわれました。

日ソ共同宣言の中でソ連は日本の国際連合への加盟を支持することとなり、日本の**国際連合加盟《こくさいれんごうかめい》**が実現します。

ただし、この時、平和条約締結には至っていません。歯舞《はぼまい》・色丹《しこたん》・国後《くなしり》・択捉《えとろふ》の北方4島を返せと主張する日本と、自国の領土だと主張するソ連の見解が対立したためです。この時は平和条約の締結《ていけつ》交渉は継続し、ソ連は締結後に歯舞群島と色丹島を返還すると約束しました。ただ、現在まで、ソ連、またはソ連崩壊後のロシアとの間で、平和条約の締結は実現していません。この北方領土問題《ほっぽうりょうどもんだい》は現在も外交の最大の課題の1つとして、継続しています。

＊2　教育では教育委員の選定は公選制でしたが、1956年、鳩山一郎内閣のもとで、自治体の首長による任命制《にんめいせい》に変わります。これは教育における逆コースと言えます。

＊3　これは吉田政権が独裁的だ、対米一辺倒《たいべいいっぺんとう》だなどと批判を浴《あ》びており、また大型の汚職事件が起こった結果、世論も吉田内閣に対する反発を強めていたという背景もあります。

＊4　日本国憲法では、憲法改正の発議には衆参両院の総議員の3分の2以上の賛成が必要となります。憲法9条を守ろうとする勢力（革新勢力《かくしんせいりょく》）は、選挙で3分の1以上の議席を確保しようとし、成功します。そして鳩山のねらった自主憲法の制定は頓挫《とんざ》します。

99 冷戦構造の変容

戦後の国際情勢は、ずっと冷《れい》戦《せん》→p.234が続いたのですか？

冷戦は1989年まで続きますが、いろいろと途中で変化があります。

米ソの冷戦は、1950年代半ばから、やや緩和《かんわ》されます。これを「雪解《ゆきど》け」と呼びます。また、米ソの２極構造《きょくこうぞう》も変化し、中国・インドなどが発言力を増していきます。1954年には、中国の周恩来《しゅうおんらい》とインドのネルーが会談し、平和五原則《へいわごげんそく》[*1]を発表します。

また原爆《げんばく》・水爆《すいばく》の開発が行われる中、1954年にはビキニ環礁《かんしょう》でのアメリカの水爆実験の結果、日本の漁船第五福竜丸が被爆するという**第五福竜丸事件《だいごふくりゅうまるじけん》**が起こり、翌1955年には広島で第１回**原水爆《げんすいばく》禁止世界大会《きんしせかいたいかい》**が開かれます。

1960年代中期以降は、**ベトナム戦争《せんそう》**が激化します。アメリカは南ベトナム支援のため、1965年から北ベトナムへ飛行機による爆撃（北爆《ほくばく》）を行います。しかし、戦況は北側がむしろ優勢になり、1973年、アメリカはベトナムから撤退《てったい》します[*2]。

この間、アメリカは北爆で巨額の財政負担を強いられ、アメリカの経済が揺らぎます。1971年、ニクソン大統領は金《きん》・ドルの交換《こうかん》停止《ていし》を発表します[*3]。これがドル=ショックとして西欧諸国を襲い、その中で、現在の**変動為替相場制《へんどうかわせそうばせい》**に移行します。

アラブ世界でも戦争が起こっています。とくに**第四次中東戦争《ちゅうとうせんそう》**の勃発《ぼっぱつ》時に、アラブ諸国は石油を戦略に使おうと、原油価格の大幅引き上げや供給制限を発動します。そして先進資本主義諸国を**第一次石油危機《せきゆきき》**（**オイルショック**）が襲います。

その対策を協議する意味もあって、1975年、第１回のサミット（先進国首脳会議《せんしんこくしゅのうかいぎ》）がフランスのランブイエで開催《かいさい》されます。これは以後、毎年、国を変えて開かれる、先進諸国中心の基本的な会議として存続しています。

＊1　主権の尊重・相互不可侵《そうごふかしん》・平和共存などをうたうものです。翌1955年には新興アジア・アフリカ諸国の会議（アジア=アフリカ会議《かいぎ》）も開かれ、平和十原則《へいわじゅうげんそく》が宣言されます。

ドル=ショックで何が変わったのですか？

戦後は、アメリカだけが金本位制で、１ドル=360円の固定《こてい》為替相場制《かわせそうばせい》でした。アメリカが金とドルの交換を停止したことから、固定相場が維持できなくなっていったのです。そして日本も1973年に自由に為替レートが変動する変動為替相場制に移行、今日に至ります。

1950～70年代の世界

1954	第五福竜丸事件 周恩来・ネルー会談 →平和五原則
1955	アジア=アフリカ会議 第一回原水爆禁止世界大会
1965	アメリカ、北ベトナムに北爆開始
1967	EC発足
1971	ドル=ショック
1973	ベトナム和平協定 第四次中東戦争 →第一次石油危機
1975	第１回サミット

中東戦争は、イスラエルと、それに反発するアラブ諸国の戦争で、現在も世界の最大の不安の種です。1948年のイスラエルの建国に始まる第一次中東戦争から第四次まで、繰り返し起こっています。

ベトナムも戦後、朝鮮半島と同じく、アメリカの支援する南ベトナムと、ホー=チ=ミンが主導する社会主義体制の北ベトナムが対立し、ベトナム戦争となります。戦争に介入したアメリカは、1973年に結ばれたベトナム和平協定《わへいきょうてい》で撤退します。

ヨーロッパ諸国では、まず経済面から、協力体制が進みます。1967年にはEC（欧州共同体《おうしゅうきょうどうたい》、ヨーロッパ共同体《きょうどうたい》）が発足し、後にEU（欧州連合《おうしゅうれんごう》）→p.245になります。

＊2　ベトナム戦争の終結に苦慮《くりょ》したニクソンは、1972年に突如中華人民共和国を訪問、外交の新しい展開をはかります。これを踏まえ1972年に日中共同声明《にっちゅうきょうどうせいめい》→p.240が結ばれます。

＊3　戦後は、アメリカ１国だけが金本位制《きんほんいせい》→p.155をとり、ドル紙幣《しへい》と金貨の交換を世界的に保証していた体制（ブレトン=ウッズ体制《たいせい》）でした。

100 保守政権の安定

鳩山《はとやま》一郎内閣→p.237は国連加盟を実現後に退陣しますが、次はその後の国内政治を説明します。

このころは、ずっと自民党の保守長期政権、55年体制《ねんたいせい》→p.236ですよね。

鳩山内閣の次は、石橋湛山《いしばしたんざん》が内閣を組織しますが、石橋は病気を理由に退陣します。続いて、岸信介《きしのぶすけ》内閣が誕生します。

岸内閣の最大の課題は、日米安全保障条約《にちべいあんぜんほしょうじょうやく》→p.234の不平等性を解消することでした。岸は1960（昭和35）年、安保改定反対運動《あんぽかいていはんたいうんどう》を強《きょう》硬《こう》手段で抑え、日米相互協力及《にちべいそうごきょうりょくおよ》び安全保障条約《あんぜんほしょうじょうやく》（日米新安全保障条《にちべいしんあんぜんほしょうじょう》約《やく》、新安保条約《しんあんぽじょうやく》）*1を締結《ていけつ》します。

岸に続いて池田勇人《いけだはやと》内閣が登場します。池田は「寛容《かんよう》と忍耐《にんたい》」を唱え、経済成長に焦点を当てた所得倍増計画《しょとくばいぞうけいかく》を発表し、高度経済成《こうどけいざいせい》長《ちょう》→p.242を加速させようとします。池田は1964年10月の東京《とうきょう》オリンピックを実現して退陣します。*2

続く佐藤栄作《さとうえいさく》内閣は、保守長期政権を象徴する内閣です。まず1965年、日韓基本条約《にっかんきほんじょうやく》で韓国との国交を樹立します。また最大の課題は、沖縄・小笠原《おがさわら》諸島などの本土への復帰を実現することでした。1968年には小笠原諸島の返還を実現し、祖国復帰運動《そこくふっきうんどう》を背景に、1971年に沖縄返還協定《おきなわへんかんきょうてい》に調印し、1972年５月に沖縄は祖国復帰を遂《と》げます。

佐藤内閣の次は、田中角栄《たなかかくえい》内閣が登場します。田中は「列島改《れっとうかい》造《ぞう》」を唱え、高度経済成長の維持をはかりますが、経済成長の基盤はすでに崩《くず》れていました。1972年には日中共同声明《にっちゅうきょうどうせいめい》で日中国交の正常化を実現しますが、1973年、円は変動為替相場制《へんどうかわせそうばせい》→p.238に移行し、第一次石油危機《せきゆきき》→p.238に見舞われます。そして、田中は金脈問題で退陣に追い込まれます。次に自民党は、お金にきれいな政治家として三木武夫《みきたけお》内閣を誕生させますが、前首相の田中は大型の汚職事件（ロッキード事件《じけん》）で逮捕されます。

三木に続く福田赳夫《ふくだたけお》内閣のもと、日中共同声明以降、交渉が続けられていた日中平和友好条約《にっちゅうへいわゆうこうじょうやく》が、1978年に締結されます。

福田の次の大平正芳《おおひらまさよし》内閣では、元号法《げんごうほう》*3が制定されています。

新安保条約は前の安保条約からどう変わったのですか？

1951年の安保条約は、条約の期限が明記されず、またアメリカに日本防衛義務はない、不平等な条約でした。新安保条約では、アメリカの日本防衛義務が明記され、条約有効期限も10年とされ、その後は自動延長となりました。これで現在の安保体制が確立したのです。

戦後の内閣③

石橋	1957	首相病気で総辞職
岸	1960	日米新安保条約調印
		安保闘争
池田		所得倍増計画
	1961	農業基本法
	1964	IMF 8 条国移行
		OECD加盟
		東海道新幹線開通
		東京オリンピック
佐藤	1965	日韓基本条約
	1967	非核三原則
	1968	小笠原諸島返還協定
	1970	新安保条約自動延長
	1971	沖縄返還協定
	1972	沖縄返還
田中		日中共同声明
	1973	変動為替相場制移行
		第一次石油危機
三木	1975	第1回サミット参加
	1976	ロッキード事件
福田(赳)	1978	日中平和友好条約
大平	1979	元号法公布

日韓基本条約は、北爆開始《ほくばく》→p.238とともに、アメリカの強い要請《ようせい》もあって結ばれたものです。これは大韓民国政府を朝鮮半島における唯一の合法政府だと認め、朝鮮民主主義人民共和国を無視したものです。そして、韓国併合条約《かんこくへいごうじょうやく》→p.174以前の条約や協定の無効がうたわれ、日韓の国交が正常化します。

沖縄返還の動きの中、世論の要求もあって、非核三原則《ひかくさんげんそく》（核兵器を持たず、作らず、持ちこませず）が明示されます。ただ、米国の艦船《かんせん》が積んでいる核兵器などが、一時、日本の港を通過することには、日本政府は異議を唱えないという密約があったことが、今日ではほぼ明らかです。

＊1　この条約では、経済協力をうたうとともに、極東《きょくとう》の平和、安全の維持のために、米軍は日本国の施設および区域を使用することとなりました。在日米軍の日本と極東における軍事行動については、事前協議制《じぜんきょうぎせい》を取り入れていることも忘れてはなりません。

＊2　このころ、1960年、民主社会党《みんしゅしゃかいとう》（社会党の右派、後に民社党《みんしゃとう》と改名）が誕生します。1964年には公明党《こうめいとう》が結成されます。このような現象を多党化現象《たとうかげんしょう》と呼んでいます。

＊3　明治・昭和などの元号を一世一元制にすることを法的に確立する法律です。

101 高度経済成長

保守長期政権のもとで高度経済成長《こうどけいざいせいちょう》が進み、一方で公害問題が深刻化していきます。

今の中国やインドなどの急激な経済成長と同じような好景気の時期があったんですよね。

1950（昭和25）年、朝鮮戦争《ちょうせんせんそう》→p.234勃発《ぼっぱつ》で、日本はアメリカ軍の工場のようになり、一挙に景気が回復します（**特需《とくじゅ》**）。以後、日本は**高度経済成長**という高い経済成長率を維持する時期を迎えます。

1955〜57年、最初の大型景気がやってきます（神武景気《じんむけいき》[*1]）。1956年の経済白書では、「もはや戦後《せんご》ではない」と宣言するに至ります。

その後、旧財閥《ざいばつ》系の銀行を中心に企業集団《きぎょうしゅうだん》の形成が進み、1958〜61年には岩戸景気《いわとけいき》になります。この間には、池田《いけだ》内閣→p.240の所《しょ》得倍増計画《とくばいぞうけいかく》や、経済成長に伴《ともな》う消費革命《しょうひかくめい》[*2·3]が進みます。また、エネルギー源も石炭から石油にかわります（エネルギー革命《かくめい》）。[*4]

東京《とうきょう》オリンピックが開催《かいさい》されるころには、オリンピック景気《けいき》になります。1964年のオリンピック開催に合わせて東海道新幹線《とうかいどうしんかんせん》も開通します。自動車が一般家庭に普及《ふきゅう》したのもこのころです。

さらに、1966〜70年にはいざなぎ景気《けいき》が訪れます。理由はベトナム戦争→p.238でのアメリカ軍の需要《じゅよう》拡大です。1968年にはGNP（国民総生産）で資本主義国で世界第２位に至り、経済大国《けいざいたいこく》と呼ばれるようになります[*5]。

しかし、1970年代からは低成長になります。1971年のドル=ショック、1973年の**変動為替相場制**移行、そして**第一次石油危機**→p.238の結果、1974年に戦後初めて、経済がマイナス成長になりました[*6]。

一方、高度経済成長の裏では**公害問題《こうがいもんだい》**が深刻化していました。この問題は、高度経済成長の末期には、損害賠償請求《そんがいばいしょうせいきゅう》の訴訟《そしょう》として顕《けん》在化《ざいか》します。1967〜69年に起こった四大公害訴訟《よんだいこうがいそしょう》は、70年代の初めには、公害の被害者側の勝訴《しょうそ》が確定しました。

＊1　神武・岩戸・いざなぎは、神話の時代以来の景気だという意味で命名されています。
＊2　一般の家庭に電化製品などが普及していくという、革命的な生活の変化を指します。

どうして高度経済成長が可能だったのですか？

高度経済成長の原因は、新しい技術を導入する技術革新《ぎじゅつかくしん》と、企業の大型の設備投資《せつびとうし》だと言われています。

戦後の実質経済成長率

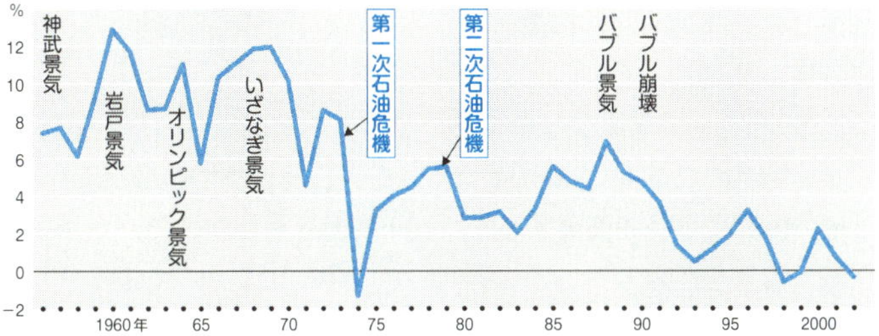
%
12
10
8
6
4
2
0
−2
1960年
65
70
75
80
85
90
95
2000
神武景気
岩戸景気
オリンピック景気
いざなぎ景気
第一次石油危機
第二次石油危機
バブル景気
バブル崩壊

（内閣府『経済要覧』ほかより）

経済成長の結果、**貿易の自由化**を進めることとなり、1964年にはIMF（国際通貨基金《こくさいつうかききん》）8条国《じょうこく》の扱いを受け、貿易収支を為替でコントロールしてはいけなくなります。同年には、経済協力開発機構《けいざいきょうりょくかいはつきこう》（OECD）にも加盟し、外国資本の流入の制限を無くす、**資本の自由化**も義務付けられています。

四大公害

- 水俣病《みなまたびょう》（熊本県)…チッソ水俣工場の有機水銀《ゆうきすいぎん》の廃水《はいすい》が原因。
- 新潟水俣病《にいがたみなまたびょう》（新潟県)…昭和電工《しょうわでんこう》の廃水が原因。阿賀野川《あがのがわ》流域に広がる。
- イタイイタイ病《びょう》（富山県)…三井金属鉱業《みついきんぞくこうぎょう》のカドミウムの廃水が原因。神《じん》通川《づうがわ》流域に広がる。
- 四日市《よっかいち》ぜんそく（三重県)…石油コンビナートにおける大気汚染。

これを受けて、1967年には欠点はあるものの**公害対策基本法《こうがいたいさくきほんほう》**が制定され、1993年には環境基本法《かんきょうきほんほう》にかわります。また、公害を中心とする環境衛生のための**環境庁《かんきょうちょう》**は、1971年に設立されました。

＊3　電化製品の普及では、50年代後半の三種《さんしゅ》の神器《じんぎ》(電気冷蔵庫・電気洗濯機・白黒テレビ)、60年代末以降の新三種《しんさんしゅ》の神器《じんぎ》(３C、カー〈自動車〉・クーラー・カラーテレビ)があります。

＊4　農業と工業の格差が開いてきたため、1961年に池田内閣は農業基本法《のうぎょうきほんほう》を制定し、農業所得の上昇や農産物価格の安定、農業経営の近代化を試みましたが、失敗に終わります。

＊5　政府は、経済成長の中、ODA（政府開発援助《せいふかいはつえんじょ》）などにも積極的に資金を投入しました。

＊6　ただ、石油危機後、企業は減量経営《げんりょうけいえい》に努め、工場にコンピュータ・産業用ロボットなどを利用して、日本は先進国の中でも、いち早く石油危機から立ち直っていきます。

102 現代の世界と日本１

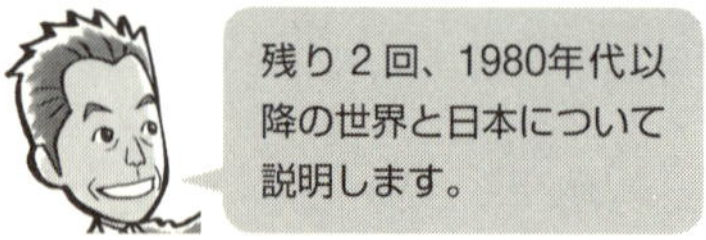
残り２回、1980年代以降の世界と日本について説明します。

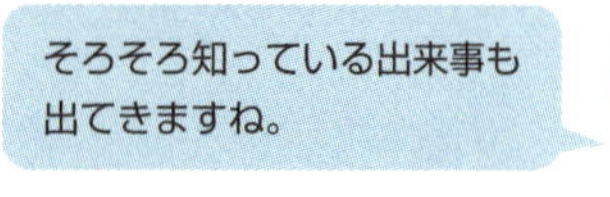
そろそろ知っている出来事も出てきますね。

大平正芳《おおひらまさよし》内閣にかわったのは鈴木善幸《すずきぜんこう》内閣で、次に1982（昭和57）年、**中曽根康弘《なかそねやすひろ》**内閣が成立します。「戦後政治《せんごせいじ》の総決算《そうけっさん》」を掲《かか》げたこの内閣のもと、**行政改革《ぎょうせいかいかく》**が進められ、NTT・JT・JR６社[*1]が発足します。[*2]

この時、1985年のプラザ合意《ごうい》[*3]で円高不況《えんだかふきょう》になり、低金利《ていきんり》と金融緩和《きんゆうかんわ》を進めた結果、1986年ごろから、土地と株に資金が集中し、土地の値段と株価が高騰《こうとう》する、バブル経済《けいざい》を招きました。

続く竹下登《たけしたのぼる》内閣では、1989年１月、昭和天皇が亡くなり、現在の天皇が即位されます。この年には、**消費税《しょうひぜい》**３％[*4]が導入されます。

次の宇野宗佑《うのそうすけ》内閣は弱体内閣で、その次の海部俊樹《かいふとしき》内閣の時には**冷戦《れいせん》**→p.234**の終結**などがあります。1991年のバブル崩壊《ほうかい》など厳しい環境のもと、日本は世界平和への貢献《こうけん》を求められ、**湾岸戦争《わんがんせんそう》**への支援を行います。続く宮沢喜一《みやざわきいち》内閣の時には、**国連平和維持活動協力法《こくれんへいわいじかつどうきょうりょくほう》**（**PKO協力法《きょうりょくほう》**）が成立し、自衛隊がPKOへの協力のため、海外に正式に派遣《はけん》されるようになります。

1993年、宮沢内閣は自民党の分裂で内閣不信任案《ないかくふしんにんあん》を可決され、衆議院解散後の選挙で自民党の議席が過半数を割ります。ここで、日本新党《にほんしんとう》の**細川護熙《ほそかわもりひろ》**を首班とする８派連立《はれんりつ》の内閣[*5]が成立、55年《ねん》体制《たいせい》→p.236は崩壊《ほうかい》し、戦後の長い自民党支配が終わります。

細川内閣に続く羽田孜《はたつとむ》内閣はすぐに総辞職し、次は自民党が社会党を抱きこみ、社会党の村山富市《むらやまとみいち》による連立内閣[*6]が登場します。敵対していた自民党と社会党が連立を組んだ、55年体制の崩壊を象徴する内閣です。この時、1995年１月17日、阪神《はんしん》・淡路大震災《あわじだいしんさい》が起こります。

＊１　官営であった日本電電公社《にほんでんでんこうしゃ》がNTT、日本専売公社《にほんせんばいこうしゃ》が日本《にほん》たばこ産業《さんぎょう》（JT）、日本国有鉄道《にほんこくゆうてつどう》がJR６社として民営化、民間企業として再出発しました。

＊２　中曽根内閣は、防衛費のGNP１％枠《わく》を突破し、戦後初の靖国神社《やすくにじんじゃ》公式参拝も行います。1985年、男女雇用機会均等法《だんじょこようきかいきんとうほう》が制定されたのもこの時です。

1989年には冷戦が終結し、91年にはソヴィエト連邦《れんぽう》が崩壊します。戦後の国際環境は大きく変わったのです。

戦後の内閣④　＊…海外の動き

鈴木		
中曽根	1985	NTT，JT発足
		男女雇用機会均等法
		＊プラザ合意
	1986	バブル経済始まる
	1987	JR発足
竹下	1988	リクルート事件
	1989	昭和天皇没、平成改元
		消費税導入（３%）
宇野		
海部		＊冷戦終結
	1990	＊東西ドイツ統一
	1991	＊湾岸戦争
		→日本の支援
		バブル経済の崩壊
宮沢		＊ソ連解体
	1992	PKO協力法成立
細川	1993	非自民８派連立内閣
		（55年体制の崩壊）
		＊EU発足
	1994	小選挙区比例代表並立制導入
羽田		
村山	1995	阪神・淡路大震災

1985年、ソ連の書記長にゴルバチョフが就任し、ペレストロイカ（立て直し）と呼ばれる改革を進めます。1989年には冷戦が終結し、1991年にソ連が解体、15の共和国に分かれます。

東欧の社会主義国でも次々と東《とう》欧《おう》革《かく》命《めい》の潮流が現れ、1989年には東西ドイツを隔《へだ》てる冷戦の象徴であったベルリンの壁《かべ》が撤去《てっきょ》されます。そして1990年、東西ドイツが統一されます。

ヨーロッパでは、EC→p.239が1993年にEU（欧州連合《おうしゅうれんごう》）に発展し、1999年からは単一通貨のユーロが導入されます。

一方で中東問題が戦争を起こします。イラクのクウェート占領から、1991年に湾岸戦争が起こり、米英など多《た》国籍《こくせき》軍《ぐん》が投入されます。この時、海部内閣は90億ドルの資金協力と、ペルシア湾への掃海艇《そうかいてい》の派遣に踏み切りました。

第6章

＊3　米・日・独・仏・英がドル高の状態の是正《ぜせい》を決めたもので、円高ドル安が進みます。

＊4　これまでの直接税中心のシャウプ税制→p.232を改める、税制の大改革でした。竹下内閣は消費税への不満と、リクルート事件《じけん》という汚職事件などで退陣します。

＊5　日本新党・社会党・新生党・公明党・民社党《みんしゃとう》・新党《しんとう》さきがけ・社民連《しゃみんれん》・民主改革連合《みんしゅかいかくれんごう》の、非自民8派連合内閣でした。この内閣の課題は衆議院選挙法の改正で、1994年、小選《しょうせん》挙《きょ》区《く》比《ひ》例代表並立制《れいだいひょうへいりつせい》が成立しました。これが今日の選挙の基本的なかたちです。

＊6　社会党、自民党、そして新党さきがけの三党連立です。

103 現代の世界と日本2

最後に、1990年代後半から、現在までの国内政治を確認します。

これでようやく現在まで来ましたね！

村山《むらやま》内閣の次も同じ連立で、自民党総裁橋本龍太郎《はしもとりゅうたろう》による内閣が成立します。この時には、地球温暖化防止京都会議《ちきゅうおんだんかぼうしきょうとかいぎ》が開かれ、温室効果ガスの削減目標を決める京都議定書《きょうとぎていしょ》が結ばれます。また消費税が３%から５%になります。

続いて自民党総裁の小渕恵三《おぶちけいぞう》内閣が登場します。小渕首相の病死後は、森喜朗《もりよしろう》内閣が成立しますが、支持率は上がらず、かわって小《こ》泉純一郎《いずみじゅんいちろう》内閣が登場します。

小泉内閣は2001（平成13）年９月11日に起こったアメリカ同時《どうじ》多発《たはつ》テロ[*1]に対して、テロ対策特別措置法《たいさくとくべつそちほう》を制定し、アメリカ、あるいは国連への協力を進めます[*2]。また、首相として初めて北朝鮮を訪問します[*3]。内政では、課題を郵政民営化《ゆうせいみんえいか》に絞り、2005年、郵政民営化法案が参議院で否決されると、衆議院を解散して選挙に訴え、大勝して法案を通します。

自民党が選挙に大勝した結果、一瞬安定した政権が生まれます。続く安倍晋三《あべしんぞう》内閣は教育基本法の改正などを行いますが、2007年７月の参議院選挙に敗れた後に退陣します。次の福田康夫《ふくだやすお》内閣も、参議院での野党側の過半数という状況（ねじれ国会《こっかい》）の中、世論の支持を失い退陣します。続く麻生太郎《あそうたろう》内閣も、2009年８月の衆議院選挙で大敗し、退陣に追い込まれました。

そして、民主党《みんしゅとう》の鳩山由紀夫《はとやまゆきお》を総理とする、民主党・社会民主《しゃかいみんしゅ》党《とう》・国民新党《こくみんしんとう》の連立内閣が登場し、マニフェストに従った政策の実施を目指しましたが、沖縄の基地問題や政治資金をめぐる疑惑から支持を失い総辞職、2010年６月、社会民主党が連立から外れた菅《かん》直人《なおと》内閣にかわります。

＊１　これに対して、テロ組織の本拠地と考えられたアフガニスタンが攻撃されます。

＊２　また、2003年、イラクが大量破壊兵器《たいりょうはかいへいき》を隠しているとして、米英軍によるイラク戦争が始まると、日本はイラク復興支援特別措置法《ふっこうしえんとくべつそちほう》を制定しています。

＊３　日本人拉致問題《にほんじんらちもんだい》解決の糸口をつかみますが、まだ抜本的な解決には至っていません。

戦後の内閣⑤

橋本	1997	消費税が５%に
		京都議定書調印
小渕	1999	周辺事態法、国旗・国歌法
森	2000	九州・沖縄サミット
小泉	2001	アメリカ同時多発テロ
		→テロ対策特別措置法
	2002	初の日朝首脳会議
	2003	イラク復興支援特別措置法
	2005	衆院選挙で自民党大勝
安倍	2006	教育基本法改正
	2007	参院選挙で自民党大敗
福田(康)	2008	テロ対策特別措置法再可決
麻生	2009	衆院選挙で民主党大勝
鳩山(由)		→政権交代

鳩山由紀夫首相の祖父は保守合同《ほしゅごうどう》→p.236で自民党を設立した鳩山一郎《はとやまいちろう》ですよね。孫がその自民党政治を潰したわけですね。

最後の締めくくりとして、戦後の文化をしっかり確認しておきましょう。

戦後の文化

戦後の文化は多方面にわたりますが、日本史としては、まず登呂遺跡《とろいせき》の発掘で、本格的な弥生《やよい》時代→p.26の農耕の様子がわかります。また岩宿遺跡《いわじゅくいせき》も発見され、旧石器文化《きゅうせっきぶんか》→p.22の研究が進みます。

美術関係では、1949年に法隆寺金堂壁画《ほうりゅうじこんどうへきが》→p.47の焼損という大事件が起こり、これに伴《ともな》って翌1950年には文化財保護法《ぶんかざいほごほう》が制定されます。1968年には文化庁《ぶんかちょう》も設置されました。

戦後の学問では、1949年、物理学者の**湯川秀樹**《ゆかわひでき》がノーベル物理学賞を受賞しています。

音楽では美空《みそら》ひばりに始まる大衆向けの音楽、文学では戦後、太宰治《だざいおさむ》・大《おお》岡昇平《おかしょうへい》などの作家が登場します。映画では、黒澤明《くろさわあきら》が『羅生門《らしょうもん》』で1951年にヴェネツィア国際映画祭のグランプリを取ります。

戦後の１つのブームは、漫画・アニメになるでしょう。そのもっとも重要な人物は『鉄腕《てつわん》アトム』などで有名な手塚治虫《てづかおさむ》です。

放送関係では、**テレビ放送**が1953年から開始されます。1960年からはカラーテレビ放送も始まります。テレビは、単なる娯楽、ニュース、報道という枠《わく》を超えて、国民に大きな影響を与え、政治にもさまざまな影響を与えていることは言うまでもありません。

チャレンジ！ センター試験問題

問　サンフランシスコ平和条約に関して述べた文として正しいものを、次の①～④のうちから一つ選べ。　（2009年　本試）

① この条約調印と同時に小笠原諸島が返還された。
② この条約調印をきっかけとして、警察予備隊が発足した。
③ この条約の調印と同じ日に、日米安全保障条約が調印された。
④ この条約の調印には、ソ連を除くすべての交戦国が参加した。

サンフランシスコ平和条約《へいわじょうやく》についての正文を選ぶ問題です。

④は誤文ですよね。例えば、中国は、中華人民共和国《ちゅうかじんみんきょうわこく》も、中華民国《ちゅうかみんこく》も招かれていなかったのよね→p.235。

あと、ソ連やポーランド、チェコスロバキアは、参加はしたけども、調印をしなかったんだよな→p.235。

えーっと、①の、「小笠原諸島《おがさわらしょとう》が返還された」のは、もっとずーっと後だったような気がするんだけど。

確かサンフランシスコ平和条約では、沖縄などと一緒に、米軍の施政権《しせいけん》下に置かれたのよね→p.235。

②は、このころ、警察予備隊《けいさつよびたい》とか保安隊《ほあんたい》とか、自衛隊《じえいたい》の前身の組織ができた記憶があるんだけど……。

思い出した！　警察予備隊発足のきっかけは1950年の朝鮮戦争《ちょうせんせんそう》→p.234だ！　だから②は誤文で、正解は③！

そうです。サンフランシスコ平和条約は1951年、日米《にちべい》安全保障条約《あんぜんほしょうじょうやく》とともに調印されました。参加国などは注意しておぼえておきましょう。

答　③

日本史4コマ劇場

終章

これでようやく全部終わったなー！もう飛鳥《あすか》時代と奈良《なら》時代で迷ったりしない気がするぞ！
これでもう、東大寺《とうだいじ》の大仏を作る命令を出した天皇も分かるよな？
しょ、聖武《しょうむ》天皇だな！奈良時代の！
正解！
明治《めいじ》時代以降の日本史も、日本史には変わらないもんね。なんか近現代史も楽しくなってきたかも。
経済史の用語は難しいと思ってたけど、先生の解説ではじめて理解できたわ。
この本の収録内容はセンター試験で平均点を目指すぐらいの分量になります。
あとはこれを何回も繰り返し読んで流れを確実にしたり、教科書や問題集でさらに細かい知識を深めていきましょう。
おつかれさまでした！

さくいん

あ

い

う

え

お

か

き

く

け

こ

さ

し

す

せ

そ

た

ち

つ

て

〔掲載写真所蔵元一覧〕(50音順、敬称略)
建仁寺、神戸市立博物館、三の丸尚蔵館、慈照寺、中尊寺、千代田区立図書館、東京国立博物館、TNM Image Archives Source:http://TnmArchives.jp/、東京大学史料編纂所、東京都歴史文化財団イメージアーカイブ、日本銀行金融研究所貨幣博物館、一般社団法人 日本写真著作権協会、平等院、便利堂、法隆寺、毎日新聞社、薬師寺、鹿苑寺